尹家民黄埔·红墙系列

陶勇猛将

尹家民 著

当代中国出版社
Contemporary China Publishing House

图书在版编目(CIP)数据

猛将陶勇/尹家民著. —北京：当代中国出版社，2015. 1
ISBN 978-7-5154-0466-0

Ⅰ. ①猛… Ⅱ. ①尹… Ⅲ. ①陶勇(1913~1967)—传记
Ⅳ. ①K825.2

中国版本图书馆 CIP 数据核字(2014)第 107103 号

出版人 周五一
选题策划 龙 萧
责任编辑 姜楷杰
责任校对 康 莹
装帧设计 古涧文化
出版发行 当代中国出版社
地 址 北京市地安门西大街旌勇里 8 号
网 址 http://www.ddzg.net 邮箱:ddzgcbs@sina.com
邮政编码 100009
编辑部 (010)66572264 66572132 66572154 66572434 66572180
市场部 (010)66572281 或 66572155/56/57/58/59 转
印 刷 北京润田金辉印刷有限公司
开 本 720×1020 毫米 1/16
印 张 19.5 印张 2 插页 271 千字
版 次 2015 年 1 月第 1 版
印 次 2015 年 1 月第 1 次印刷
定 价 39.00 元

目录
Contents

第四章 在苏中 / 084

第五章 再创战争奇迹 / 135

第一章 参 军

“大头”与地主二姑娘

安徽霍邱叶集的周南庄这个原本十分平静的小山村，一夜之间炸开了锅。一条消息在大街小巷传播着。有的说，周家老地主的二姑娘被大头拐跑了；也有的说，不是拐跑，是两人私奔了。

人们说的“大头”是张道庸的乳名。张道庸即后来的陶勇。

因为营养不良，瘦，他的脑袋显得又大又圆，像个圆球，架在狭窄、向上高耸的肩膀中间。

消息传到张家，连母亲也不敢相信：大头能和周家二姑娘一起跑了，不能吧？二姑娘她不太了解，可周家老地主的那个厉害劲儿在这一带也是有名的。就说那个出了嫁的大姑娘吧，道庸在他们家打长工，有一次地主让他给大姑娘送一坛腌豇豆角子，大姑娘接到坛子，左看右看，接着就破口大骂：“豇豆怎么这么少，是你偷吃了？”

“我从来不偷吃你家东西！”全村的人都知道，大头干活从不偷懒，可性子硬得很，不是他干的事绝不承认。

“看，坛子里还有你狗爪子的印儿，就是你偷吃了！”说着，大姑娘一把抢过坛子，朝猪食槽里一倒，嘴里还在发狠，“猪糟蹋过的东西人还能吃！”

“你骂人！”

“我就骂你！你个臭长工也配给我送菜！”说着，大姑娘竟放出一条恶狗，指挥着，“去！去！咬他！”

那是一条板凳狗，四四方方，毛色像狼，怕它睡觉堵鼻子，尾巴被剁了去。虽然被一条锁链系住，一声不响，却警觉得很，主人一招呼就站起来，开始低吠起来，它跳到前面，几度翻转身子，想挣断锁链，但是铁链太牢了。

大头可不吃眼前亏，大姑娘去解狗链子的当口，早一溜烟跑远了。不过夜里他又回来一趟，在大姑娘家门口拉了一泡屎。

大头能和恶狗一样人家的千金小姐私奔，除非他疯了！

陶勇后来告诉孩子们，一个家有不一样的人，虽然同是地主家的姑娘，大姑娘像个恶婆，二姑娘则善良，常帮长工们干活。老地主常骂她是小姐身子丫鬟命，总想着将她早点嫁人了事。她在叶集上过学。谁都知道，安徽虽穷却是个出人才的地方。单是霍邱一地，自宋代到清末有近五百名进士、文武举人和贡生。共产党方面名气最大的是陈独秀，他是安徽人，他办的《新青年》影响了一代人，包括毛泽东那样的伟人。陈独秀的夫人高君曼也是霍邱人。恽代英也到安徽办过学，传播过马克思主义。当年鲁迅先生创办的未名社成员中的李霁野、台静农、韦丛芜、韦素园的故乡就在霍邱县的叶集。五四运动以后，传人安徽的革命书刊不下几十种。二姑娘大概接触了这些新思想，不愿接受嫁人生子、相夫理财的老套套，要到外面去闯世界。

而张家世代贫寒，地无一垄，房有两间。租的三亩地连租也还不上，只能让7岁的道庸上地主家放牛抵债。1926年的秋天，14岁的张道庸又被地主逼去烧窑。那是最苦的活。每天从窑洞出来，脸都是黑的，小小年纪背都是驼的。那几年，父亲常年卧床，不久就去世了。他还有一个姐姐身体也不好。家里的全部负担都落在母亲一个人身上。母亲是性情开朗的人，总是说些开心话，让孩子们不要发愁，要好好活下去。她除了照顾家里，还要到地主家洗衣服，每天双手都肿得跟红萝卜似的。这个地方是不能待的！道庸恨透了这不合理的一切，他决意要走。1929年4月的一天，他没告诉其他人，连母亲也没告诉，只告诉了二姑娘，他说他要走。

二姑娘目光游移地问："你要到哪里去？"

"我不知道，反正我要走。"

“我告诉你个地方吧，大别山有个游击队。”

“我不知道路。”

“我送你去！”

他们一齐上路了。二姑娘说的游击队，在河南商城。叶集和商城分属两个省，在河南安徽交界处，相距也就一百多里。本来，道庸以为二姑娘指指路就会回去。没想到二姑娘一直送，一直送，眼看过了一半的路程，二姑娘还是不回去。天快擦黑了，二姑娘突然问：“咱们要是被民团捉住了，你说什么呀？”道庸记得那双望着他的眼睛充满了企盼，闪闪发亮。

“我就说是上亲戚家。”

“行，我就说我是你媳妇！”二姑娘说着一下红了脸。

道庸也闹了个大红脸，支支吾吾地说：“还是说我是你家长工吧，你看我这一身衣裳……哪配娶你。”

二姑娘想了一下：“不说一家子也成。但这次找到游击队，我也不回家了，我和你永远在一起……”

不知道这能不能叫初恋，反正听了这话，道庸胸口跳得厉害，呼吸急促，浑身发烧，脚底下轻飘飘的。再看二姑娘那双火辣辣的眼睛，他一下乱了阵脚，不知说什么好。平时他也觉出二姑娘对自己不错，还偷过家里的馒头包子给他吃，但作为一个苦长工，他哪敢有什么非分之想。

那年，道庸虚岁 18。二姑娘跟他一般大小。

母亲到周家去看，果然没了道庸，也没了二姑娘。老地主一见她，大骂起来，要她还人。

母亲就是一句话：“孩子大了，他有腿，他跑到哪里我怎么知道。你的闺女不一样跑了？”

老地主恼羞成怒：“今天你不把你儿子我闺女找回来，就别想活！”

不久，地主勾结反动民团把母亲活活打死，并一把大火烧了张家的草房。死里逃生的姐姐道坤，投奔到叶集叔叔家，不久也因贫病交加，早早地离开了人世。

游击队长的刀

和二姑娘顺利到了游击队，之后发生的事是张道庸所始料不及的。

他记得那个游击队长的模样。一个机灵的强人，高颧骨，一双凶恶而又炽亮的眼睛，一个直上直下的刺猬头，一双特长的手，时而抓一根烟袋杆，时而拿一把大刀，时而从怀里掏出一块老怀表。在一场与地主民团的恶斗中，他带领的游击队胜了，但胳膊被砍了一刀。而为首的老地主竟从他眼皮底下溜了。游击队长气不过，又想办法将他捉回，捆绑着带到队部。这次老地主走起来一跳一跳的。

“我把这个家伙的脚指头剁下来了，看他再跑！”队长高声嚷着，右胳膊上缠着很厚的白布，白布隐约透出点血渍。他特别冲着新到的张道庸笑笑，然后用那只好手在口袋里摸，摸了半天，才掏出一张香烟锡纸，用牙剥开，摊在手心里，让张道庸过来看。

这时柴火房里传来了叫骂声：“你杀了我吧，你个臭炉匠！我到阴间找你算账！”这是那个被捉的地主。队长过去打过铁，他手里是一颗小小的、僵死的、发黑的、连着指甲的脚拇指。

“怕不怕？”队长问。

“不怕！大叔！”道庸鼓足勇气说。

“好，你很勇敢！别叫大叔，要叫队长，明白吗？”

“明白，队长！”

“好！”游击队长满意地答着，把脚拇指和锡纸一齐扔出窗外，用右手包臂膀的白布擦擦左手的污泥和血迹，又拔出身后的大刀，递给张道庸，眼色朝外一丢，说，“你去给我把他砍了！”

道庸愣住了。他毫无思想准备，口里想答应，可没喊出声；心里想上前去接刀，可就是挪不动步。

“过来拿呀！”游击队长不习惯左手举刀，一会儿就觉得累，他嚷着，“参加我的队伍，头一条就是勇敢不怕死，不怕死就得敢杀人，砍一颗头就行！砍完了这把刀就送给你！”

后来道庸再也记不得他是怎样走到老地主面前，连怎么走到柴火房也忘了，只记得他的刀挥得有些猛，刀落到地主脖子上的那一瞬间他的确很害怕，眼前的白天就跟夜里一样，满是金星在闪，刀在碰到一个硬东西后又很快滑过去了，有快镰割稻子的感觉，有几根脆骨被切断的声音……老地主的身体在地上跳了一下，呻吟着，颈腔像张开的大嘴呼地喷出血来，整个身体像倒干净了的粮食袋子一样坐了下去……他记得清楚的是，他把刀拿到河里去洗，在刀刃上看见映出的自己的脸。他觉得塌陷的脸孔生疼，大大的有点血丝的眼睛和暗黑的眼圈。大热天的，却好像冻得有点发抖，他咳嗽起来。队长说："好，你合格了，你可以留下来了！"

过了几天，情绪稍好些，他想去看看二姑娘。

他问队长："二姑娘呢？她当上了女兵么？"

"谁？哪个二姑娘？"

道庸说出二姑娘的大名。

"她呀？你还管她干啥？你小子是不是看上她了？"

"队长，是她把我送出来当兵的，她也要革命的！"

"一个地主家的狗崽子，她革什么命？是我们革她的命！"

道庸预感到不祥，忙问："她现在在哪？"

"我已经送她回老家了！"

道庸松了口气，但仍不放心地问："她哪能回家？回去她的地主父亲还不把她打死？"

"是啊，这回可省了那个地主老财的事，我已经叫人把她宰了！"

"你怎么能杀她呀？"道庸大惊失色，"她也是来革命的！"

"我警告你，张道庸，你要站稳阶级立场，她是地主家的阔小姐，你是她家的放牛娃，这是两个阶级，是你死我活，懂吗？革命就是砍这种人的头，你懂不懂？"

道庸真的不怎么懂，但他懂地主拿穷人不当人，穷人受苦富人享福这不公平，他出来革命就是要杀富济贫，要让穷人有饭吃，有地种，要争个平等。可二姑娘从没拿他当下人看，"张道庸"这三个字还是她手把手教会的呢。能平等待自己的人难道也要"革"她的命吗？直到后来成为一个正规军的指挥员时，他才明白类似这样的游击队，其实是一种从老百姓到正规军的过渡，热情很高，政策很“左”，这既有上面路线的关系，也有农民自身的原因，革命初期这样的事很难避免。

打一仗升一级

游击队里的人都说：啥都没有就是无产阶级。张道庸这下可够得上“无产阶级”了。别人说起家里的事，他不是闷声不响，就是唉声叹气，从不插话。游击生活，东奔西突，两条腿跑个不停，几天睡不上一个安稳觉，几顿吃不上一餐饱饭，别人说这苦嫌那累，他不一样，他说这比给地主放牛烧窑强多了，不管怎样，能说能笑，没人在背后拿眼睛盯着，战死了心里也痛快。

那时当兵的升迁，靠的全是战功。打一仗，立一功，也就升一级。道庸作战勇敢，就这么一级不落地由副班长升到了排长、副连长。

1930 年，中共中央命令将鄂豫边区和豫皖边区这两块苏区合并成鄂豫皖苏区，归中共特区委员会领导，并设立军分会。道庸所在的游击队合组为工农红军第一军，不久又改为第四军，由曾任过川军代旅长的邝继勋任军长。徐向前的大队编为第十师，徐任师长。许继慎那个大队编为第十一师，由许任师长。由于军事力量的继续发展，不久又编组第十二师，调徐向前为第十二师师长，第十师改由蔡申熙担任，这三个人都是黄埔一期的共产党员，在军事上都有一套。此时，红四军师以上干部大多是由中央派来的，团以下的干部则多由这个苏区老游击干部担任。1931 年，张道庸入了党，并担任苏区分区保卫局保卫队队长。是年 6 月，担任红四军第三十五团第二连副连长。有时他会遇上师长徐向前给大家作报告，可惜他的山西口音太重，许多话听不懂。从那时起，他知道了什么是共产党。苏区的领导说：“共产党是穷人的政党。”“每个穷人都能分得一块土地，就是共产主义。”虽不太合乎理论，但简单好记。庄稼汉，祖祖辈辈在山沟里劳作生息，外面的世界对他们来说，实在是太陌生了。要不是这两年共产党领导闹农会，哪里知道这么多新名词，苏维埃、红军、共产党、打土豪、分浮财、二五减租等等。

鄂豫皖苏区的北面，是淮河流域的平原。从新集往北走一百里，都是山寨子林立的区域，再过去便是水寨子的势力范围了。地主们在平原上建筑城堡式的房屋，周围挖有宽而深的护城河，出入设有吊桥，经常有人防守。这些水寨子也是多年来防匪患发展起来的，尤以太平天国时期为最盛，但现在用来对付红军了。他们对苏区内不敢冒犯，但在苏区边缘的骚扰，则无所不用其极。他们拖走耕牛，掠夺粮食，甚至杀害壮丁，强奸或掳走妇女，民愤很大。

有一天连里准备攻打一个叫安家寨的地方。据可靠情报，安家寨囤粮数百担，又刚收秋，新粮已入库，打下这个寨子，定可得到一笔数目不小的粮食。当然，收拾这个寨子的民团和红枪会，也可以震慑周围几个村寨的敌人。接受任务后，张道庸带着他的排，商量了许多攻寨的办法，还成立了突击队，自任队长。

部队迎着皎月出发。那天的月亮特别亮，照得田埂泛着白光。队伍里有新兵老兵，新兵有点担心，老兵有点兴奋，都急促地赶路，没有一点声音。走着走着，道庸抬头望了望远处的山谷，由于峰峦挡住了月光，那里阴沉沉的一片。他猜想，那大概就是安家寨。他在黑暗里辨别着，寨墙、房屋的轮廓模糊不清，只能依稀地瞅见两处鬼火似的亮儿。他心里骂了一句："那可能是狗日的指挥所。"

再走近些，围墙的轮廓越来越清楚了，前面就是安家寨。

"上！"张道庸做了一个手势。

一个班长把两条长凳往地上搁稳，站在上面试了试，便在长凳上蹲了下来，示意另一个新战士踩在自己的肩膀上，他抓住肩膀上的两只脚，又试了试，叫上面的人蹲下身子，让另一个再爬到上面人的肩膀上。当下面的人站起来的时候，最上面的人摸着围墙，往上起。可他刚一冒头，就被敌人的梭镖一记猛戳，接着被一块大石头击中，"哎呀"一声栽倒下来。下面的人梯也跟着倒了。

张道庸打了一个继续攀墙的手势。

那个班长找了棵大槐树，想以树做掩护，可是刚把上面的人顶上去，又被寨子里的敌人发现，又是一记梭镖，将那个战士刺倒在围墙里。

突击队红了眼，怒发冲冠，纷纷表示死也要攻进寨。张道庸朝左右挥了几下手，七八架人梯同时搭了起来，道庸站在最上层，他的头还没露出去，先将一块大砖头砸进去，趁上面的人躲砖头的工夫，他一个猛子翻进围墙，手里的鬼头刀舞得鬼叫。其余七八个人也越墙而过，缴了那个巡更兵的械，把寨门打开。等候在门口的其他几个排的战士一拥而入，直向民团、红枪会的指挥所冲去。没放几枪，就把民团、红枪会的指挥所和团丁的宿舍包围了。

这些家伙刚刚入睡，刚才亮灯的时候是他们的头头在搓麻将。一睁眼，就成了红军的俘虏。这一仗为民除了害，第二天公审，那几个罪大恶极的反动武装头头，被就地正法。红军还得到了几百担粮食、几十支枪和一些子弹。张道庸在战斗中有勇有谋，受到连队嘉奖。

当地农民与部队的官兵相处得水乳交融。部队打了胜仗，沿途有不少农民伴着队伍一同走一段路，在耳边说些祝贺胜利的话。那一天，苏区来了一个大人物。农民看见一个白胖子坐在轿子上，都以为是被俘的土豪，问道："为什么不把他四脚朝天？"因为游击队捉住土豪都像捆猪一样四脚朝天捆住，从手脚之间插进杠子抬着。或者说："好一条肥猪！要值串把大洋吧！"

战士们急忙纠正说："不要瞎说，他是我们的中央。"

农民听了"中央"二字，仿佛是"真命天子"似的，不禁伸出舌头说："中央呀！领导我们打胜仗的中央呀！了不得，我说错了！"

张道庸后来才知道，这"中央"就是张国焘，是苏区的最高领导。

1931年11月7日，中国工农红军第四方面军成立大会在黄安县七里坪倒水河沙滩召开。

选择这一天，是因为那是苏联十月革命成功的日子；选择这个地方，是因为这里是当年黄麻起义队伍首次集合攻打黄安的出发地，也是大别山第一支工农红军的诞生地。

这些几乎是清一色的"泥腿子"，能在这个充满希望的日子里，在这个英雄的地方，在粉碎蒋介石发动的两次“围剿”之后，庄严宣告红四方面军成立，隆重举行阅兵仪式，本身就是一种胜利。

这个胜利对张道庸来说是激动人心的，他知道自己这条路走对了。而眼下他最感兴趣的是那个骑在高头大马上的总指挥徐向前。过去听说过许多他的神奇传说，现在一看他才 30 岁，真了不起！那时他不知道什么叫“不想当将军的兵不是好兵”，但知道“进步”，进步到最高便是马上的总指挥了。

果然，张道庸一步一个台阶，进步得很快。

1932 年任该连连长、第一营副营长；是年 8 月任教导队学员排长，11 月任红四军第十师第二十八团第二营营长；1934 年任红四军第十师第二十八团副团长；1935 年任该团团长……此间发生的战事，他几乎都参加了，每役在要紧时刻自己都要冲上去，并留下了多处战伤。他的枪伤就像提升时盖的大印一样，鲜红鲜红的。那是用鲜血换来的。

第二章　长征路上

强渡嘉陵江

红四方面军的长征是以西渡嘉陵江拉开战幕的，时间是 1935 年 3 月下旬至 4 月中旬。由于第五次反“围剿”的失利，中央红军（第一方面军）不得不离开江西瑞金，踏上了漫漫征途。当他们到达贵州云南北部地区时开始兜圈子，行踪飘忽，方向不定，而敌军正沿着长江设防，阻拦一方面军的偷渡。四方面军决定在嘉陵江西渡，以援助一方面军的行动。

嘉陵江是四川省四大河流之一，江宽水深流急，两岸多是悬崖峭壁，地势十分险要。红九军的渡口在涧溪口。站在江边上，只见江水奔涌，在强烈的阳光下，像千百个坟头似的起伏着，大波大浪地冲过去了，接着又很快地滚了回去，飞起那黄色的水沫，不住地鞭打着脚下的石崖。张道庸以前没有见过这样急的江，觉得脚底下的石岩都在动，真是惊心动魄。

嘉陵江上没有桥，船只也被敌人扣留在对岸。部队过江用的 75 条船和 3 座浮桥，是由各地的工匠临时在王渡建造的。那 75 条“毛半壳”主要是供许世友红四军的勇士们抢渡用的，每条船最多只能坐 15 个人，其他人员都得在 3 座浮桥上通过。

当红军一切准备好了，准备实行敌前强渡，渡江计划已被敌军获悉。敌方的高级将领在苍溪对岸，一直监视到午夜，没有发现红军的丝毫行动，反而怀疑自己的情报是否可靠。他们还想：这么个宽 300 米的急流江面，对岸没有任何船只，绝无渡江可能。因此，他们的戒备松懈了。

就在这晚夜里3点左右，红军开始行动。那些运来的75条船，都隐藏在敌人看不见的一条小河沟里。三十军的勇士们开道，大队人马跟进。

张道庸团长站在桥边指挥二十八团过江，不时地喊着："快，快点通过！"

认识他的人在向他打着招呼："嘿，'傻子'团长，没掉河里呀？"

此时的张道庸在红四军里已经很有名气了，知道他的绰号"傻子"团长的，比知道他的真名的多。安徽人说的"傻子"似与普通意义上的"傻"很不同，那好像是一种庄稼人的憨里透着点狡猾。安徽人说"傻"是跟"飑"相似，有人来疯之意。张道庸的"飑"多半是因为他的不怕死：在一次激战中，他奉命带一个连的余下兵力，要突破敌人的包围。面对数倍于己的疯狂之敌，张道庸从水壶里喝了几口薯干酒，手举大刀，高喊"刀枪不入"率先冲入敌阵。全体官兵在其鼓舞下，一路砍杀出来。不知道哪个领导说了声张"傻子"真是不要命了！由此"傻子"团长的雅号传遍全军。张道庸对此不在乎，谁喊他都答应，但谁喊时也得小心，因为他会恶作剧地来个报复。有时"以傻卖傻"，嘴上回你一句；有时闷声不响，突然上面来个连环拳，下面来个扫堂腿，绊你一个大跟斗。他则大笑，扬长而去。你要去讨个公道，他会说："我傻嘛，傻子杀人都不偿命，摔你个跟斗算啥！"并再次摩拳擦掌，把来讨便宜的吓得乱跑……

但该严肃的时候他不开玩笑，贻误战机他是要瞪着眼喊杀头的，谁跟你开玩笑！

有些伤员躺在担架上，被战士抬过来。浮桥是用毛竹扎成的，在湍急的河水的冲击下，摇摇晃晃的。就是空手走都有些站不稳，有人掉落水中。担架队员尽管放慢脚步，但担架还是颠簸得厉害。张道庸上去掖掖被子，嘱咐抬担架的战士："抬稳点，别翻到江里！"

也许是紧张，正说着，一个担架员脚崴了一下，跪倒在地，担架一歪，眼看要掉进江里，张道庸一个抢步跨上去，用脚支住担架，保持平衡，伤员才没滚到江里。担架上是个负重伤的连长，张道庸再次嘱咐担架员：“连长是为革命负的伤，你们一定要把他抬到目的地！”

张道庸带的队伍冲过江后，夺得敌人扣留的大批船只，又建了一座用船搭起的浮桥。等到第二天近午，敌机分批来轰炸的时候，张道庸指挥搭起的浮桥已经完成。敌机投的几百枚炸弹都在浮桥附近爆炸，始终无一命中。

敌军邓锡侯、田颂尧两部因后路被红军抄袭，乃尽撤嘉陵江之防，退守剑阁、梓潼、盐亭县城。红军控制了嘉陵江上下约100里长的东西沿岸，并向剑阁、梓潼、盐亭追击败退之敌。

强渡嘉陵江是一个大战役，从3月28日前线指挥部发出渡江命令起，到4月21日攻克川北，历时24天。红四方面军共歼敌12个团1万余人。这次战斗牵制和消耗了敌人的有生力量，有力地配合了中央红军的北上。

西路军

正当陶勇不仅识了字，也从一个冲冲杀杀的勇士变成懂得用兵之计的指挥员时，他脚下的梯子却突然倒塌，将他摔到了最低处。这不是他个人的过错，是他上级的上级的错误指挥，将队伍带到了绝境。张道庸的厄运就从西路军开始了。

从红军大学走出来的人一般是要提拔的，张道庸也不例外，他担任了红九军教导师的师长。那时他才23岁，那是眼中一切都是金黄色的年龄。

1936年10月，张道庸率部西渡黄河，参加了西路军的艰苦作战。11月13日，九军二十七师八十一团袭击古浪县城，军主力乘机进驻城内。16日拂晓，即在此展开一场激战。

古浪是河西走廊的要冲，位于城南不远的古浪峡，地势险要，历来为兵家必争之地。古浪县城地势低洼，城垣已于1926年地震中被毁，时已坍塌不成形，很难构成防御体系。进城的部队在残缺的城门附近抵挡着敌人一浪高过一浪的进攻。几个小时下来，敌人调集的3

个骑兵旅、2个步兵旅和4个兵团，在飞机大炮的掩护下，已经步步逼近。九军二十五、二十七2个师依托外围阵地与残壁断垣，与敌激战了3个昼夜，双方伤亡惨重。敌骑兵冲进古浪县城，大肆蹂躏，损失最惨重是西路军总指挥部各直属机构，参谋机要人员死伤最多，侦察电台和其他通讯器材散失殆尽。最后红军撤出战斗。教导师像甩在最后的尾巴，牺牲者众多。战斗中，教导师番号即被撤销，指战员大都补入二十七师。教导师政委易汉文调任二十七师政委前后才两三天，亦在战斗中牺牲。师长张道庸率教导师一部增援八十一团，并奉命接替该团团长指挥作战。战后，张道庸担任九军二十七师副师长兼八十一团团长。

青海匪首马步芳的骑兵得着古浪胜利的鼓励，到处展开对红军的袭击。骑兵行动迅速，抑制了红军的游击专长。1937年1月，西路军在河西走廊高台、临泽县城，同敌人激战五昼夜，取得胜利又向临泽东南进发。北方已是隆冬季节，天气越来越冷。张道庸和士兵们一样，仍穿着单衣，冻得直打哆嗦。从炉霍出发时，他带着一块毛毡片子。这个东西很管用，露营时往地上一铺，又隔潮又暖和，有时也当被子盖，刮风下雨，都能披在身上挡着。现在已经是又黑又潮，许多地方已经掉毛，眼看要散架子了。他灵机一动，在中间挖了个洞，往头上一套，下面用皮带扎紧了，如铠甲一般。刚一穿上，连他自己都笑得直不起腰，渐渐的，如此穿法的人多了，也就没人笑了。眼下马上就要围攻河西重镇甘州（张掖），张道庸在战前要简单动员一下。他拍拍自己兵马俑似的装扮，问："同志们，冷不冷？"众人一齐答："不冷！"张道庸一笑："怎能不冷？我披着毡片子还冻得直发抖，你们能不冷？我知道，你们说不冷表示你们不怕冷，这种战斗作风好！可是光叫'不冷'不会真的不冷！"他刷的抽出鬼头刀，在头上晃了晃，寒光逼人："这次战斗就是要解决挨饿受冻的问题！粮食有没有？有！棉衣有没有？也有！在哪里？在甘州城里面，在敌人的面缸里、仓库里！大家跟着我猛打猛冲，一人缴获一件羊皮袄，穿在身上暖乎乎！出发！"

大地在零下三四十度的气温下，变得像岩石般坚硬。堕指裂肤的严寒，使伤病号不敢坐担架，只能拄着拐棍，一步一步随着队伍艰难地行走。呵气成冰，战士们的眉毛胡须挂满了冰花，被汗水浸透的衣服转瞬冻成硬邦邦的冰筒。

开始还算顺利。可当城里猛的杀出一支马匪骑兵时，张道庸部队的节奏被冲乱了，变得首尾难顾，指挥员难以实施指挥。因为靠得近，敌人坐在马上可以随意劈杀，而红军的火力难以施展。那情景使张道庸一下回到刘伯承讲过的一堂课：如何打骑兵？骑兵多的是四条腿嘛，要避开平地，找马过不去的地方……张道庸一挥手，把部队带出城外的开阔地，向着城南的一片枣树林子里跑。一进了林子，你看不见我，我看你清清楚楚。他朝部队大声喊："射人先射马，擒贼先擒王！大家利用枣树做掩护，瞄准敌人的马，给我狠狠地打！"

战士们有了障碍，看着敌人的马匹在外面打转，忙不迭地对着马身开枪。马中弹翻倒在地，骑惯马上作战的人落到地下，顿时矮了半截，手脚都不灵活。张道庸瞅准这个机会，扬起大刀指挥战士们往外冲："同志们，敌人给我们送皮袄来了，冲呀，杀呀，打了胜仗穿皮袄！……"

说话间，几个脚快的已经奔到了死马前，有拔枪乱射的被当场击毙，举手投降的连枪带皮袄被一齐没收。敌人很快就退了。有几个战士从死尸堆里扒出几双毛毡鞋，赶忙送到团长手里。张道庸说："你们谁缴获的谁穿，就算是奖励了！"他让炊事班挑几块好马肉，说晚上改善生活。一个警卫员肩上背了两支缴获的步枪，脖子上吊着两双毡鞋，还在不停地扒拉死尸。而且专盯着水壶，每见一个就要放在耳边摇一摇，再打开放在鼻子底下闻一闻，这么找到几个又扔了。终于找到一个，一闻满脸是笑，拧上盖，从死尸脖上取下，套在自己脖子上，见张道庸盯着他，老远就喊报告："团长，这个水壶里真是酒，今晚给首长马肉下酒！"

张道庸得意地笑着："好小子，真会拍马屁！"

此时的他已经形成了自己的一套：烟抽得凶了，酒量也大了，打了胜仗就要痛饮一遭。再有，脾气也大了，嘴上常挂着："老子撤了你！"打仗的时候更爱喊："冲不上去老子毙了你！"但没人见他真的毙过人。

其实这几项归到一起，都是嘴上的事儿。只要嘴痛快了，心里就舒畅。他是肚里受不了气的人。也是这个原因，养成他只爱干正职不爱干副职的毛病，即使提升了，若是副职，他宁愿干原来的正职。为此，提拔他的人很恼火。现在他就是放着副师长不干，总在团里当团长。

血战倪家营子

打了胜仗的部队开始向更大的胜利迈进。下一个目标是攻打倪家营子。

倪家营子坐落在祁连山脚下的戈壁滩上。全营子南高北低，南部称上营子，北部称下营子，共有 43 个屯庄。所谓屯庄，是有钱人家的围子，每个屯庄都像一座堡垒，周围有一丈多高、两尺来厚的黄土围墙，相当坚固，还筑有瞭望楼和垛口；一般人家的围子稍薄些，矮些，没有瞭望楼，叫庄子。庄与庄之间往往隔着田野、沟渠和树木。西路军总部决定利用这里的优势，和尾追的敌 5 个骑兵旅、3 个步兵旅以及手枪团、宪兵团等数万人展开决战。从 1 月 23 日打到 2 月 21 日，毙伤近万名敌人后，撤出战斗，准备挥师东进。

但是，西路军主要领导人陈昌浩见部队旗开得胜，同时知道了西安事变，连蒋介石都抓起来了，眼前的敌人还不得束手就擒！就要杀个回马枪，置敌人于死地。陈昌浩命令部队重返倪家营子。可是他哪里知道，此时蒋介石已获释，张学良被扣，西北马家军像打了一针兴奋剂。尤其是“野马”马步芳更是欣喜若狂。他在西路军主动撤离战斗后，大肆吹嘘，连电蒋介石邀功请赏，并令其 5 个骑兵师、2 个步兵旅及炮团、民团共 2 万余人，尾追西路军，要“消灭共军于河西走廊”。当西路军所属部队刚进驻倪家营子时，敌人就追赶过来，将他们团团围住。于是，在倪家营子，第八十一团和西路军其他部队一起，被迫以阵地防御战对付来势凶猛的敌人。

2 月 27 日下午，游动哨兵奔回报告敌情时，敌骑兵先头部队已逼近下营子外围。张道庸仍十分镇定，他打仗跟抽烟喝酒一样有瘾：“好哇，老子正等狗日的来呢！”他随即带领一部分部队投入战斗。他命令特务营营长赵俊率领一个连首先控制隘口要道，凭险固守。战士们利用有利地形，向逼近的敌先头骑兵甩了几颗手榴弹，炸得敌兵人仰马翻。后面的敌人顿时乱了阵脚，掉头向后逃遁。入夜，下起了鹅毛大雪，马步芳部队停止了攻击，龟缩在距围墙二三百米的地方。

翌日清晨，张道庸发现敌人已将周围的屯庄围得水泄不通，八十一团和上级的联系已被隔断，陷入孤军奋战的境地。张道庸和政委吴辉庭面面相觑，感到形势严峻了。

死是没人怕的，主要是武器太差。八十一团不仅没有重机枪、迫击炮之类的重火器，就是机枪、步枪子弹也少得可怜，每个战士身上只有一排——五发子弹，几颗手榴弹和一把大刀，或一根长矛。所以，马步芳部队就在较远的距离上用“罐子炮”轰击红军。

3 月 1 日，敌人依仗人多弹足，三五成群地端着枪、举着刀向八十一团阵地冲过来。东南的土墙被轰开了一个缺口，敌人纷纷拥进来，三营部队同敌人展开了白刃格斗。士兵的大刀开始在敌群中挥舞。人们的脸都变了颜色，刺刀和刺刀交刺对杀，发着当当的响声。手榴弹像成熟的果子一样落在人群里，带着沉重的声音爆炸开来，把无数个活着的和死了的人抛到天空里，又很快落到地上，炸成一块块的。张道庸指挥全团上下，凭着手榴弹、大刀和长矛，甚至木棍，同敌人拼搏，前面的倒下了，后面的马上堵上去，硬是不让敌人突进来。碧血染红了皑皑白雪。直到黎明时分，八十一团终于打退了敌人十多次冲击，保住了围子。而八十一团本身也付出了很大的代价。

硝烟慢慢散了，飘浮在空中和晨曦融成一片，围子周围处处凝固着血泊，躺着一具具战马的尸骸。敌人退了，天也快亮了。张道庸不敢有丝毫松懈。按习惯，天蒙蒙亮时，他总要带着参谋人员或全团连以上干部，沿着围墙走一走看一看，一边观察围子外面敌人的动静，一边鼓舞围子里面参战人员的士气。团长是他们的主心骨，见到团长过来，就是个瘪轮胎也会马上充满气。谁都知道，张道庸平时就爱找战士打打闹闹，说说笑笑，他开的玩笑会令人吃惊：有时会乘某个战士不防，突然从其背后来一个扫腿，摔得战士仰面朝天，逗得大家哄然大笑。可是训练或是打仗，他像换了张脸，非常严格，没人敢跟他开玩笑。

他沿土围子走了一圈后，立即召开团党委会，提出了敌主攻方向和我军的对策。他认为，根据敌炮火和兵力调动情况，敌主攻方向是在东北角，因而八十一团的防御重点应放在东北方位。为及时支援告急的方向，有必要在全团范围内组成坚强的战斗突击队，作为团的预备队。吴辉庭完全赞同他的分析和决策。于是，立刻调整了全团的战斗部署。同时，为了能长时间坚持反围攻战斗，他们要求各级指挥员注意爱护战士，夜间和战斗间隙，尽可能组织大家轮流休息，以保持体力。

这个时候，不仅是因为张道庸战时的威严，也因为大家生死相依，谁也没有一句牢骚，甚至一句多余的话都没有。因为形势一天天紧迫，生存都变得困难起来。敌人像铁桶一样的围着，即使不进攻，也可以边打边补充，而红军的枪弹却是打一颗少一颗。战士们衣着单薄，在刺骨的寒风中，人人冻得直打哆嗦。在战斗间隙，只得相互依偎着在一起，用彼此的体温驱散严寒。而敌人则在围子外边挑衅地叫："你们打嘛！你们没有子弹了，你们手里的枪还不如一根烧火棍！……"战士们听了气得牙根直发痒，有几个人沉不住气，提着枪就要往外冲："捅死一个够本，捅死两个赚一个！奶奶的，这股气受不了！"张道庸也不过 24 岁，正是血气方刚，要是个士兵，他保准会第一个冲出去和敌人拼。可他现在是团长。一团人像个担子压在他的肩上。从上肩的那一天起，他的一切思维都不再属于自己，一团人有一团人的责任，拼了自己有啥用？这副担子压住了他的怒火。他尽力解释着："同志们，不能去硬拼呀，我们要保存力量，寻找有利的时机，消灭更多的敌人。没有子弹，我们手里还有大刀，过去我们不是靠大刀、长矛把敌人打败了吗？"光讲不行，拼大刀的时候就要到了。他把营、连干部找来，专门研究和敌人拼大刀的技术战术，他们会了，回去传授给战士。

3 月 2 日，敌人首先用山炮轰击红军阵地，炮声一停就冲锋。敌军在督战队的威逼下，像羊群似的猫着腰冲上来。红军战士从坍塌的工事里、弹坑里钻出来，抖掉身上的土，瞄着前面的敌人，因为子弹少，只能等到敌人靠近时才开枪，以便百发百中。在山炮的轰击中，吴辉庭不幸负了重伤。开始，还能坚持着在阵地上和张道庸一起指挥战斗，但后来张道庸发现吴辉庭许久不出声音，人慢慢地往地上坐。他过来看时，吴辉庭已经精力不济。张道庸焦急地喊着："老吴，吴辉庭！"吴辉庭目光凝滞，鼻孔里气息很微弱，已经神志不清了。张道庸赶紧叫人用担架把他抬下去。他抹下帽子擦擦脸，又回到瞭望楼。

敌人在缩小包围圈，进攻路数也加多了，梯队重叠，步步推进。特务营把守的阵地告急。张道庸带着预备队跑过去增援。刚一出门，就见五六个马匪沿着墙根迎面跑来。为首的只离他几步远，那家伙头戴蓬松的大羊皮帽子，一身黑制服，留着山羊胡子，提一口鬼头刀，后边的几个都端着上了刺刀的枪，一个个凶相毕露。张道庸一见他们，心头的火焰直冒，他拔出大刀便砍了下去。那个马匪右边脸皮连着耳朵一起被砍了下来，但并没有完全砍掉，头还连接在颈子上。霎时鲜血直喷，张道庸手上和身上都溅满了血点。那个马家军的身子后退了一步，扑通倒在地上。又上来一个端刺刀的敌人，直对着他的胸膛刺来。从他背后闪出一个战士一把将刺刀攥住，又有几个战士上来用枪托敲碎了他的脑壳。张道庸提着大刀，背后跟着一群战士左冲右杀，冲到哪里，哪里便闪开一条血路。正杀得痛快时，背后拥来一群敌人，开了枪，张道庸身子一歪倒下了。当敌人赶到他跟前时，他跳起来，抡动大刀又杀起来。许多敌人的脑袋像落了蒂的西瓜从肩头上滚落下去。

张道庸真的受伤了，好在没中要害，一颗子弹击中了他的手臂。他用另一只手紧紧压住伤口，血立刻将他的手染红了。他眉毛忽闪，厉声命令预备队："敌是优势，我是劣势，不把敌人打退，我们将无立足之地！快，拼死夺回阵地！"

敌人又一拨一拨地扑上来了。八十一团的所谓阵地，大多是些两三尺高的断垣残壁，敌人的枪弹打得这些矮墙上的土块四处飞溅。战士们谁也不轻易开枪，每个人的子弹带只有可数的几粒子弹，不到万不得已是不能使用的。敌人也许清楚这一点，冲锋时已经敢直起腰，喊着声，端着刺刀。当他们离土墙只有二三十米时，一阵手榴弹冰雹似的飞了过去。有一个机枪手，看见敌人冲上来，也不隐蔽，伸出半截身子转动枪口扫射。把敌人打败后，用袖子抹了脸上的汗滴，一歪身子就倒下去了——他并没受伤，而是连续的恶战，使他疲劳到极点，倒下就睡着了。

二次回到倪家营子来，已经血战了七天七夜，几乎到了弹尽粮绝的地步，特别是没有水喝。倪家营子只有几口井，水位低得不能用水桶打，只能吊人下去用瓢舀。井边各连的炊事员急得没法，一个连一天都没喝上一口水了。张道庸的水壶里灌的是酒，已经喝得嗓子眼冒烟了。没有水，炊事员只好把米袋里的一点米倒出来，上锅炒炒吃。西路军已经困难到了极点，守住个空围子又有何用？已到了非突围不可的时候了。

陈昌浩这时也捶胸顿足，痛感重返倪家营子是最大的失策。徐向前没有埋怨他，这个时候最高领导层需要攥紧拳头。

5 日夜，当敌人还蜷缩在帐篷内酣睡时，张道庸带着他伤亡过半的队伍，人掩口，马裹蹄，悄悄地从土围子东面撤出倪家营子，沿着祁连山山脉向东急进。路上，不少人都在暗自思忖：要不是张团长指挥得当，第八十一团也许早已不复存在了。因为有几个团就是这样全部覆灭的。

尽管失败，西路军作战之英勇令世人震惊：比如三十军二六三团、二六四团为掩护总指挥部和其他部队，与敌人在自己的阵地上血战。二六四团被敌压迫在一道峡谷里，二六三团被分割到另一条山梁子上，都和马家军扭成了一团。大刀砍卷了，刺刀折断了，子弹打光了，喉咙嘶哑了，鲜血染红了峡谷。战士们衣服撕成了碎片，几乎一丝不挂，在同敌人扭打、撕咬、格斗，抱住敌人，一同滚下山崖。二六四团全部拼光，二六三团也大部牺牲。

张道庸对这场血战印象太深刻了，以后辗转南北，打了不知多少场恶战，都没冲淡他对这次血战的记忆。

石窝分兵

1937年2月，倪家营子血战之后，西路军全部兵力已由西渡黄河时的两万人减少到不足万人。指战员们一直浴血奋战，几乎全凭肉搏格斗。部队经过几个月的消耗，已经到了精疲力竭的地步。退到石窝一带的山上，已是斜阳晚照。

石窝，是祁连山主峰的一个山头，山顶是平的，是牧区的夏季牧场。“自古石窝一条路”，它的东面是悬崖绝壁，悬崖下面怪石林立，像波涛汹涌的巨浪，南边是挺拔突兀的祁连雪峰，西边是架鸡岭。所谓“一条路”，实为一条河，即北边的杨马河。它发源于石窝，北流而东折，夏季祁连山冰雪融化，它就是一条河，枯水期就成了沙滩路。

西路军剩下的师团以上干部还有二三十人，部队只剩1000多人。这里海拔有6000米，空气稀薄，好些人都有高山反应，伤员们更难受，躺在冰冷坚硬的山石上，不时发出低微的呻吟。现在，枪膛是空的，米袋是瘪的，个个饥肠辘辘。几个领导在山顶举行会议。看着眼前的情景，这些久经沙场的战将们禁不住热泪盈眶。警卫员们也都是个个簌簌掉泪。会上决定将部队分成三个支队，在祁连山左右两翼大山打游击。部队改变了原来的组织结构，陈昌浩政委和徐向前总指挥回陕北，由西路军政治部主任李卓然、副总指挥王树声和第三十军政委李先念等7人组成西路军工作委员会，统一领导各支队。同时还编组了几个小游击队。其实在这种地方打游击，冰天雪地，渺无人烟，四面又有马家军追捕，别说打游击，就是生存都很困难。

徐向前是被陈昌浩从阵地上叫回的，对此并无思想准备，主将弃军而去，他难以接受，对其他委员说：“这支部队是我们从鄂豫皖带出来的，到了这个地步，我们回去干什么？大家都是同生死、共患难过来的，要死死在一块儿。”他知道两个领导人离开部队将要造成的影响。

陈昌浩劝他：“这是军政委员会的决定。向前同志，你如果不走，目标太大，很不安全，不利于部队的分散行动。”这话当然也包括指他自己。

"你们走吧，赶快回去向中央汇报。"也有人这样喊。

为了摆脱全军覆灭的厄运，徐向前、陈昌浩带着30多个人，拉着马，默默上路了。

50年后，当徐向前回忆起这段历史时，感慨万千："……散会后，我还想动员陈昌浩，不要回陕北。我拉着他的手，恳切地说：昌浩同志，我们的部队都垮了，孤家寡人回陕北去干什么，我们留下来，至少能起到稳定军心的作用，我看还是不要走吧！陈昌浩很激动地说：不行，我们回去要和中央斗争去！我那时的确不想走，但没有坚持意见坚决留下来。事实上，李先念他们，并不想让我走。我迁就了陈昌浩的意见，犯了终身抱憾的错误，疚愧良深。"

副总指挥兼九军军长王树声率右支队在祁连山、康龙寺一带打游击。他命令张道庸带领全团剩余的数十人向北行动，插到敌人背后去，以吸引和钳制敌人。王树声说："我们支队的作战任务，就是紧紧钳住敌人的主力，好掩护我三十军摆脱敌人，向西行动。现在由你带领一支小分队，作为我们支队的先遣队，在前面先头开路，向北行动……这个任务很艰巨，也很光荣，就看你怎么完成！"

张道庸没有二话："只要我死不了，就能完成任务！"

军情紧急，王树声也没多说："好，你带领小分队出发吧，我带领主队随后跟进。"

难办的是伤病员。右支队名义上有上千人，实际伤员占了一半。于是支队领导下了狠心：每个伤员发给五块银元，分散突围，自寻出路。

这些出生入死的人哪里肯依？他们知道，在这里，健全人活着都困难，身上有伤病，离开部队基本是死路一条。有些伤病号开始骂了："你们逃命，不要我们了！"

"我们不走，我们就等马家军过来给颗子弹了！"

也有些本来有伤的，干脆撕了绷带，硬说自己没病，或是伤全好了……

那时，张道庸也去做劝说工作，其实他也说不出多少话，只是默默地在一起坐一坐，叹几声气，谁也不知道还有没有再见的一天。最后，张道庸给每个留下的伤员手心里放上五块银洋，又从怀里拿出他自己的几块，给重伤者加上，抹抹泪，走开了。

要拖住敌人，又要不被敌人吃掉，张道庸带着先遣队采取飘忽不定的战术，打打停停，敌人来了就跑，敌人停下就去打两枪，就这样边走边打，见敌人枪声稀落，便驻下等大部队到来。可是一等不来，二等不来，张道庸不免有些发毛。这么个荒郊野外，路又不熟，离开大部队很难生存。几天过去了，仍不见王树声带领的队伍。再看看自己的小分队，因为伤亡和失散，身边只剩十几个人了。人们又困又乏，粮食也所剩无几。更令人心焦的是，支队主力不知去向，小分队该如何行动?

恰在这时，张道庸和九军参谋长李聚奎、政治部主任徐太先等人不期而遇。李、徐二人带领的支队后尾部队，当时也跟王树声失去联系，正准备出山侦察敌情，而后再商量往哪里走。原来，连续的奔波和疲劳已使大家神经麻木，有马的骑在马上打瞌睡，没马的跟着马走，马也在瞎走，天快亮时才发现人都走散了。这样，队伍首尾相遇，唯独不见中间，而中间既是中枢神经也是力量所在，即使是条龙也舞不起来了，李、徐、张很是着急。子弹基本上没了，米袋子也空了，别说烟，就是火柴也找不出几根了。大家说，与其蹲在大山里等死，不如出去找大部队。但一起走很危险，必须分散化装潜逃。三个领导互相拉了拉手，神色黯然。张道庸说，不死的话，一定得找个馆子喝他个死！奶奶的，怎么革命革得这样背！

张道庸这一路十来个人，天亮时一出山口，就跟敌人遭遇上了。枪声一响，各自为战，一会儿工夫，便都难以照应了。张道庸的子弹打光了，只剩那把大刀在呼呼的狂舞。他边砍边退，当把大刀砍在一个迎面阻拦的敌人身上，连拔刀的机会也没有了。他一猫腰，夺路而逃……当身后没了动静，他定下神来坐下喘口气时，身边只剩他一个“光杆司令”了。

回望天际，四野茫茫。3月该是解冻的时候了，祁连山仍然覆盖着冰雪。那埋在阴云里的峰峦，仿佛起伏的波涛。寒风呼啸着，卷起雪片和沙砾，从山顶扑向峡谷，又怒吼着飞向远方。

那一刻，他掉泪了。

他哭得声音很重，他从来没有如此伤心地哭过。周围没有人，连个鬼也没有，怕谁？哭出声来心里痛快一点。脑子里晃的全是那天他带出的十几个人的模样。大家穿着五颜六色的衣衫，裹着破烂不堪的毯子，一个个蓬头垢面，两颊塌陷，疲劳到了极点。前不久他还带着个几千人的队伍呢，眼下竟溃不成军。这真是红军的队伍？他妈的，老子十年革命，队伍由小到大，最后竟革成了一个人，我还有什么用，干脆死个球算了！

死？那太便宜敌人了！老子有一口气就要活，活到把他们都杀光！

他的心沉入黑暗之中，此后，他什么也不想了。脑子里只有一个火光在闪：那就是党中央还在，河东面的红军还在。他要回到河东去，找中央，找红军！指北针早不知丢到哪里去了，于是就等太阳升起，朝着东面走。

午后，终于看见一个小村。说是村，其实就是散落在大漠边上的几户人家。根据张道庸的经验，这种偏僻的小村不会驻有马家军，而且一般都是穷庄户人家。他试着敲了几下门，一位中年老乡侧开门缝，问："哪的？干啥？"

张道庸说是路过的，想讨口水喝。

老乡打量片刻，还是开了门，把张道庸让进院子。老乡装上烟，让张道庸吸，张道庸说不会，老乡诡秘一笑："你一进门我就知道你是红军，对不对？"

张道庸也不想瞒他，但又不能全说真话："我是红军，队伍打散了，我想回老家，弄点生意做做，或者种田。"

老乡吧嗒着烟袋，琢磨着，有些担心："哎呀，你这个样子倒像个穷要饭的，但口音一听就不是本地的。这一带马家军查得很紧，听到不是本地口音的就抓，你大白天走太危险了。我看你在这吃了饭，白天在附近躲一躲，到天黑再走，或许安全点。"

说话间，老乡的家人已把饭烧得了，也就是一大碗小米稀饭，加几块干饼子。张道庸喝了两口，竟喝不下了，他已饿过了劲儿，只好放下饭碗，掰着饼子细细地咽。这干饼子如此之香，直到黄桥决战时，最好的黄桥烧饼送到面前，他还是说赶不上祁连山老乡的贴饼子香。其他领导都笑他是叫花子命，吃不出好坏……

天擦黑时，张道庸告别了老乡，按老乡的指点，沿一条小路往东走。

走了两天夜路，倒是安全，仅剩的两块银元也花光了，到哪去填肚子呀？他曾去庙里要摸点供奉之类的，可是除了几点香火和一堆香灰外，没有能下口的东西。于是他就改成天没黑前出发，拄一个棍子——这是根多用途的粗树枝，累了当拐棍拄，有情况当武器，最主要的是打狗用。这一带虽说穷，可几乎家家养狗。狗是个趋炎附势的东西，特别是见了要饭的，总是汪汪叫个不停。那天他走到一户人家门口，有几个小孩子在玩耍，便问家里有没有剩饭给一点。孩子接过张道庸的破碗，回屋去给大人说。正在这时，从院子里蹿出一条大黄狗。因为在农村长大，张道庸本来并不怕狗。于是他对周围的小孩说："抱住它，抱住它！"真有两个小孩子拦腰抱住了狗。谁知被抱住的狗好像仗了人势，样子更凶，呜呜地低吠着，用后腿站着，露出软毛的白色肚皮，眼里冒着凶光，叫声中带着暴怒和克制着的凶狂，好像盯着一只逃跑的兔子。张道庸预感到不妙。当那个拿碗的小孩盛了半碗剩饭走出来，把碗交给张道庸时，他接过碗就快步往村外走，想趁小孩把住狗的时候，快点离开这个危险之地，于是越走越快，最后小跑起来。狗是最见不得人跑的，你一跑它就追。这只大狗一见张道庸逃跑，一使劲儿竟从小孩手中挣脱出来，边追边叫，张道庸心里一惊，拔腿就往一块地里跑，那双破鞋也被冻土绊掉一只。张开四蹄的狗跑得极快，三下两下就到了跟前，眼看狗嘴就要咬住张道庸的腿，地里一个干活的老乡也不知喊了一句什么，大约是吆喝了一声狗的名字，狗突然一个急停，扭过头就灰溜溜地回去了。

张道庸逃过了几次狗咬。一天，看看天快亮了，他就朝村落远些的地方走，想找个地方睡一会儿。衰草在寒风里微微颤抖。路已经没了，脚下都是发软的沙子。他太疲惫了，走着走着便倒下睡着了。不知睡了多长时间，他被人推醒了。他想挪动一下身子，可是动弹不了。近旁有人说话，听口音像当地人。一个骑在马上的人问："你是干什么的？"

张道庸彻底醒了："讨饭的。"

马上的人说："你不像讨饭的。"

张道庸没吱声，但眼睛在冒火。马上的人喊过两个端枪的士兵，把张道庸的破毡帽一揭，指着他的头发说："你不是共产人是什么？"

两个士兵在张道庸身上搜了一遍，让他跟着他们走。张道庸说他脚打泡走不动，马上的人说拉着马尾巴走。张道庸不拉，蹒跚着跟着走到一个小镇。一进镇子，那三个兵把他往院墙里一放，拍马走了。

张道庸很奇怪，周围也没有人。他想反正是个死，三十六计走为上，逃过一劫是一劫。他在院子里转了一下，果真没有人。他怕镇上小巷走不通，干脆走大街，一直朝城东走。但一到镇子口就被两个岗哨拦住了，仍说他是"共产人"，把他送到旅部。

敌旅长问："你是哪一部分的？"

张道庸说是九军的。敌旅长嘿嘿一笑："哦，你该挨 9 刀。你要是三十军多好，那样我可以砍你 30 刀！不过今天我不砍你，我看你脑袋挺大，会算账吗？"

"我没上过学。"

敌人是在红军俘虏里挑兵。旅长让几个被俘的红军在操场上跑步，来判断身体好坏。张道庸和几个人约好，装跑不动。一个营长本来就胖，另一个人腿负了伤，更跑不动。张道庸本来就长得瘦，饿了几天，瘦得皮包骨，就剩一双大眼了。敌旅长把张道庸等三个人挑出来，站成一排，恶狠狠地说："你们三个共产人，大小都是个官，当不成我的兵，就去蹲牢房吧。"说完踢了他们每人一脚。

三个人当下被绳子绑了，押送到凉州（今武威）第二监狱。

凉州监狱

凉州第二监狱成了一座战俘集中营。

西路军的许多被俘人员都关在这里。

还算幸运的是，这时已经有了“抗日民族统一战线”的口号，敌人不敢像前些日子，抓来红军就杀。野外的万人坑已堆满了红军的尸骨。有活埋的，有砍死的，有用土炮抵住胸部轰死的，还有剥去衣服冻成僵尸的。有一个马家军的传令兵回到家跟老婆说：“杀的是俘虏来的共产人，被杀的人骂得很厉害，有的一刀没杀死，还在坑里大骂。我们就用石头往死里砸，一连杀了两夜。”更惨无人道的是，马步芳的三弟马步瀛，把 30 多个红军绑在树上，活活剥开肚子，将胆取下来做眼药。在凉州城东门外小南街子，一个叫李贵的马家军，先在这里杀了 7 个红军，第二次把 13 个红军杀在东门外，第三次又把 6 个红军杀在这里。杀这 6 个人时，他用软馍馍蘸着血吃。李贵还拿来两个人心让一个叫赵德的炒着吃。据查，仅河西、西宁等地被害的红军将士就有 4600 多人。

这座监狱据说是国民党的“模范监狱”。“模范”就模范在看得严、管得宽。它是一座五星状的建筑，共有 5 排牢房，每排牢房有对称的 12 个房间，每个房间只有六七平方米，房间里除了一个小土炕外，就是一个屎尿桶。

被关在这里的，除了张道庸外，还有三十军参谋长黄鹄显、保卫部长李树芳、原九军组织部长朱潘宪、宣传部长方强、二十五师师长沈秀达、国家保卫局执行部长卜胜光、原总部直属管理科长刘振堂、六十六团政委辛元林等三十多位红军干部。

刚关进来的时候，大家都说着自己的经历。

张道庸揭起裤脚指着两腿说：“被狗咬得稀烂。后来实在走不动了，一睁眼就被敌人绑了。”

另一个干部接上茬：“你算好的，我不光吃野果子，喝脏水，连尿都喝过！”

其他几个人都睁大眼睛听他讲：“有一天晚上，我走到凉州南面敌人堡垒附近天就亮了，便躺在沙滩上，用沙子把自己埋了起来，只留一个脑袋在外边。鬼晓得，火红的太阳一个劲地往下晒，沙滩里的热气往上冲，热得我七窍生烟，心都快要烧焦了似的。我再也忍耐不住了，就侧着身子，把尿尿在茶缸里，闭着眼睛一口喝了。第一次没经验，尿了就喝，又咸又苦。第二次抓了把沙子放进茶缸里，沉淀一会儿就好喝多了。可是到后来，连尿都没有了……”

由于沈秀达和另一个团长贪生怕死，给敌人供出许多情况，其他红军干部接连受审。

张道庸也被带到政训处。一个白胖子敌人问他：“叫什么名字？”

“张道庸。”

“什么职务？”

“团长。”

“好！”白胖子满心欢喜，以为遇上第二个沈秀达，从坐着的椅子上站起来，蹲到椅子上，“张团长真人不说谎，敢做敢当。”白胖子又有些不满足，提示着问：“听说老兄还当过师长？怎么降职了？”

“身上连件皮袄都没有，冻得我上牙打下牙，能不当‘团长’么？”张道庸趁机逗了个乐。

白胖子尴尬一笑：“张团长真会开玩笑！”然后宣布：“今天提问到此，你的态度不错，希望你进一步反省，不要在狱中组织小团体，遵守监规，随时报告狱中动向，这样做对你有好处。回监去吧！”

回到监舍，几个狱友凑过来问长问短。张道庸还在那里琢磨：是哪个王八蛋说出去的，连我当过教导师师长、副师长他们都知道。黄鹄显、方强等人也都跟着骂。只有沈秀达一声不响，在一旁托着腮帮发呆。

张道庸明白了，冲着沈骂起来：“你他妈真是软骨头，怎么什么都招？”

“反正他们早晚都会知道，说不说都一样。你不也说了吗？”沈见众人目光都逼着他，冲张道庸说了几句。

"废话！我说的是我自己，我有一口气也不会咬别人，你算个什么师长？"张道庸最看不惯胆小的人，要是职务比他低，在战场上他肯定会用手枪或是马鞭子教训他。对这个比自己职务高的软骨头他只有骂两句了。

黄鹄显、朱潘宪两人都属虎，性子也急，本来失去自由心里烦闷不已，就像关在笼子里的虎，这时对沈秀达的变节行为深恶痛绝，轮番地骂："你对得起死去的战士吗？连我们的军长、政委都英勇就义，为了保自己的命，出卖别人，你的命就那么值钱？"

七八平方米的地方把这些在野外活动惯了的军人关得快憋出病来了。多数时间只能半躺着，或者起来走几圈。因为地方太窄，加上伙食又差，常常是稀粥照明月，几泡尿肚里就空了，所以转不了几圈就觉头晕目眩。张道庸会玩，他利用废纸壳做牌九，用砖块磨了副象棋。张道庸玩起来很认真，很投入，时间便不知不觉地消磨过去了。

时间好忘，可饥饿难忍。张道庸抓了一把坏牌，连气带饿，胃又疼了起来。他把牌一摔，摇摇晃晃站起来，大声嚷嚷："不行，每天都是糟米汤，谁受得了！"他又冲门外的卫兵大喊："你们要杀要砍随便，不能让老子当饿死鬼！"他摇得铁门咣咣响。

卫兵也不客气，拉动枪栓，把枪口对准张道庸那间房的铁门，叫嚷着："你再喊，再喊我就开枪！"

"你开枪吧，打死老子就不饿了！"

卫兵真的把枪口抵住牢门，手指扣紧扳机。

朱潘宪过来拉了一把张道庸，小声耳语："跟他说没用，白吃枪子儿，来，坐下。"

"妈的，当了俘虏还不老实！"卫兵收起枪，又回到他原来站的地方，歪鼻子斜眼地冲牢房骂骂咧咧。

黄鹄显刚被提审过，一回到监里，就被大家围住了。张道庸的气也消了一大半，对黄鹄显说："我以为你回不来了，要死咱们一块死了算了！"

黄鹄显握握张道庸的手，劝慰他："别说气话，咱们既然挺下来了，就好好活着，将来出去还能打日本呢！我告诉你们，刚才是两个《凉州日报》的记者找我，从他们嘴里我知道外面全国抗日的呼声很高，国民党也不得不让步。”

“出去后怎么都好办，可关在这里，动，动不了，吃，吃不饱，我看等不到出去抗日，就在这折磨死了！”张道庸心里又冒出火来。

朱潘宪说：“咱们不能等死，要找个事由跟他们斗，我看就从改善伙食开始！”

“事由还不好找？”张道庸眼睛一眨，“过几天就是端午节，咱们让敌人送点好吃的，过节嘛，不许虐待我们！”

“对，吃不到粽子也得吃口肉！”朱潘宪找出笔纸，“你们说，我来记录。”

“咱们要送就送给管事的，”张道庸计划着，“直接给马步青那老小子写！”

给马步青的信很快写好了，监狱不敢扣压，很快交了上去。

因为形势所迫，马步青不敢造次，吩咐监狱想想办法。6 月 13 日，端午节那天，敌人果真送来了一大锅牛肉面条，还给每人分了半斤熟牛肉。监狱长亲自掌勺，让狱卒抬着大盆，给每人加餐，嘴里还在唠叨：“快拿碗，快拿碗，这是马师长特意优待你们的！”

用同样的办法，红军战俘每人得了十元钱的服装费，医生也进监狱给带伤的同志治了病。其实，光靠张道庸他们的力量是办不到的，最主要的是国民党正和共产党谈判，要做点姿态而已。

绝食

凉州监狱果真是“模范监狱”，做了几顿像样的摆设饭后，没几天就恢复了“标准餐”：从进狱的那天起，每人就发了一个沙锅子，早上是稀粥，中午、晚上每人两个不到二两重的黑馒头，或者是带沙子的粗米饭，蔬菜每顿都是一碗稀菜汤，谁也吃不饱肚子。

每天下午有一次放风时间。大家都挤到朝阳的墙角下，偎在一起捉虱子，晒太阳。同时，也利用这短短的十分钟交换一下各个小间党支部的情况，以便统一行动，与敌人斗争。张道庸和黄鹄显、朱潘宪组成了一个支部，没让两个变节分子参加。所以他那个房间谈话很不方便，这个墙角成了“支部办公室”了。张道庸说：“不行，这么待下去，不等到出狱也该饿死了！我看干脆一炸窝，统一行动，能往外跑多少算多少！”

黄鹄显摆摆手：“从外面传来的消息说，党正在加紧营救我们，让我们不要轻举妄动，我估计离出狱的时间不会远了！”

张道庸叹了口气：“真要把人憋死了！”

朱潘宪出主意：“道庸说的也有道理，咱们不硬闯也不能等死呀，我看来它个绝食斗争，他不改善伙食咱们就不吃！”

张道庸眼睛一亮：“这个主意好，不过光咱们这几个人干饿着不起作用，要干全狱一起干，都饿死了他们就交不了差！”

朱潘宪想得更宽：“我看这次斗争分两步走，第一步，先解决伙食，给我们报看，增加放风时间；第二步，恢复自由，放我们出去抗日！”

张道庸补充一点：“第一步里还要加上发烟，不发烟发钱买也行。这个鬼地方又臊又臭，蚊子叮虱子咬，抽抽烟还好过些。”

“我通知其他支部……”没等黄鹄显说完，放风时间就到了。他准备下次放风时再去串联。

不几天，开饭的时候，牢笼里突然死寂一般，连筷子碰碗的声音都没有了。等狱卒收碗时才发现，碗里的东西谁都没动。狱卒呼着喊着朝监狱长那里跑，贴着监狱长耳朵讲：“他们绝食了！”

监狱长并不惊慌，对狱卒讲：“省粮食还不好？饿他们几天看他们吃不吃！”

狱卒正要去执行，监狱长又改了主意：“省主席打过招呼了，不能惹出事，听说正跟共产党谈着呢。这样吧，给他们改善一顿，老办法，烧一锅牛肉，多放点土豆。”

狱卒照着办了。晚饭的时候，监狱走廊里突然飘来了久违的肉香。狱卒的饭勺敲得盆沿当当响，要显示这顿美餐是他的功劳。可是敲了半天竟没人买账。狱卒急了，急忙又叫监狱长。“模范监狱”要是饿死人就麻烦了。

这次监狱长来时，身边多了几个人，其中有一个是县长。他对监狱中的红军干部说：“诸位先生，你们受了委屈！现在国共合作打日本，将来你们都是国家有用的人才！所以，你们一定要保护好身体！”接着又说：“你们有什么要求可以提，不吃饭不是个办法。”

大家推黄鹄显说话。黄鹄显身体差，饿了几顿，连说话的声音也小得可怜。张道庸就顶替他说话：“你们看，黄同志都饿趴下了，你们口口声声说抗日，可是不让我们出去怎么抗日？”

县长凑过来，劝道：“我们和监狱方都想恢复你们自由，可是您各位都是长官，知道一级有一级的权限，我们没有这个权力放你们走呀。”

监狱长附和着：“你们先吃饭，有什么话吃完再说！”

“不答应给我们自由，我们宁愿饿死！”被关押的红军们吵嚷起来。

县长祈求道：“你们吃饭，容兄弟向上峰报告。只要他们让放，我们马上发给你们路费，送你们上前线，回部队！”

“好，我们先吃饭。”朱潘宪和几个人商议后，做出决定。

张道庸记得那天的饭菜是被关押以来吃得最痛快的一顿饭，饭后还吸到了监狱长送来的香烟。

过了几天，监狱长真的来宣布：送你们出狱！

那一天，大家一晚上都没睡，说着要离别的话，有家眷的惦念起家眷，更多的人是想象着自己部队的官兵，想象着自己归队时的欢迎场面。也有人想起那些牺牲者的容貌，簌簌地掉泪……

一天下午，监狱前开来了三辆卡车，说要把红军营以上干部先搬个家。

三辆车装满了被俘的红军干部和几名家属，往兰州方向开。这天烈日当空，大西北的公路上没有树，没有草，热风扑面，灰沙呛鼻，这种天气坐车上路是很受罪的。可是大家心情都很好，一路上有说有笑，谁也不觉得疲劳。张道庸的话更多了。说实话，自从到了大西北，一路险情，随时都有掉脑袋的危险，他哪有闲心观山景？此时，几个月被隔绝的外面的世界，尽管还是被汽车扬起的黄土遮蔽，可心却像飞向天空的小鸟，一切都变得那样明亮，那样美好，那样叫人看不够！自由原来就跟空气一样，缺的时候才感到它真宝贵……

有一天，他们来到一个叫和尚铺的地方，吃过午饭，正准备上路，南边路上响起一片吵闹声。张道庸举目望去，只见几个国民党兵扭住一个遍体鳞伤、满脸血迹的年轻人走过来。押送的人高喊着："小子还想跑！我打断你的腿！"这是个红军的士兵，不知他们从哪抓来的。一个满脸横肉的敌军官把这个红军士兵拉到汽车旁，冲着汽车上的红军干部，恶狠狠地问："请问各位长官，你们对逃兵是怎样处理的？"

张道庸不服，高声嚷道："他不是逃兵，他是归队！"

敌军官凶相毕露："他从我们手中离开就是逃跑，逃跑就要军法处置，不是加重处罚就是枪毙！"

其他人也嚷道："你们抓人犯法，打人更犯法！""你们不去抗日，抓我们的人干什么！""快放了他！"……

张道庸几个人低声耳语："这些家伙不知玩的啥花样，瞅准机会咱们也跑！"

上路时县长和监狱长都交代过这个带队的连副，现在是非常时期，把犯人押到目的地是最重要的，半路有人逃跑的话，拿他是问。于是他想了个杀鸡儆猴的馊主意，没想到弄巧成拙，犯了众怒。于是他连忙改口，既是安抚，又带些威胁地说："我们把这个逃兵带上，送他去打仗。还是各位长官水平高，一切以抗日上前线为重，请大家保持肃静，不要吵闹，惹出乱子大家脸上不好看！"

车又朝前开。第二天傍晚，来到一个叫四十里铺的小镇吃饭。平时吃饭，负责押送的西北军士兵几乎和战俘们一起用餐，他们的士兵一般对战俘比较松，但当官的多是凶巴巴的。但到了这个小镇却不同，士兵们分两拨吃饭，总有一拨人持枪在周围站着岗，而且神色很紧张。张道庸他们觉得很奇怪，再看墙上依稀可见的标语，有"拥护抗日民族统一战线！""中国人不打中国人！""欢迎西路军同志回红军！"

张道庸捅捅朱潘宪，悄悄说："快到家了。"

这一点他倒没全猜对。

这里离红军游击区的确不远，但敌人加强警戒正是防止红军战俘哗变，从这里逃走。因为在张道庸他们被押解到这里以前，方强、秦基伟、徐立清、卜胜光、徐太先等一批人也是被押解到这里，吃饭时，就有三三两两的小商贩上来兜售香烟、瓜子、糖果，特别是有一种西北特产——大饼一样的锅盔。奇怪的是，你买一个，他给你两个，而且表情奇特，总是话中有话地说："好好吃吧，锅盔里有糖呢。"方强他们心生疑窦，悄悄掰开一看，锅盔里夹有两元钱和一张纸条，纸条上写着：四十里铺以东便是游击区。还有落款：援西军侦察员。于是在押红军们走到四十里铺宿营时，乘敌人还未进入警戒，全都跑进一片高粱地里，借着夜色跑到了游击区……所以敌人吸取上次的教训，不敢麻痹大意。

一路风尘，先兰州，再新城，后西安。敌人并无意释放张道庸他们。开始，当张道庸他们听说目的地到了，本来心灵的大门早已打开，正准备着投入自己人的怀抱，禁不住满心喜悦。可是下车一看，哪里是红军驻地，而是又一座监狱。

天空好似突然转阴，心一下掉进冰窟窿。

张道庸直后悔："真该路上逃他娘的！"

据说押送的那个连副还升了一级，原因是路上没有少人，还多了一人。

吉鸿昌的传令兵

与张道庸一起在押的三十多个红军营以上干部被马家军当做"剿赤"的战果，拉到了西安国民党中央军事委员会西北行营。直到这时，大家才知上当受骗。为了稳住这伙人，行营看管所时常请来国民党人士训话，有时也让变节分子来"悔过"。有一天敌人看管的中队长来训话，大骂共产党是共匪，大讲三民主义怎么怎么好。

张道庸被关在这里，心情本来就坏，一听这个人满嘴胡诌，气得大骂："蒋介石还有三民主义？'三民'那是杀民！"

没提防被站在门口的卫兵听见了。过来就拿枪托顶了他两下，然后叫他到外边墙角去。这个卫兵悄悄地对他说："听长官口音像是安徽一带的。"

张道庸眼一斜："怎么的？你听着老子的口音不自在？"

卫兵说："长官您不要误会。我打你两下是为你好。兄弟在吉鸿昌手下当过传令兵，1930年和你们打仗被你们俘虏过，你们的长官给我们大米饭和猪肉吃，临走还给我们发钱。哪像这里的这些狗官，每天只给你们吃两顿稀饭。你说话要小心，这个中队长是杀人不眨眼的，兄弟都怕他！"

张道庸跟出去的时候原以为这下要完了，一听这话，觉得这人还不错，没想到红军的俘虏政策在这儿发挥作用了。他坐下和卫兵拉起来："老弟，我们鄂豫皖苏区有个顺口溜：'吉军到，红军笑，先丢机关枪，后扔盒子炮，都叫红军都收下了。'你听说过没有？"

卫兵想了想："大别山老百姓都叫我们'鸡'军。"两人都笑了起来。把吉军说成"鸡军"，是说他们驻在白区吃在白区，却把"鸡蛋"（枪弹）下在了苏区。

张道庸说："你们二十一军军长吉鸿昌倒是硬汉，听说他撕了蒋介石要他进攻鄂豫皖的电报后，被迫辞职了。"

"我们西北军一向和老蒋有矛盾，尽拿我们当炮灰……"

"黄安那一仗我是参加了的，老弟跟我们打没打？"

"打啦，我就是那次给师长传令，半路被你们俘虏的！"

两人谈得投机，竟称兄道弟起来。

新结识的这个卫兵真起了作用。有一天晚上他当班时，给张道庸透露了两个重要消息：一是红军已经改编成八路军，在西安七贤庄设有办事处；二是西安行营准备把他们这批战俘转送到南京去……

两个消息，一喜一忧。张道庸赶紧告诉难友们，难友们也都着起急来。凭他们的经验，如果拉到南京，肯定凶多吉少。因为那里离红军更远，在蒋介石眼皮子底下管得更严，不会有什么生路。有人主张跟敌人头头谈，红军既然改编，就应该放我们出去抗日。

多数人都不赞成，就像张道庸说的："没那样的好事。他们还不知拿我们当什么本钱呢。应该设法让办事处的人知道我们的处境，快来放我们出去。"

于是大家决定给八路军办事处写信。连夜写好的信第二天由那个卫兵带出去，直送到七贤庄。

不知是被敌人发现了，还是别的原因，几天过去了，那个卫兵再没露面。

心又有些凉了。难友们一边盼着消息，一边做着准备。大家相互鼓励：宁肯死在一起，决不让敌人往南京带……

等待真让人心焦。张道庸斜躺在铺上，想着心事，嘴里哼着《苏三起解》："苏三离了洪洞县，将身来在大街前。哪一位君子去往南京转，与我那三郎……呸呸！"张道庸觉出唱得不吉利，啐了自己几口，解嘲道："奶奶的，怎么又唱到南京去了，真晦气！也不是三郎，蒋介石才是忘恩负义的三郎，应该是：与我那八路把信传……"

朱潘宪急忙堵他的嘴："你小声点，让人听见了！"

"怕什么！"张道庸倔起来，"反正是个死，让嘴痛快痛快还不行！"说完他也软下来，担起心事："我那个小老弟跑到哪去了，怎么还不来报信？"

苦苦等候了一个星期，终于盼到了信儿。吉鸿昌的传令兵不负众望，将信送到了八路军办事处。周恩来派孔石泉来看望他们。那天看守所的大门一打开，里里外外就热闹起来。孔石泉和大家轮流握手，眼里噙着热泪，不住地说："同志们辛苦了！信已经收到，周副主席和叶剑英委员派我来看望大家！"

"周副主席好吗？"

"他很好。现在正和西北行营长官蒋鼎文交涉，争取早日救你们出狱！"

离看守所的人远些时，他悄悄叮咛红军战俘们："周副主席叫我转告你们，现在正在交涉的紧要关头，你们千万不要轻举妄动，一定要沉住气。万一敌人要你们上火车，你们要坚决反抗，不要离开西安一步。你们要是一上火车，事情就难办了……”

“知道了，我们会耐住性子等待的。”黄鹄显将一卷纸悄悄塞进孔石泉手里，“在押营以上干部的名单都在这里，三十多人已暴露，还有一些没有暴露的，可能过几天也会押来，他们都关在士兵队。我们这儿算是军官队。还有一部分人被编进敌人的补充团，在干体力劳动，你们应该想办法搭救。”

孔石泉重重地握了一下黄鹄显的手：“你放心，这些情况周副主席都了解，正在想办法。”

孔石泉握到了张道庸的手：“我看到了组织上的信，知道你在狱中很坚定，我们很快会接你们出来一道抗战，打日本！许多部队已经开赴前线，很需要你们这些能打仗的同志！西路军虽然失败了，你们都是不倒的红旗！”

张道庸鼻子一酸，忍住了眼泪，却说不出一句话。

1937年下半年，被俘红军企盼的一天终于来到了。周恩来和孔石泉一起来到了西安行营看守所。他是来接张道庸他们出狱的。周恩来向每一个人问好，握到张道庸的手时，说道：“你们的表现不错，我代表党中央欢迎你们归队！”

经过一番交涉，看守所同意释放这些人。

出狱那天，张道庸他们洗了澡，换了新衣服，把长满虱子的破衣裳扔进火堆。喝着同志们招待的糖水，心里比蜜还甜。

第三章　加入新四军

初识陈毅

1938 年初春，春寒料峭，陕北高原还没有复苏过来。延河里，漂动的冰块互相拥挤着向前奔去。宝塔，挺立在寒风中。已经除去烦躁的张道庸，情绪非常高昂，因为他要重返战场了。这个新战斗岗位离他的家乡不远，是由在南方坚持了三年游击战争的部队为主组建的新四军。那里急需干部，张道庸他们就是被派去充实新四军的。

这支几十人的队伍行至武汉时，发生了张国焘投敌事件。4 月 5 日，张国焘以陕甘宁边区政府副主席的身份，借陪同国民党要员祭黄帝陵之机，逃离延安。4 月 7 日，经西安逃到武汉后，拒绝了周恩来等代表党对他的多次劝说。4 月 17 日公开声明脱党，然后又发表了《张国焘敬告国人书》的自首书，公开投入国民党的怀抱。

如果说在这之前批判张国焘有些过火行动还使张道庸时有困惑，那么到了这时，他是真的恨起张国焘来了，投敌叛变就不是好人！

带队的支部书记叶道志组织红四方面军来的五十多人开会，声讨张国焘的变节行为。人们相继发言，而叶道志说得最在理，很让他佩服。叶道志，湖北黄安人，1910 年生，1928 年参加红军，长征时他是红四方面军三十一军九十一师师长，还在四军当过师政委。在延安这段时间，他成了张道庸的好朋友。叶道志有些文化，能讲《三国》《水浒》故事，一讲张道庸就不让他走。每到这时叶道志就头一仰，手一伸："点烟！"这是他俩的约定，要听《三国》就得拿烟，而且要点上火送到叶道志嘴上。张道庸每月分得的那一块银元几乎都这样被叶道志“剥削”去了，但两个感情却越抽越浓。这次回皖南，一路同行，很是投缘，无话不说。今天批张国焘又让张道庸领略了叶道志的口才。张道庸打趣道：“虽然咱们俩的名字中都有一个‘道’，可你这个‘道’可比我这个‘道’深多了。”

叶道志深吸了一口张道庸“进贡”的烟，开心地说：“道与道有啥不一样，只不过我比你多喝了点墨水而已……”

张道庸不像平时那样满脸“虔诚”，而是几乎倒在地上大笑不止，边笑边说：“你的确是喝过墨水的人，墨水是啥味儿？”

叶道志觉出不对劲儿，一抹嘴，弄了一手黑，大叫道：“好你个‘傻子’，作弄起老子来了！”说着一顿拳头就过去了。原来张道庸把那支烟做了手脚，在烟屁股里塞进去几粒干墨汁，叶道志抽得得意时，墨粒就化开了，成了黑嘴……

不久他们到达新四军军部驻地皖南云岭。

新四军从它组建的那天起，就充满了火药味。一方面中国共产党为将经历十年血战、在南方坚持三年游击战的游击健儿带上抗日战场，与国民党针锋相对，在改编问题上尽量有利于南方游击队。另一方面，国民党企图将这支三年围攻都不能征服的共产党武装“合作”为己有。在与共产党的谈判中，他们得知这支共产党优秀的骨干队伍不能如愿溶化到国民党之中，便采取了极其卑鄙的手段，妄图借日寇之手将其消灭。

新四军组建后，更是火药味十足。国民党政府把新四军放在了皖南地区，周围几十万国民党军队陪同驻扎，且给新四军“画地为牢”，不得擅自出防区。这种险恶的地理环境，再加上一直不给新四军充足的粮饷，使孤军奋战的新四军面临着自消自灭的严重危机。

同时，新四军组成本身有许多矛盾。比如军长是叶挺，可他当时已不是共产党员，要指挥打仗，又不能参加党的会议；项英名义上是副军长，又是党的领导人，两人的关系变得很难处。再者，游击队跟正规军也有许多不同之处，山头主义严重，不仅整个部队有，就连班排都有。一方面新四军急需有经验的红军干部，可红军干部到来时又受到不同程度的排挤，大部分延安来的干部职务都压低了。由于张道庸作战勇敢立场坚定已远近闻名，所以给他安排的职务——一支队副参谋长已不算低，陈毅那样的“老资格”才是一支队的司令员。二支队司令员是张鼎丞，副司令员粟裕。张道庸的情绪有些低落，倒不是嫌职务低，而是觉得这个担子太重，不适合自己。在叶道志给他讲的《三国》《水浒》中，“参谋长”应该是那种满肚子学问、能掐会算的宰相之才，类似诸葛亮、吴用那种人干的，自己一个放牛娃还是直接带兵打仗来得容易。而从大的环境说，叶挺军长是军事家，可他的出身和生活方式与一般当兵的不同，大家对他有些敬而远之；而项英生活朴素，能与战士打成一片，可思想上又比较右倾。如此一来，在战场上驰骋惯了的张道庸实在憋得慌，心里很不痛快。

“这大概就是张道庸同志了！”一个操着很浓的四川口音的人走过来，“我们红四方面军从枪林弹雨中活过来的同志为何如此闷闷不乐？”

张道庸循声望去，来人身着军服，打着裹腿，虽然很消瘦，但神采奕奕，把军人的威严和文人的优雅非常和谐地结合在一起。他手里夹着一支烟，向张道庸打着招呼：“你不认识我？我是陈毅。”

张道庸急忙站起来，敬礼：“陈司令员，我早就知道你，只是没有……我是张道庸。”

“来来来。”陈毅招呼他坐到自己身边，递给他一支烟。陈毅虽然是一支队司令员，但在党内是军分会的副书记，负责整个新四军的思想工作。最近他听说张道庸有些情绪，专门抽出时间找他谈。

张道庸毫不隐瞒自己的想法：“我想到八路军去工作。”

“哦？”陈毅侧过脸，“你觉得干新四军没有前途么？此话差矣。”

张道庸从叶道志“说书”时就常听这个词，而且说过这个词，后面常有意想不到的道理。他被陈毅的开场白吸住了。

“同志哥！”陈毅好像给上百人作报告。他是个极富口才的人，挺深的道理被他一讲就生动好懂：“部队的前途，前几天还有国民党人跟我说，最好用火车把我们拉到八路军一起去，不能放在南边捣乱；他们还想改编我们的队伍，根本不允许我们与他们合作。我是坚决反对开到华北去，主张开到江南承担抗战任务，同时我们主张成为党领导的队伍，谁也不许干涉。现在你们从延安或者别的地方来的同志可能有些误解，不了解新四军。新四军可不是整天钻山沟的流寇呀！新四军和八路军是有些不同，八路军是一色的，新四军目前还含有一点统一战线的味道，但这个统一战线最后会达到党的绝对领导。”

“司令员说得对，八路军、新四军都是党领导的队伍。”张道庸一经点拨，满腹牢骚全发了出来，“可是我们来了好像不受欢迎。不受欢迎还占个参谋长的位置，何必呢！再说我是个泥腿子出身，大字不识一箩，拿着地图指挥打仗我不会。我就是那一套，打仗前往队伍前一站，有种的跟着冲，没种的我拿枪顶着他上。打了胜仗该升的升，打了败仗该降的降。这么待着，还不如回八路军。”

“道庸同志，你们新来就负责这样重要的工作，为许多三年游击战争过来的英雄们所不了解，你要体谅他们。你是从死人堆里爬出来的，又坐过国民党的牢，而这里的游击队吃的是一样的苦。不怕你笑话，连我这样总算比较坚定的同志吧，有一阵都快没的信心了，受伤的时候真想死了算了……不管八路军、新四军，哪一个团哪一个连，都是一样，这是我们革命胜利的最大保证。”

陈毅的话推心置腹，像春雨一样一层一层把人的思想浇透。张道庸揪着地上的草，脑子在转：陈司令员的话不能说没有道理，他表示：“请司令员放心，我在这里就会好好干。不过我还是愿意直接带兵打仗。”

陈毅拍拍他的肩膀：“我知道你是个痛快人，不用我多说。你喜欢带兵打仗，我会请军分会考虑，适当的时候做些调换。你不要嫌我说话啰嗦，有些问题也请你们从外边来的同志注意，要尊重军的领导。叶挺同志是过去北伐时期老四军的领导人，项英同志是土地革命时代南方苏区最高领导者，没有叶军长出来调停奔走，要增加成立新四军很困难。叶军长为本军的保持发展尽了最大的力量。项副军长在中央苏区时期就领导这个地区，三年游击战争，在赣南，以后谈判的时候变成了谈判的中心。以其历史地位在全党的威信，使南方七八省游击队造成铁的力量，以后跟叶军长合作，使改编成功，要相信，在他们领导之下，我们会做出成绩来的。”

临分手时，陈毅半真半假地开起玩笑：“我是不会放你走的。如果你思想不通，我可以找你再谈，两次，三次，直到谈通为止。”

死保叶道志

皖南的夏季，不是闷热难耐，就是阴雨连绵。一连几天细雨，人整天在雨里泡着，心情很容易变坏。铺上也是潮兮兮的，头枕在胳膊上许久闭不上眼。好不容易睡着了，又被臭虫蚊子咬醒。1938 年 7 月 29 日，那晚张道庸刚刚睡着，就听到外面一阵阵的脚步声，吵吵嚷嚷。突然又响了两枪。不好，有情况！他习惯地一甩被子爬起来，别上手枪就往外跑。刚一出门就遇上军部警卫连的干部谭知耕，他们很熟，张道庸一把拉住他，问：“三更半夜的，又喊又叫又打枪，干什么呀？”

谭知耕抹了一把脸上的雨水，呼哧带喘地说：“不好了，出事了！叶营长叶道志跑没跑掉，被抓回来了！”

“现在人呢？”

“关起来了，军首长叫我去看守他。”

谭知耕急匆匆地走了。剩下张道庸在大雨中站着，衣服早已湿透了，仿佛滴进了心里，他从心底里发冷，牙根打战：“他娘的，这个兵怎么越当越窝囊！叶道志你这个人也是聪明一世糊涂一时，深更半夜的你跑什么呀！”

其实张道庸完全知道叶道志为什么跑，要跑到哪里去他也知道。

叶道志这么一个原先红四方面军的师长，到了新四军就被分配到二支队四团当了副团长，担当的是政委的角色。而四团是由三个地方游击队合编而成的。粟裕、刘英领导的以红军北上抗日先遣队为基础的红军闽浙军区挺进师是二支队四团的基本骨干力量。另外，邓子恢、张鼎丞领导的福建龙岩、永定、上杭等地农民起义武装发展起来的闽西南抗日讨蒋军一部，还有1929年福建漳州农民起义武装发展起来的红军闽南独立三团也被编入二支队四团。他们有些散漫习气，装备也差。许多连营干部来自福建，闽南话成了通行语，加之浙江方言，叶道志几乎一句也听不懂。虽然他熟读《三国演义》，精通《水浒》，可他说话别人听不懂，别人说话他听不懂，根本无法开展工作。弄得心烦了，就找几个老战友来坐一坐，喝上几口，嘴便没了把门的。一个过于机灵的警卫员给他打了报告，说叶副团长想开小差跑回八路军。三年游击战争期间，因为环境恶劣，发生了大量逃兵。按陈毅的话说，处境实在是太艰苦了，有人不辞而别了，有人留帖而去了，有人干脆叛变了。留帖告别的，大都是小资产阶级，这种人，自以为来去光明，心无所愧，其实比干脆叛变的强不了多少。出去以后，一被敌人抓住，往往很快就自首。抓住以后还能坚持，而且大义凛然，慷慨就义的，极少极少，可以说一个也没有。因为在他自以为来去光明，留帖告别的时候，政治上就已经动摇了。大概就是基于这种考虑，叶道志想回八路军被视为政治动摇，从副团长或者说政委的职位上降成了特务营营长。

叶道志太冤了！张道庸想抽空去看看他。

柴火门上加了一把大铁锁，有两个战士把守。叶道志就关在里面。

“我劝劝他。”张道庸对负责看守的谭知耕说。

一般人是不允许接近叶道志的。因为是熟人，又是支队的副参谋长，谭知耕只好破例同意，他让张道庸快点，说完就离开，被人看见不好。

柴火门打开了。叶道志埋头坐在角落里，柴草屋没有窗，狭小阴暗，走进去一股霉味扑鼻而来。“道志。”张道庸喊了一声。

叶道志抬脸一看是张道庸，眼睛里顿时涌出泪，两道泪痕一直滑到下颏。

“道志，你先别难过，好好做检讨。”张道庸安慰他。

“道庸，我冤哪。我要回老部队，路过武汉，他们就说我要投奔张国焘！我批张国焘你是看见的，他一个被开除出党的臭狗屎，我投奔他干吗呀？”

“军里真是这么说的？”张道庸一下觉出问题的严重。因为投奔张国焘肯定要被定为叛徒的，而定为叛徒是要枪毙的。

“千真万确，我是有口难辩！”叶道志捂住脸抽泣着。

“你别着急，我去跟上边说。”张道庸好打抱不平，“但你记住，是你干的你承认，不是你干的千万别往自己身上拉，拉上身就脱不掉了！”

叶道志号啕出声：“不行啊，不承认就要拉出去枪毙，我干脆都承认了，求得他们宽大。”

张道庸大惊失色：“道志，你真是糊涂！你要承认投敌那就是死路一条！”

“所以，我劝你也不要白费力，免得把你也牵连进去。我认了！你对我的战友情谊我死都不会忘记！”

从叶道志那里出来，张道庸直奔军部，直接找实际负责政委工作的副军长项英。军部工作人员告诉他，发生叶道志携枪逃跑事件的前一天，项副军长就动身去延安参加党的六届六中全会了。张道庸只好找别的领导请求道：“叶道志这个人我了解，他是一时冲动，放了他吧！”

领导呼的瞪大眼，冲着张道庸吼道：“你还替他说情，我正要找你问一问：你们四方面军来的同志是不是都要携枪逃跑呀！”

“他在这里待不下，只不过想跑回八路军，找个地方抗日。”

“军里早有规定，携枪逃跑者一经捉拿，以枪毙论处！”

张道庸浑身发热，血往上涌，他几乎不能控制自己，任性地大喊大叫，一会儿掉泪，一会儿生气，在感情的浪涛里颠簸着：“犯点错就够枪毙？许（世友）军长拖着那么多人逃跑，回来都没枪毙，为什么要枪毙叶道志？”

“许是许，叶是叶，许是要跑回他的老部队，叶是要投奔张国焘，性质完全不一样，你不要模糊敌我界限！”

“再说，他当过我们红四方面军的师长、政委，这么个人才活到今天多不容易，国民党没杀他，马家军没杀他，日本人没杀他，却要死在我们自己人手里，你们忍心吗？”

“张道庸，我警告你！你把新四军和这些反动派相提并论，是何居心？都是张国焘的陈词滥调，叶道志跑到武汉不就是去投敌吗！”

“回八路军路过武汉有什么错，你没去过武汉？你也是去投靠张国焘吗？”

“你是不是又喝酒了？”

“没有。”

“我看你是酒喝多了，尽说胡话！”

“今天你们不放叶道志，我就不走！”

“张道庸，你这是无理取闹！你给我听着：明天到军部来，开你的斗争会！”

第二天，军部坐满了领导干部，专门批张道庸，从早晨一直批到晚上。开始张道庸还为自己争辩几句，越争辩批得越厉害，后来他干脆一声不响，一直闷坐到晚上。批判的人也都疲乏了。主持会议的领导宣布散会前，问张道庸认识提高了没有，有没有认识到叶道志的叛变行为。张道庸起先仍是不响，问急了，呼地站起来，大喊着：“叶道志是好人，杀了我的头，他还是好人！”

8月30日，叶道志被执行枪决。

不久，张道庸离开了一支队队部，到二支队的四团当副团长，接替了叶道志原先的职务。

10月22日，项英从延安开会回到云岭。得知叶道志已经被枪毙，他不无感慨地说：“叶道志携枪逃跑，其行为是非常错误的，但不是叛变投敌，而是想回八路军工作，问题的性质是违反纪律，属于内部问题，还应考虑他曾任过红四方面军的师长、师政委，怎么就仓促决定枪毙呢？这个决定太简单太重了。”

历史证明张道庸当年的看法是正确的。事隔45年后，解放军总政治部于1983年10月21日复查，认为这是一起历史错案，决定为叶道志平反，恢复名誉。

从此叫陶勇

光阴荏苒，转眼就到了 1939 年秋天，天也渐渐凉了下来。江北国民党守军李明扬从同乡好友、三战区王敬久军长那里弄到一批弹药，计有迫击炮弹 5000 发，盒子枪弹 2 万发，步枪子弹 13 万发。江苏省主席韩德勤一向卡李明扬的脖子，从他眼皮子底下过就得剥一层皮。而且其间公路、铁路、长江运河六七百里地，要通过日军、伪军、土匪、杂牌军的种种封锁关卡，不是要钱就是要命。

就在李明扬为此事一筹莫展之时，新四军江南指挥部司令员陈毅来见，让他喜出望外。他知道陈毅这个人讲义气，而且足智多谋，便把押送枪弹之事托付陈毅帮忙。而陈毅正为新四军不能过江犯愁，这下正好有了过江的借口。

他回到指挥部与副司令员粟裕一商量，粟裕也是大为高兴。派谁去？两人又一同想到了“拼命三郎”张道庸。而且粟裕还说，得让他改个名字。陈毅说，我已经想好了。

接到通知，张道庸带着营长朱传保和教导员姜茂生匆匆来到江南指挥部。

“报告！”

“快进来，快进来。”陈毅、粟裕等领导都在。

“首长，有什么指示？”

“先看看地图。”粟裕招呼他。

一张很大的地图盖住了半个八仙桌，地图已折叠得很旧了。陈毅拿着一支铅笔指指点点地讲解时局：“现在苏北地区很复杂，敌、伪、顽三种势力并存。日军进占时间不长，兵力也不充分，因此只占了仙女庙、扬州、南通、靖江等几个重要城镇。拥兵数万的国民党韩德勤部势力最大，雄踞东台、兴化、盐城一带，而且对新四军极其仇视。李明扬、李长江驻守泰州，陈泰运的税警团驻守溱潼、曲塘一带，虽属地方势力，但对我们不会有太大的威胁。”

陈毅把手里的红蓝铅笔一丢，直起腰来，点上烟，喷吐着烟雾，继续说："目前苏北的形势是这样的，蒋介石把我们困在这块狭小地带，有大江拦路又有日、伪、顽三种势力包围，处境十分危险。"

有人补充道："应该冲破限制，大胆向北发展。"

"对！"陈毅赞同地说，"毛主席在'五四指示'中也要求我们向南巩固，向东作战，向北发展，这样与南下的八路军连成一片，打通华中、华北抗日战场。但军部有的同志不赞成这样。"

虽然陈毅没有指名是谁，但谁都知道是说项英。

张道庸心里着急，怕陈毅忘了他的存在，问陈毅要起烟抽来。陈毅给了他烟，又给了他任务："为了迷惑敌人，迅速插入敌后，指挥部决定你们四团二营改为苏皖支队，由你和卢胜负责。你们的位置变一变，你任司令员，卢胜任政委。你把队伍带到仪征、六合、天长一带，在那里尽快稳住脚跟，扩大队伍，与西面的挺进纵队携手建立根据地。"

粟裕嘱咐他："你们这次是以帮助李明扬送一批弹药的名义过江去，沿途日军封锁很严，又有那么多杂牌军打劫，可不能出现意外。"

"保证完成任务！"张道庸回答。

陈毅似乎突然想起什么，夹着香烟的指头朝上一指，说："张道庸，给你改个名字好不好？"

张道庸一愣："改名？"他从来没有想过这件事。

陈毅告诉他："现在蒋介石到处找茬，破坏统一战线的大帽子我们可戴不起呀。你打着苏皖支队的旗号，再把名字改了，可就不是新四军过江了。"

张道庸这才明白改名的意义，而且还来了兴致："改个什么名？可得响亮点的。"

粟裕在一旁插话说："陈司令员是大学问家，一肚子墨水，他给你起的名字错不了。"

陈毅虽考虑多时，还是征求张道庸意见："你看这样好不好：去掉你的张姓，取后两个字的谐音，就叫陶勇，怎么样？"

"陶勇？"

“是嘛，乐陶陶的陶，勇往直前的勇。”

粟裕很欣赏这个名字：“这名字好，陶代表你乐观的性格，勇代表你‘拼命三郎’的作风，真是名如其人了！”

张道庸一听解释，也满心欢喜：“司令员起的名字还能错得了？听着像‘道庸’，其实已经是‘陶勇’了，我就叫这个名字！”

陈毅又回到正题上：“你马上回去准备，两天后出发。此外，每个连还要留下一挺机枪和部分轻武器，准备组建新二营。”

为李明扬押运弹药

部队是在一个漆黑的雨夜出发的。

陶勇和卢胜走在最前面，战士们背负着沉重的弹药紧随其后，哑巴挑着团部的行李箱愉快地东张西望。他是陶勇在一次战斗中的“战利品”。

那是在一次战斗后打扫完战场准备撤退时，几个战士绑来一个人，看着挺壮实，而且脖子梗梗的，一副犟模样。

“这不是个日本人吧？”张道庸观察了一阵说。

“不是鬼子也是汉奸！要不怎么会躲到鬼子的床底下！”一个排长说了抓住这个人的经过。正说着，那个被绑的汉子呜呜哇哇地喊起来，身子使劲摆动着，想说话但说不出来。

“他是个哑巴。”张道庸判断出来，立即让人给他松绑。估计是个被鬼子拉来的民夫，就把他放了，并给了他两块银元。怕鬼子的援兵赶到，张道庸命令部队准备撤离。刚走出两步，哑巴冲过来抱住张道庸，把大家吓了一跳。从他的比画中，众人知道他是不想走，要留在新四军。

张道庸犯起难来：现在战事这么频繁，条件又这么差，哑巴可怜是可怜，可带着他怎么打仗呢？

谁知哑巴虽哑，却不笨。见张道庸在犹豫，他抢过一个给团部挑东西的战士的扁担，放在自己肩上，朝下压了压，使劲点点头。

“你当我的挑夫？”张道庸明白哑巴的意思，问道。哑巴的头点得更重了，像捣蒜一般。张道庸拿目光征询卢胜的意思。

“你要喜欢，就给你当挑夫吧。”卢胜也很同情哑巴。

哑巴不等张道庸说话，伏下身子挑起担子就走。看来他是光哑不聋，更不傻。张道庸看他那副模样，竟大笑起来：“这下好，我这个‘傻子’再配个哑子，还不得让人取笑？”

卢胜也逗道：“这有什么要紧？‘傻子’配哑巴，等于长袍配马褂，正合适！”

这是哑巴参加新四军后第一次跟部队行军。南方的道路一下雨便泥泞拔脚，弄不好会一跤摔在地上。听见点动静，陶勇总是大眼珠子一瞪，压低嗓门向后面传令：“注意隐蔽！”

前面就是敌人封锁的宁沪铁路了。两道铁轨在夜色中闪着寒光，远处传来火车的铿锵声。负责接应的内线还没到，部队只好在泥水里停下来。

从朱荡出发以来，还算顺利。先是通过宁杭公路，接着渡过运河，都没有同敌人正面接触，不知眼前这道封锁线如何。

这时，不远处传来了联络暗号。陶勇兴奋地击掌回应，然后对身旁的卢胜说：“来了！”

来人是苏北特委和叶飞派来的联络员。陶勇部队跟着联络员来到挺纵三团的驻地后，受到热情接待。卢胜跟叶飞的部队很熟，熟人都跟他问这问那，也有人想调到他和陶勇的部队来。李明扬派来的陈玉生对此十分羡慕，他对陶勇说：“这在我们那边未曾见过如此亲密的，还是自己的部队亲切。”

陈玉生是留在李明扬第八支队的共产党员。这次押运枪弹，李明扬派他率八支队陪同前往。李明扬亲自找来陈玉生，拍着他的肩膀说：“这个任务只有你胜任，我信任你。”

陈玉生本来不愿意出面，但又怕引起李明扬的怀疑，只好带着李明扬慰问新四军的款项来见陈毅。

陈毅同意陈玉生一同押运，但怕目标太大，不但起不到押运作用，反而可能招致日军打击。最后商定八支队和新四军各出一个营共同押运。陈玉生便把支队大部留在扬中，亲率一个精干大队，穿越五道封锁线赶来竹箦桥，与陶勇等人共同上路。

陶勇率部把这一百多担弹药安全送到泰州，那里是“二李”（李明扬、李长江）的大本营。交接完毕，他带着部队秘密开往邵湖的元闸，派人四处寻找渡船，准备穿越日军的第四道封锁线。

夜幕笼罩大地，洼地雾气沉沉，湖水不时向上泛着银光，岸边茂密的苇丛，仍在微微摆动，沙沙声十分奇妙地穿过广阔寂静的夜。远处偶尔传来一两声水鸟的鸣叫。

一个小个子侦察员跑来报告：“陶司令，船已准备好了。”

陶勇马上跟着侦察员走上堤岸，只见十几条渡船从芦苇丛里悄无声息地漂了出来。

陶勇低声命令：“部队分两批渡湖！”

很快，隐蔽在周围的战士们匆匆集结起来，一个接一个上船，陶勇则手持驳壳枪机警地站在岸边。突然，从南边传来一阵“突突”的马达声，不好，是鬼子的巡逻艇！

“快，准备战斗！”陶勇命令将船开进芦苇丛中，不到万不得已不要开枪。

汽艇的马达声越来越近，一道道炫目的探照灯光束在湖面上来回游弋，随后就是一阵噼噼啪啪的乱枪射过来，日军还在船上乱嚷。

“是不是被鬼子发现了？”

战士们的目光透出怀疑，有人举着枪向汽艇瞄准。陶勇用目光制止任何人轻举妄动。

日军对着芦苇丛折腾了一阵，汽艇在湖面上画了一个很大的弧形，拐到别处去了。

陶勇命令大家赶快上船，准备出发。

这时船老大喝住他：“别动，再等一会儿。”

果然，不一会儿日军的巡逻艇又开回来了，见没什么动静，才重新开走。

这时，侧耳细听的船老大才对陶勇扬扬手："这次走远了，上船吧！"

陶勇上来握住船老大的手说："还是你有经验，鬼东西还会杀回马枪哩！"

11月中旬，经过分批押运，五百多副担子的弹药终于全部安全运到泰州西门外的一个码头上，李明扬与陈毅和新四军的友情由此建立起来了。

弹药运完，陈玉生却不想走了。他找到陈毅恳切要求："陈司令，我想把部队留在扬中，不回去了。"

陈毅知道陈玉生的心情，但话说出来却没给他留余地："你这不是要坏我的名声吗？李总指挥让你来执行任务，你却不回去了，是破坏我们同李明扬的关系，破坏统一战线，人家会骂我们共产党人背信弃义的。"

"李明扬肯定已经知道我是共产党了。"

陈毅不禁哈哈大笑："你还以为人家不晓得你陈玉生是共产党？李明扬为什么派你来？没有坏处，但要当心，别被人缴了枪。"

陈玉生只好恋恋不舍地告别了陶勇、卢胜，带着队伍离开了竹箦桥归队。

陶勇完成押运任务后，马上急行军，在天亮之前，赶到扬州西边的陈家集附近。自从1937年丢掉上海、南京以后，国民党部队已从这里完全撤出。随之而起的是各种地方武装，大刀会、红枪会、三番子，五花八门，相互争斗，封关设卡，最遭殃的还是老百姓。

陶勇率部到这里后，帮着老百姓打水、扫地、干农活，很快赢得当地人民的好感。

"陶司令，你们到底是什么队伍？"有一天，房东老大娘好奇地问。

"苏皖支队，打鬼子的。"陶勇回答。

"不是新四军？"大娘说出自己的疑问。

"不是不是。"坐在门前的警卫员赶忙答道。

"唉，要是新四军来这里就好了。"老大娘有些失望。

陶勇心里很美，嘴上却说："我们苏皖支队也是打鬼子的队伍。"

"打鬼子跟打鬼子也不一样。那新四军是大队伍，敢跟鬼子对着打。就你们带的这些武器，要是跟鬼子打，够呛……"

原来为这个！陶勇听了好不丧气。他跟卢胜商量："看来不打一仗，老百姓还是不知道我们姓什么。"

"那就打！不过必须打胜。"卢胜很同意陶勇的想法。

两人就趴在地图上找"对象"。研究了半天，最后决定先打掉大仪镇和甘泉山的两个伪军据点，使下乡的鬼子失去拐棍。

"这次你在家坐镇，我带人去。"卢胜冒出一个想法。

陶勇点上一支烟，笑着直摆手："又不是大动作，让朱传保带两个连去就行了。"

卢胜见陶勇这样有把握，就没再坚持。

第二天，朱传保带人去大仪镇，正如陶勇所料，一袋烟工夫就把伪军的窝给端了。他带着 4 个人化装成农民，先摸进去打开寨门。战士们突然从天而降，数十名伪警还没搞清是怎么回事就当了俘虏。战士们背着缴获的 14 条枪一眨眼就消失了。

又过了一天，如法炮制，甘泉山伪据点瞬间拿下，都不曾费一枪一弹。消息很快在老百姓中传开。房东老大娘也听说了，又夸赞起来："陶司令，你的队伍好厉害！"

"这不算什么，过几天我们要打大仗的。"陶勇听得心里很舒坦，"不过，为了防止敌人来报复连累你们，我要带人撤了。"

"你们可不能走啊！"老大娘担起心来。

"大娘，你放心，我们不会走远，很快就会回来的。"

部队转移到月塘集，重新驻扎下来。

"陶司令，敌人摸过来了！"一天凌晨，侦察员突然来报。

原来，扬州、六合、仪征等方向的日伪军 800 多人集体出动，分两路向月塘扑过来。

不一会儿，又有人来报，说国民党仪征县大队 500 多人也在向这里运动。

气氛顿时变得紧张起来。陶勇对这一带的地形不很熟悉，他把地图摊在桌上，一眼看出了日军“分进合击”的作战意图。

“这次日军来势汹汹，不能硬拼，老陶。”卢胜提醒着。

“我也是这么想的。咱们分一下工，我带主力部队撤出隐蔽，设伏反击，你带人留下来组织群众。”

几分钟后主力部队撤走了。卢胜一面疏散群众，一面派人警告仪征县大队不要趁火打劫。为了弄清敌情，陶勇派出一名营长率领侦察班去前面侦察敌人出发情况。过了一个时辰，侦察员们还没回来，却听见远处的路上枪声大作。陶勇眉头一皱，说：“不好，可能我们的人与敌人遇上了。”他马上派出一个连前去接应。原来侦察班的同志返回时，正遇上一伙伪军，敌众我寡，处境十分危险。正当他们左冲右突，忽然从伪军背后响起了激烈的枪声，陶勇派出的那个连赶到了，把伪军打跑了，救出侦察班。

敌人大队人马赶到月塘镇，已是中午时分。镇子里一片寂静，人畜全无，气得敌人放了几把火，又快速向南追击。

陶勇藏身在一片树丛后，见敌人越走越近，突然大喊一声：“打！”

三个连的兵力同时开火，给日军以突然打击，但日军很快就利用人多势众及地形优势反扑过来，掷弹筒和数挺机枪响成一片，打得战士们抬不起头来。

陶勇又气又急，狠狠地骂了几句。他知道战士们手中没有多少子弹，无法同敌人耗时间，日军枪声渐稀的时候，他马上命令两个排分两路出击，向日军疏于防范的地带杀去。

一直等到月上中天，陶勇再次命令部队攻击。命令刚发出，庙里的敌人却吱呀一声打开大门，叫着喊着冲了出来。

“真他妈的巧，给我打回去！”陶勇心想真是不可思议，我们的攻击时间竟然同鬼子突围的时间撞到一起去了！

正面部队猛打猛冲，迂回部队从两翼发起攻击，使日军乱了阵脚，许多人在仓皇逃命中被流弹击中，活着的敌人纷纷缴械投降。

不知什么时候，夜空中开始飘起小雪花，战士们在打扫着战场。

陶勇很喜欢那些缴获的兵器，有时打一打试试是啥滋味。这会儿，战士们抬出一个掷弹筒，他要看看，拿着这两尺高、小碗口粗的家伙，笑道："这不像女人捶衣服的棒槌嘛！"惹得大家哈哈大笑。

1939年11月，由陶勇、卢胜所带的新四军二支队第四团团部及第二营，与挺进纵队梅嘉生第三团（缺一营）合编为苏皖支队，开赴天长、仪征、扬州等地。苏皖支队司令员陶勇、政委卢胜、副司令梅嘉生、参谋长张震东，支队下辖三个营及一个特务大队。至此，解放战争组建的第二十三军的骨干力量基本形成。

接到陈毅的急电

陶勇往司令部走的工夫，新四军防区发生了大事。通讯员拿着急电找到他。陶勇打开电文一看是陈毅发来的，电文只有简单的八个字："郭村告急，挺纵待援。"

陶勇边走边想：叶飞这个人打仗是有一套的，为何陈毅司令员发来这样急的求援电？他知道事态严重了。

事态的确严重。

冬季过去，1940年的春天刚到，抗战形势就发生了重大变化。在苏北，反共高潮正在形成。国民党江苏省主席韩德勤本来就是一个反共专家，抗战之前曾率兵去江西苏区"剿共"，与工农红军多次交锋，他的部队被打垮，他自己也被活捉。红军讲宽大才释放了他。现在他如恶风煽着邪火，就想把共产党从苏北肃清。

他手下掌握着数万精锐正规部队，八十九军是他的王牌，军长李守维是他的一员大将。而苏北的其他国民党部队名义上也归他指挥。近些日子他一直在指挥顽军逮捕共产党，制造摩擦。

新四军的挺进纵队驻在吴家桥，是靠近李明扬、李长江的防区的。韩德勤和两李一直存在着矛盾。因为两李在国民党内部属杂牌军，被韩德勤歧视，经常受到排挤和打击。现在他为了一致反对共产党，要与两李捐弃前嫌，重新修好，共同反共。这样一来，原来保持中立的李长江态度大变，把他最反动的部队调到前沿，与新四军对抗起来。而李明扬不愿卷入其中，借故到别处去了。

当挺纵进入郭村后，顽固分子认为消灭共军的时机已到。韩德勤公开命令其保安三旅张星炳部，从北面做好进攻准备。当时远在江南茅山地区的陈毅，接到挺纵的报告后，指示他们，在复杂的斗争形势中，一定要保持冷静。最顽固的势力是韩、李；两李是地方势力，争取其继续抗日至少中立仍有可能，孤立韩、李，中立两李，仍是当前方针，要尽量避免和推迟与两李的冲突。

然而，到了6月下旬，泰州李部咄咄逼人，战事有一触即发之势。叶飞先找来特委副书记惠浴宇，想让他在开战前做最后一次争取和平的努力。但惠浴宇正害眼病，两眼红肿，叶飞嫌他有碍军威，改派陈同生和周山去。他对陈同生说："现在顽固派的刺刀逼到我们鼻子尖了。内战不利于抗战，我们不能让顽固派阴谋得逞。你还是到泰州去谈判，将陈毅司令给他们的电报转去，让苏北人民了解我们对内求团结、对外求抗战的诚意。即使谈不成，能多争取几天时间，对我们在政治上、军事上也是有益的。"

于是，挺纵政治部副主任陈同生以陈毅的秘书长名义到泰州去谈判。先见了态度比较好的李明扬所属二纵司令颜秀五，要他带见两李。颜面有难色："总座（指李明扬）最近又到兴化（当时国民党江苏省政府与苏鲁皖区长官司令部所在地）去了，实权操在李大麻子（指李长江）手里。这人是口念阿弥陀佛，心里想着吃人肉，翻脸不认人的！你去找李大麻子，是凶多吉少，不如我送你回郭村，要打你们去打吧！"但见陈同生坚持要去，只好奉陪。

进了李长江的公馆，陈同生将陈毅的电报念给他听（他识不了几个字）。谈了一个多小时，他只是"嗯，嗯"，最后问急了，脱口说道："你们共产党口里一套，心里一套，上面一套，下面一套，断我们交通，截我们货物，占我们防地，还派人到泰州来宣传赤化，你们未免欺人太甚了！"

陈同生说："副总指挥的话好像从《限制异党活动办法》或《特种

宣传纲要》上抄来的一样，看来你虽年高，记忆力倒很好。不过，请你讲出一两件事实，我们有错我们改，否则，你们无根据指责友军，也要你们自己负责。看是谁欺人太甚！”

李长江一听，恼羞成怒，满脸麻子红涨起来说：“同你们讲道理，我这大老粗是输定了，当兵的本领不在那里，而在这里！”他举起拳头：“你们是天兵天将，叶飞、陶勇不过三千人，我们苏鲁皖游击部队是豆腐渣，也有十七八大堆，也会胀破老母猪的肚皮的！”

陈同生说：“副总指挥既然提到打仗，我们是从来不怕打仗的人！只是不愿打亲痛仇快的内战而已！这一点倒要请副总指挥三思而行，以免后悔！”李长江猛地一跳站了起来，对陈同生说：“你们要在三天内退出郭村！请你立即写信给叶司令，告诉他我们第四天要进入郭村！”

叶飞惊出一身冷汗

泰州城宣布戒严了。顽军进攻郭村已经开始行动了，最反动的陈中柱、陈才福这个纵队已向郭村逼近，正和其他顽军一起，打算四面包围，十路进攻。而郭村还蒙在鼓里，这如何是好！

郭村，在泰州西北 20 里，是个不到万人的村镇。

十万火急。一个地下党的女同志接过了任务。

她叫郑少仪，才 19 岁，是颜秀五纵队的政训员。她接受任务后，立即脱下军装，换上旗袍，冒着极大的危险，赶往郭村。漆黑的水网平原上，稻田连着河道，所有大路、渡口都被顽军封锁了。她鼓足了勇气，一会儿疾走，一会儿悄悄地奔跑，逢河就游过去，浑身上下湿淋淋的，衣服上沾满了水草、污泥。终于看到郭村的灯火了，郑少仪的眼睛里闪烁着光芒。

可是郭村外围的大河太宽，她游不过去，只好沿河寻找。突然听到对岸有车水声。她兴奋地呼喊，郭村的自卫队摇过一条船来接她。挺纵一团团部派人把她送到挺纵司令部。郑少仪喘息未停就交出折叠成小三角形的急信，同时作了自我介绍，说她是泰州党组织派来的。她说："我来的时候，我军代表陈同生同志已被李长江扣留。泰州城李长江的部队已经出动了，天明就开始向郭村进攻。"叶飞看了县委的急信，证实了她的话，急忙让人领这位勇敢的姑娘去休息。

战斗在翌日拂晓打响了。叶飞带上望远镜对张藩参谋长说："走，到前面去。"

两人一前一后走出挺纵司令部，站在院子里听枪声。从南面传来的枪声密集而猛烈，张参藩说："像是陈中柱率领的青年大队，这小子打仗最玩命。"

"先打垮这一路主力，给他们点颜色看看！"叶飞断然命令。

嘹亮的冲锋号响起来，一营也被调过去助战，郭村南线顿时杀声震天，弹雨横飞，一片火海……

战斗打得异常艰苦，叶飞心想，只要能挺住，等胡服（刘少奇）派来的援兵一到，日子就好过了。

谁知第二天，胡服来电说，南下的八路军在陇海路被阻，罗炳辉的五支队被大刀会缠住了……

"完了！"叶飞惊出一身冷汗。

"叶司令，我们报到来了！"陶勇所部经过两天一夜的急行军赶来了。途中部队要渡邵伯湖和仙女庙两道防线，通过邵伯湖时又要临时找船，前进速度很慢，部队渡完时天已拂晓了，这时高邮城和仙女庙的敌人同时出动，企图包围苏皖支队。在南北两面敌人交叉火力的射击下，陶勇沉着指挥部队投入战斗，巧妙地摆脱敌人，并粉碎了日寇白天在高扬公路上的阻击，于6月24日前进至杨家桥一带集结。

一声喊，又让叶飞喜上眉梢："陶司令，你可真是及时雨啊！"

挺纵政委吉洛（姬鹏飞）望着两个满头大汗的支队领导，兴奋地抓住他们的手，说："你们这下可给我们解围了！"

陶勇还是老脾气，不停地说笑着："快给我们苏皖支队分任务吧！看前面这片开阔地，来多少敌人也不够喂我的机关枪。放心，敌人来了，我摔跤也把他摔出去！"

"你们赶了两百多里路，太劳累了，先守在杨家桥和麻村一带，接应江南十六旅的三个团过江，郭村先由挺纵坚守。糟糕的是，泰兴内线来信说，我们的谈判代表陈同生被李长江软禁了，生死不明。"

陶勇怒气冲冲："叶司令，你给李长江这老小子捎话去，就说谁敢动陈代表一根毫毛，我陶勇就把他的脑袋揪下来！"

"好，正好有两个老绅士要回泰兴，我叫他们捎话去！你们先休息待命。"

陶勇心想，到了这里，应该客随主便，听叶飞指挥。

几个小时后，叶飞又把他找来，说："挺纵南北受敌，打得很艰苦，你的苏皖支队是进郭村的时候了，我们把拳头攥紧，打出去更有力！"

叶飞说着，做了个冲拳的动作。

陶勇一听打仗就来精神，他把胸脯拍得咚咚响："把最艰巨的任务交给我们吧！"

叶飞笑笑，把郭村北线的防务交给他。

陶勇、卢胜连夜带着部队加修工事，反复向营连干部交代：兵力部署要掌握预备队，以便适时给敌人以坚决打击。这里的群众很热情，热火朝天地帮助部队挖战壕、送弹药、送开水。陶勇就用这些鼓励指战员："同志们，我们一定要以实际行动来保卫郭村！"

参谋长张震东从前面走过来，陶勇关心地说："老张，你先睡一会儿吧。明天肯定是场恶仗，你要陪我日夜在前沿阵地坐镇指挥。"

"陶司令，我的性格你还不知道？打防守，当守门员，我是坚而不脆，就是躺下了，也没人敢从我身上跨过去。"

陶勇也被他说笑了。

李长江深知新四军是夜猫子，善打夜战。所以第二天天刚亮，就下令陈中柱再攻郭村。并许愿说，打下郭村，部队放假三天，郭村的东西随便拿，郭村的妇女随便抢……

这话让那些早想造次的混兵们打足了气，呼着喊着朝郭村冲。这消息传到郭村，军民们更加愤怒，战士们不用说了，郭村的青壮年都要求参战，还有不少人偷偷跑到战壕里与战士们一同作战。负责地方党政工作的惠浴宇带着干部劝说也不行。老人、妇女们则挑着喷香的荞麦饼，热腾腾的红烧肉、滚烫的开水和熟鸡蛋，络绎不绝地来到战壕里。

在苏皖支队第一营的阵地上，顽军利用庄稼做掩护，以密集队形朝前冲。一营等敌人靠近，先用机枪、步枪、手榴弹一齐向顽军开火。随后，跃出工事，追杀一阵，又迅速返回阵地。

已经打了两天两夜了，顽军退下一批，又上来一批，不间断地轮番进攻。陶勇一直在前沿盯着，严重缺觉，两只眼睛布满了血丝。哑巴来拖了他几次，做个手压在脸边的动作，让他去睡觉。陶勇一甩袖子：别烦我！又趴到战壕上去了。哑巴又拿了块湿毛巾，让陶勇擦擦脸。这正中陶勇的意，他掀掉军帽，呼噜呼噜地擦了个痛快。擦过脸又清醒过来，一直挺到夜幕降临。敌人不敢夜间进攻，战士们横七竖八地躺在坑道里，抓紧时间睡觉。老乡们送上来的满满一桶饭菜放在脚下，竟没人动一筷子。此时睡觉是最大的愿望。可不吃东西也不行啊。他朝前走去，想叫醒他们。

“有情况吗？”见一个哨兵游动过来，陶勇小声问。

哨兵摇摇头。

“吃饭了吗？”

哨兵又摇了摇头。

“不吃饭怎么打仗呢？我替你站岗，你去吃点东西，吃饱了再换别人。”

哨兵看了看陶勇不容置辩的眼神，顺从地朝饭菜桶走去，却被什么东西绊了一下，把其他人都惊醒了。大家看到冒着热气的饭菜，顿时都觉得饿了。一个个从地上爬起来，围着饭菜桶吃起来。郭村的群众不富裕，但还是把家里最好的饭菜送上火线，盼着子弟兵守住村镇，免遭顽军践踏。快放下碗筷时，战士们才发现他们的司令员正在一旁默默地站岗，动作快的就急忙去换班，让陶勇下来休息。

第三天，苏皖支队又打退了敌人的多次进攻。当晚，陶勇命令，各营抽一个连，在敌人后撤时，跟踪出击。第一营营长带一个连半夜在大风阵雨中突然攻入敌村庄，打得顽军措手不及。这一举动吓得敌人十几个村庄都放起大火，连夜后退了好几里路。晚上，叶飞打来电话：“陶勇啊，你们北线打得不错，我们南线也大胜顽军。他们的主力已被挫败，该是局部出击的时候了。我想把挺纵一团的两个营抽出来，向扬州、泰州公路出击，你们能不能把南边的防务接过去？”

“没问题！”陶勇没有多想就答应下来，并连夜率苏皖支队两个营向郭村西南开去。北线只留下一个营的兵力监视大败而退的张星炳部。

正当陶勇所部严阵以待，准备迎接更大的攻势，传来了许多好消息：

跟陶勇一道押运弹药的陈玉生率李明扬第八支队在江南起义，在大桥地区设防，控制了江南江北要道；另一名地下党员王澄率李长江第二纵队第五支队的四大队在泰州以北地区暴动成功，正赶往郭村助战；挺纵两个营大举出击，一下子吃掉李长江三个支队的大部人马……

李长江被这些消息惊呆了，发疯似的指天骂地。一气之下，从泰州城跑到了前线，大骂颜秀五和张星炳为何迟迟不前。张星炳反唇相讥：你的王牌主力陈中柱都打不了新四军，我们怎敢乱碰！李长江集中了他所有的轻重机枪和大炮，亲自披挂上阵，来郭村督战，非要把共产党消灭在郭村不可。

一时间，郭村战场硝烟弥漫，喊杀声此起彼伏。顽军连续冲锋，苏皖支队不断与前沿敌人交战，不少战士牺牲了，主战阵地几经争夺，岌岌可危。

陶勇挥舞着驳壳枪，急得暴跳如雷：“拼死也要顶住！”

而碰得头破血流的李长江，也在声嘶力竭地高叫：“进攻不力军法从事！”

虽然顽军已成强弩之末，但共产党留在郭村的部队过少，顽军还是整团整营蜂拥而来。陶勇所部指战员总是等敌人接近到四五十米时，即跳出战壕，猛打猛冲，将敌人压回去。后退的敌人在军官督阵下，再冲上来，这边再以白刃格斗把敌人打垮。与李长江的拉锯局面引起挺纵指挥部的担心。指挥员心里都捏了一把汗，一面急电调乔信明团火速率部北返，一面抽调在西、北面守备部队，只留少数部队监视和抗击张星炳、颜秀五两部。

“陶司令，王澄的部队赶来了！”二营长朱传保从弥漫的硝烟里钻出来，兴奋地大叫着。

陶勇也是眉头舒展，拉上参谋长张震东：“走，看看去！”

王澄带来的五大队机枪连的八挺轻重机枪，大大加强了火力。顽军仍旧一窝蜂地拥上来，被轻重机枪拦腰打倒。可顽军督战队用轻机枪不断扫射，又把另一拨士兵赶了上来。李长江亲自率领高级军官督阵后，顽军的攻击气焰又嚣张起来了，整团整营的兵力增加上来，逼近新四军前沿，个别地段已楔入。这时，坚守的一个营不断反击，但是部队一进开阔地就遭受顽军火力压制，无法前进。陶勇叫来张震东，布置道：“在开阔地打仗我们吃亏，你亲自带特务连，从另一个方向向顽部冲击！”

这一招果然奏效，张震东率部与敌展开肉搏，刺刀撞击声里，顽军攻势被打垮了。

战斗到上午 9 点钟，乔信明等率部赶回来了，在途中又给顽军侧背一阵猛烈打击，打得顽军在开阔地上到处乱窜。直到下午 3 时许，顽军才组织起零星攻击，那已经是隔靴搔痒了，顽军的攻势已经坍塌了。

清理战俘时发现了陈中柱和其支队长陈东生等人。当陶勇、张藩出现在他们面前时，这几个人狼狈至极。陶勇眼珠子一闪：“你叫陈东生？正好，拿你换我们的陈同生，你不吃亏吧？”

陈东生直点头，说：“不吃亏，不吃亏！”

一句话引发的全城大搜捕

郭村战斗开始时，泰州城的反共将领们非常得意，认为郭村四面被围，指日可下。李长江的政训处长段木贞，甚至张罗着准备开祝捷大会。参谋长许少顿还跑到软禁陈同生的住屋去，幸灾乐祸地说：“贵军向我进犯，已被击溃，现我军包围郭村！”

看着他那满嘴黄牙、得意忘形的样子，陈同生立即反驳说：“你真不愧为黄埔学生！可惜军语尚欠简洁，不如说‘我军包围郭村，并未攻克’，岂不更明确吗？”

许少顿怒气冲冲，但无言以对。当下李长江把陈同生等关进总指挥部一间空房子里，又派了十几个持枪的士兵监视他们。

战斗打响的第二天，反共将领们的劲头更大了。段木贞神气活现地质问陈同生：“陈代表，这制造内战、袭击友军的责任，贵军要担起来。现在大势已去，为了挽回不可收拾的局面，请你速函叶司令、陶司令，自动退出郭村，我们仍可合作。”

陈同生冷笑道：“惭愧得很，我现在已被你剥夺了代表身份了，你们用对囚犯的手段对待我，想威胁我军就范，这未免以小人之心，度君子之腹。现在全苏北，乃至全中国人民，都看得清楚，你们为了制造内战，勾结敌伪，不惜囚禁友军代表。假如我党我军无诚意求团结，便不派高级负责干部到重庆去谈判，我们也不会在你们大军压境时来泰州。段先生，我看你还是去准备祝捷大会吧！将会布置好，总是有用的。”

段木贞：“我军已包围了郭村。”

“这就是说你们并未打下郭村，对不对？也证明我军包围泰州的时候不远了。”

“难道你要在泰州暴动吗？”段木贞有所警惕起来。

“这要看有没有这个必要。因为泰州人民喜欢谁，作为政训处长，你心中总是有数的。”

没想到陈同生的一句玩笑话，竟被段木贞当真，匆匆赶到李长江处去报功，说他从新四军代表口中探出，共产党要在泰州城暴动。当夜全市大搜查，结果连个暴动分子的影子都没见着。可是他们的军官却发了洋财，商人倒了霉，居民受了惊吓与侮辱。

但是，到了第三天的黄昏，两李的总指挥部里却清静得出奇。除了电话铃声和哨兵的走动声、刺刀碰着干粮袋里的碗筷声之外，什么也听不到。整个指挥部好像死去了一般。

忽然，听到李长江在电话里吼叫：

“哪个陈司令被抓去了？”

“怎么是陈中柱……该死的东西！怎么说的……陈东生被抓去了？部队呢？”

……

以后就不断传来李长江在电话里骂人的声音，不是“混蛋”，就是“杀头”，再不就是“枪毙！”而泰州城内，已听到迫击炮和重机枪的声音了。

来看望陈同生等的人突然多了起来，都是来献好意的。一个参谋恭敬地说：“你们部队动作真勇猛，枪快打到九里沟了，泰州城郊已出现了你们的侦察兵。这几夜大官们的眷属财产，都连夜运往姜堰。已被释放的人员回来说，部队要进城来接你呢！他们说：‘活着要人，死了也要到泰州来捡骨头！’”

“真是这么说的？”陈同生心里明白，嘴上却问，“还说什么话了？”

“他们见过陶司令，他眼珠子冒出血丝，要他们带个信给李长江：‘损掉我们陈主任一根汗毛，我不把他的脑袋揪下来，誓不为人！’”

两李的总指挥部好像成了一个赌场，牢骚，抱怨，负伤官兵的呻吟……只是再也听不到李长江的声音了。

陈毅急得要去前线

陈毅得知郭村被围的消息后，气得把拿破仑帽握在手心里，满地转圈。他怕叶飞以少打多，弄不好吃大亏。所以，放下一大摊急事，立即带着随身人员，化装便衣渡长江北来。一路走，一路骂：“这个叶飞，真不知道深浅，他这是以卵击石呀，我看他非撞个头破血流不可！”

此前，叶飞给他发电说，可能要同两李在郭村问题上发生冲突。陈毅回电说，最好能握手言和，实在不可避免，也要尽可能地拖时间，等粟裕率江南主力赶来。如果必须打，就把部队带到吴家桥去打，那里紧靠长江，可以机动。三年的游击战争，让陈毅学会了许多打不赢就走的巧办法。

可叶飞回电说，郭村群众基础好，他意欲在郭村打。

陈毅急了，命他退到吴家桥或扬中。

叶飞也执拗得很，再次回电说，吴家桥一线的地形，不易设防，郭村地形，易守难攻，决心在郭村迎战。

陈毅看完电报，气得把电报纸都狠狠地摔了。像叶飞这样敢于三次抗命的部下，在他几十年的指挥生涯中还从未遇到过。

不过陈毅还是从地上捡起那张揉碎的电文纸，重新坐在椅子上，认真地给叶飞第三次回电，这次口气异常坚硬："我命令：勿在郭村孤军迎战，吴家桥难当，暂退扬中，与江南部队会合。从长计议。"陈毅心里还有一张没写的命令：如果叶飞再敢抗命，就让他停职反省……

陈毅在段家桥碰到负责地方工作的惠浴宇，惠浴宇说："陈司令，我一直担心你，怕你撞进敌人的火力网去了。"

陈毅的脸色很不好看，气冲冲地说："我打了这么多仗，会去撞火力网吗？我又不傻！"

惠浴宇知道陈毅心里有气，不再说了。陈毅自己又说："郭村那边有消息吗？我要去郭村。"

"现在别去。"惠浴宇怕出危险。

这时侦察员来报，明天一早有大队顽军开过来，段家桥也不能待了。

陈毅气得七窍生烟，坐在那里骂娘，但也没别的办法，只好跟惠浴宇乘船退回新老洲。

陈毅离开部队，离开电台，成了一个名副其实的光杆司令。他写信给在江南的粟裕，要他速带主力北援；写信给李明扬，要求再次化干戈为玉帛。正是盛夏天气，加之心里烦躁，陈毅直喘粗气。惠浴宇站在一旁轻轻给他打扇子。陈毅找来纸笔，在树荫下给两李写信。惠浴宇原以为他会写一封义正辞严斥责两李背盟的信，可出乎意料的是信写得情真意切，谦和委婉。惠浴宇有些不服："是他们挑衅，又不是我们挑衅，我们也不见得打不过他们。你也是司令，他也是司令，何必求和长他人志气？"

陈毅一听这话就火了："二李是中间势力，要顾团结抗战大局，岂能较一日之短长，争个人之闲气？谦虚一点我也不会死掉。"

陈毅又把火发到叶飞头上："叶飞太不像话了，我发了三次电报，告诉他不能在郭村打，可他硬要打！"

惠浴宇劝解陈毅："也不能全怪他。是李长江要打，叶飞只能自卫。"

"这两李是万万打不得的。你一打，他就跑到韩德勤那边去了。他们不保持中立，我们就无法打开苏北的抗战局面。为了争取两李，我费了多少苦心啊！"

惠浴宇理解地点点头，但他相信叶飞不至于失败："两李虽然人多，但战斗力弱，人多不一定能赢。"

"你想得太简单了。两李后面还有个韩德勤，他那个八十九军和独立旅可不是吃素的。"

郭村战斗打响后，陈毅越想越不妙，甚至梦见管文蔚（挺纵司令）、叶飞（虽是副司令，但主管军事，人们习惯也称他为司令）以身殉职。醒来他把这种预感赋成七律一首，诗曰《悼管、叶》，写得自己动了感情，泪流满面，将诗藏于袋中，后来这首诗竟丢了。

然而，就在陈毅坐立不安，仰天长叹，并想象着叶飞如何中弹，如何抬下来救治而未成的场面时，前面传来好消息，不但叶飞顶住了，陶勇的部队也上来了。江南到扬泰公路一带，两李的部队全部撤走了。

陈毅顿悟：哦，梦原来是反的。

惠浴宇带着一个连把陈毅护送上路，往郭村急奔。

叶飞知道自己闯了"祸"，也知道陈毅肯定会骂一顿。他嘿嘿一笑，向陈毅敬了个礼，说："陈司令来了，我们有主心骨了！"

陈毅还在火头上："你还要什么主心骨，你的主心骨比谁的都硬，我说话你哪里肯听！"

叶飞赶紧认罪："陈司令，是我……"

"算了算了！"陈毅不是那种鸡肠小肚的人，气已经消了，"我本来是准备给你们收尸的，可你们却打了胜仗，我还有什么话说，只能说你们太冒失了！"

这时陶勇也走上去敬礼，陈毅脸上顿时出现了笑容："张道庸同志，不，应该叫陶勇同志！看看看，叫叶飞给我气糊涂了！我给你改的名，我自己都忘了！陶勇应该受表扬！要不是你们苏皖支队增援得快，后果不堪设想！”陈毅又转向叶飞，又气又爱地说：“不为别的，你们这两支队伍，都是三年游击战争锻炼出来的老骨干，你们要是有个三长两短，我于心何忍！”

叶飞、陶勇知道陈毅是个重感情的人，因为此事经受了巨大的精神熬煎。他们像个知错认错的孩子，埋下了脸，许久没有吭声。

“不说这些了。”陈毅想摆脱沉闷的气氛，换了个话题，“下一步打算怎么办？”

叶飞说准备整编部队，分路反击。

陈毅没有马上表态，因为他脑子里的那盘棋远比郭村要大。郭村虽然打胜了，但并未改变整盘棋的棋势。李长江派主力部队扼守塘头一带，如果韩德勤出兵援助，仍有大军压境的危险。他也同样认为，既然拳头已经打出，总不能半途收回，这一拳要狠狠落在李长江身上才对，压压他的威风有利于求和平。

陈毅来到郭村的消息传出去之后，大家都欢呼起来。连伤员和服务团的女同志都不断到司令部门口来等，总想有机会亲眼看到陈司令员。

郭村开了个欢迎陈毅的大会。陈毅让大家互相认识认识，让惠浴宇先讲两句。他一直做地方工作，习惯了三三两两地活动，猛的见到这么多军队干部——虽然形象各异，穿着各异，有的穿缴获的日本黄呢子军装，长马靴雪亮；有的着朴素的土布军装，还打着补丁，但个个威风凛凛，神气十足——又是激动又是紧张，哪还顾得上讲话呢。他断断续续地说了几分钟，赶紧下台了，心中还兀自忐忑，就点起一支烟来定定神。他发现一个人一直注视着他。这个人黑黝黝的，中等个，一脸憨厚，显得有点土。他挤过来坐在大个子惠浴宇身边，伸手便要烟。忽听得陈毅在喊：“你怎么又揩油，人家送给我的嘛！”

陈毅说的不是陶勇，而是坐在他身边的徐平羽，正在一支一支地摸陈毅的烟。那时苏南条件艰苦，烟客们的瘾都犯了。惠浴宇见到眼前的一切，哑然而笑。陶勇一把抓过他的烟盒，边点烟边说：“别舍不得嘛，将来部队进了城，向你这位土地老爷讨的东西还多着呢！”

惠浴宇忍住笑，问道：“请问大名？”

陶勇满不在乎地说：“大名张道庸——现在改叫陶勇了。”

“吓，陶勇！真是大名鼎鼎！”两人一见如故，成了生死不渝的战友。

人们不断鼓掌要让陈毅讲话。因为新四军的官兵都知道陈毅善于讲话，有时一讲一整天，没人愿意离开，赶都赶不跑。陈毅这次一讲：“本来我是来骂你们一顿的，一个多团就和这么多顽军乱揪。不过，你们打得很好，我也不讲什么了……”听讲的干部战士都笑起来了。教导队有个排长还在底下窃窃私语：“你骂吧，就怕你在江南，我们听不到你骂。”

晚上，纵队司令部里掌起了灯。叶飞说了他的分路反击的意见。陶勇对方案提出了补充意见后，叶飞仍请陈毅作指示。陈毅说：“就这样吧，不过，不准打泰州城。有些情况，我还要对你们说一说，胡服已经向你们传达过反摩擦的指示，总的精神就是这样。在苏北，蒋介石指示韩德勤、李守维与李明扬、李长江捐弃前嫌，重修旧好，共同反共。根据力量对比，我们应该孤立韩、李，中立两李，并争取其抗日。必须预见到顽固派虽然以抗日为名，但反共是实。最顽固的投降势力、反共主力是韩、李，在政治逆流里，必然会向我们开火的。而两李是地方势力，不是顽固派的嫡系，与嫡系间也存在矛盾，所以使之中立，完全是可能的。李长江发动进攻，稍予惩治是必要的，现在他已经碰破了头，取得了教训。我认为，一不做，二不休，再打他们一下，把东进的道口塘头镇打下来，一直打到泰州城下，但不能进城，请你们牢记！……”

挺纵和苏支两支队伍立即分路追击，一举夺取了塘头镇，俘虏李部官兵近两千。李部兵败如山倒，仓皇奔逃。转眼之间，挺纵和苏支直指泰州城下，先头部队已占领泰州城外的碾米厂了。

坐在司令部的陈毅突然有种感觉：不对，前面的部队是否进城了？叶飞正好来请示工作，陈毅问他：“部队是不是打进泰州啦？”

叶飞想了一下：“不会吧，我已命令他们不准打泰州。”

"命令管用吗？我命令你也不听，你去看一下！"

"我立即派参谋去监督。"

"不，你亲自去。传我的话，谁敢打泰州，我杀谁的头！"

叶飞知道陈毅火气又上来了，连忙小跑着去马厩里牵马……

陈毅预计得果然没错。陶勇的苏皖支队已经杀红了眼，一阵掩杀便过了河，直逼泰州城下。叶飞见状惊出一身冷汗。他知道陶勇的个性那是赛过赵云猛过张飞，要是杀顺了手，就是天王老子也拉不住。他一边催马一边朝着另一匹战马上的人高喊："陶勇老兄，你该刹车啦！"

陶勇坐在马上，眼看着部队如潮一般向城墙边漫过去，心里好生舒畅。正要挥刀再进，听得叶飞大喊，才想起陈毅的叮嘱，连忙叫号兵吹号收兵。号声一响，奋进的队伍渐渐停下来。李长江成了瓮中之鳖，一些战士还在恋战。陶勇朝他们大喊："停下，谁再敢前进我杀谁的头！"

队伍立即像被绳子绊了一下，退缩回来。叶飞擦着汗，跳下马，和陶勇说起来："好险啊，陈司令刚才还在说，谁进城杀谁的头呢，我就怕你的脑袋搬家！"

陶勇后怕地做了一下鬼脸。

这时张文碧从旁边走过来，陶勇说："你带人清点一下俘虏。"

张文碧拿着小本登记时，看见一个身穿紫色绸布衣的胖家伙躲在俘虏堆里，就把他叫过来问："什么职务？"

"文书。"那人一缩脖子胆怯地回答。

"胡扯，哪有这么胖的文书，你是个什么官？不说实话拉出去枪毙！"

那人经不住威吓，承认自己是"青年大队"的支队长俞福基。

陶勇叫人押着他去见陈毅。陈毅听说陶勇能够停止前进很高兴，表扬了他。看到他俘虏个支队长，说："好，这份礼物不错。"

俘虏被押走了。陈毅对叶飞和陶勇说："进了城你们就给我闯祸了，赶快收兵，要进城等我自己去！"

就在泰州城乱作一团犹如失火一般，陈毅直接与泰州城李长江通话，希望重修旧好，协力抗战。这边立即把陈中柱、陈东生、俞福基等被俘人员释放，派朱克靖去泰州商谈。事到如今，李长江也不得不表示愿意和平解决，把陈同生等人放回来。

停战后，陈毅亲临泰州城，李长江极为尴尬。陈毅说："如今事情已经过去了，就不提了。兄弟间还免不了有时吵嘴打架呢，吵过就算，只要我们今后能重新和好，共同抗日，我们还是好朋友。"陈毅答应归还他们一部分枪械，只要求他们共同抗日，借路让新四军东进，而且如果韩顽向我进攻时，要求他们保持中立。这时李明扬已自兴化赶来泰州，出面同意重修旧好。

太阳偏西时，许少顿先给陈同生一封李明扬的道歉信，又低声下气地说："总指挥回来，知道打起来了，非常难过，今晚请秘书长吃顿便饭，借叙一切，务请赏光。"陈同生是个痛快人，很快答应下来。许少顿又把这几个被关的人请回招待所。晚间，李明扬亲自把代表们接到他家吃饭，吃的是丰盛的萧县烤鸡，席间说了许多抱歉的话。从他口中，陈同生得知，陈毅已从江南茅山赶来郭村，并且和李明扬通了电话，要他停战言和，继续抗日。李明扬希望陈同生也写信给前线的叶、陶，先行停战。陈同生同意转达。是夜发了信，翌晨得到复信，说叶飞、陶勇同意就地停战，其他一切继续谈判，希望陈同生先行回部队。李明扬再三挽留，中午又大请一次客，并有泰州许多知名人士作陪。饭后派许少顿为代表，护送陈同生回郭村进行谈判。李明扬送了一万元现款和几车烟、酒、罐头食品，再三说："这是慰问负伤官兵的小礼物，表示我的一点心意。"

从招待所出城，要通过一条泰州最繁盛的街道。老百姓见停战了，个个面有喜色，许多店铺前面放起了鞭炮。

给韩德勤留点回味

郭村战后，苏北的部队在塘头镇进行了整编，渡江北来的江南指挥部改成苏北指挥部，下辖三个纵队，一纵司令员叶飞，二纵司令员王必成，三纵司令员陶勇。陈玉生的起义部队、惠浴宇的江都自卫团都并入原苏皖支队，即第三纵队，下属三、七、八团。

这三个纵队司令员，个头都不算高，但各具特色。

陶勇最喜欢刀枪之类，在江南缴获的日本东洋指挥刀成了他的珍宝。这刀做工精细，刀与鞘严丝合缝，拔出时一股寒光令人目眩。虽经战火，却完好无损。哑巴经常帮着擦拭，还偷着挂在自己腰间走几步，傻笑一阵。陶勇有时看见了，并不戳破他，让他过足瘾。哑巴曾向陶勇要求由他来保管，陶勇没同意。这把指挥刀平时由跟在身后的警卫员背着，要打仗或是什么重要仪式时，则由陶勇亲自佩于腰际。他还专门到照相馆里照了一张佩刀相，装在口袋里。

三人中只有叶飞读过书，还出生在印尼，总显得儒雅清秀，书生气十足。有时他也会全副武装，身上最显眼的东西是一条“九龙带”。这种围在腰里挂在胸前的皮带，上面满是装子弹的扣子，加上两把快慢机，文静中顿时透出英武。加上他带的部队序列总是排在第一，不是第一团就是第一师，而后又是第一纵队，第一兵团，所以“叶王陶”，他排在第一，合情合理，叫着也顺嘴，就像一个人。

说起二纵司令王必成就“惨”了一点。他不仅人长得精瘦，个子也小，站在政委刘培善旁边矮了一截。所以有个刚任见习参谋的见了王必成，以为他是个体弱的小学教师。其实他的经历跟陶勇相似，经过长征，在红四方面军任过副师长。他身穿灰布军装，小腿打着绑腿，腰系皮带，着装整洁，看上去也年轻，大约二十五六岁的样子。他最不像战将的地方是神态。他面孔白净，斯斯文文，听到陈毅表扬时，竟然十分腼腆地垂下眼皮，看桌子，两只手似乎也不知往哪儿放才好。可他就是南征北战，令日伪军听到名字就头痛的“王老虎”！一看他那一双眼睛，你就知道这个人不可小视，他的目光跟子弹一样有穿透力。

只要开作战会议，这三个人一到场，陈毅和粟裕必定眼角嘴角弯弯的，心高气爽，喜不自胜。因为“叶王陶”的美名不仅在新四军里人人皆知，就是在整个八路军的队伍里，也有很高的知名度。那是江南的三根擎天柱，也是陈粟麾下的三只“虎”。

国民党不许在新四军军中设政委，卢胜在三纵以政治部主任的身份出现，张震东仍是参谋长。

1940 年 8 月，为迎击韩顽南犯，第三纵队受命进驻黄桥，协助地方党组织群众，建立抗日政权，待机歼敌。

8 月 23 日，东台镇。

韩德勤正在召开高级军事会议。会议室里李明扬、李长江、李守维、张心冬等三十多个旅以上将官正襟危坐，听他“白乎”：“现在苏北局势紧张，八路军、新四军有占领整个苏北的趋势，大家必须精诚团结，勇敢作战。”说到这里，他霍地站起来，目光在会议室里扫视了一圈，最后落到了何克谦身上，抬高嗓门说：“何克谦，你辜负了委座的期望，作战不力，黄桥被丢，要按军法制裁！”

随着韩德勤的一句“来人哪”，门外进来几名士兵，将何克谦五花大绑押了下去。

何克谦知道难于不死，索性破口大骂：“老子冤枉啊，你韩德勤作战无能，拿我当替罪羊……”

韩德勤羞怒无比，严令士兵快将他拖走，直到听不见何的骂声，才恢复平静，但语气仍十分严厉：“下次作战诸位谁不认真指挥，不身先士卒，打了败仗，这就是下场！”

看着听讲的人对此有些反感，韩德勤换了种口气，安抚道：“你们都是跟随我多年的爱将，我韩德勤不会滥杀无辜，只是提醒你们注意。”

他指着墙上的地图说：“诸位，对苏北形势不可过于乐观，但也不必过于悲观。北面八路军黄克诚部南下速度很快，虽有王光夏抵挡，但黄克诚兵力强大难于抵挡；西面罗炳辉的五支队，兵力也很雄厚；南面的黄桥新四军比较单薄，在苏南时只有 3000 人，过江后与管文蔚合并，充其量也不过 5000 人。根据三战区顾长官批准的作战计划，我们拟采取先南后北的方针，先集中主力吃掉南面黄桥的新四军，然后挥师北上，再歼黄克诚。现在我宣布作战命令：以李明扬、李长江和陈泰运的部队共13个团为右路军，从泰州、姜堰向黄桥进攻；以一一七师、独立六旅、保安旅共7个团为左路军，从海安、曲塘向黄桥进攻。”

同日夜，黄桥。

陈毅也在召开军事会议。根据东台地下党送到的情报，苏北指挥部正在研究保卫黄桥的作战计划。陶勇说：“韩德勤这次进攻的总兵力虽说有20个团，但这20个团要进行具体分析，本着‘联李孤韩’的老方针，对右路军只要做工作，他们按兵不动，就可以不管，左路军是我们的作战目标。但对这7个团是全歼还是歼一半，要讨论研究，如果过分暴露了我们的实力，让韩德勤缩回去了，不利于迅速解决苏北问题。”

粟裕很同意陶勇的分析，说：“歼灭它一半，多一点吧，消灭保安部队2个团，一一七师2个团，给韩德勤留点回味。”

大家都同意这个打法。陈毅说：“大家的意见对头。”

9月3日，韩德勤兵分两路进攻黄桥。第三纵队以七团在黄桥担任守备，第三、第八团进至营溪以南与一、二纵队向顽军发起反击。激战三日，一举歼灭保安一旅2个团，余部回窜到姜堰、海安一带。战后，为扩大新四军影响，动摇瓦解敌军，遂将战俘1500余人经教育后全部释放。此举使该旅旅长薛承宗大为震动，争取了该旅在此后的黄桥决战中保持中立。

营溪之战不过是韩德勤的一次试探，受挫后他马上改用当年“围剿”红军的“堡垒推进”办法，指令在姜堰的张少华保安九旅构筑了大小36个碉堡；这些碉堡有三四层楼高，碉堡之间构筑了大量的工事和暗堡，以此组成交叉火力网；四面还拉起电网，网上挂了许多铃铛，并随时可通上高压电流；电网后面又拉起了纵横交错的堑壕，加之南面原有的运盐河，堪称“固若金汤”。继而隔断水陆交通，禁止粮食、食盐等运进黄桥。

陈粟决定以二、三纵攻取姜堰，一纵打援。三纵又以三团主攻，八团助攻，七团为预备队。

9月13日，陶勇来到七团，他准备挑选一个连悄悄钻到姜堰镇，从敌人的内部配合二、三纵队主力打开姜堰。这是一个大胆而又冒险的计划，七团推荐了六连。他动员说："敌人吹嘘，他们的防御固若金汤。我们一定要打开乌龟壳，活捉张少华！"

陶勇问六连连长陈桂昌："你有没有胆量？"

刚满20岁的陈桂昌胸脯一挺，说："只要司令下命令，我什么都不怕！"

陶勇没说话，算是下了命令。于是六连70余人，个个武装起来，扛着6挺机枪，每人1把大刀、4颗手榴弹。"4颗手榴弹不够！"陶勇马上从其他单位调出一些，给六连战士每人配发12颗。

夜幕降临，陈桂昌带着全连战士偷偷从东北部进入姜堰市区，绕过敌人设防的哨卡，一直摸到镇西石桥的桥头堡下。

陈桂昌本想出其不意地拿下那个碉堡，作为立足之点，可是部队刚开始行动就被敌哨兵发现了。

只有硬攻了。陈桂昌指挥战士猛扑过去，打死了敌哨兵，活捉敌营长等20余人，缴获重机枪2挺。他叫通讯员把俘虏全部捆起来，关在一间房子里，派人守着。敌堡变成指挥点。

9时许，敌人的反扑开始了。迫击炮、重机枪暴雨似的朝六连阵地打来，一会儿就有十几个战士中弹倒下。

陈桂昌不停地在阵地上奔走，一会儿做政治动员，一会儿冲上最前沿阵地组织兵力，人员不够，他就把俘虏交给伤员看管，最后连文书、号手都派到了前沿阵地。他一会儿是机枪手，一会儿是投弹手，边战斗边喊着战士的名字。

学生出身的指导员从未见过这阵势，在敌人潮水般的攻击下，带着剩下的5个战士从自己坚守的阵地上退了下来。阵地被敌人占领了。

陈桂昌闻讯赶到，甩了一下驳壳枪，对指导员说："上去，把阵地夺回来！"

指导员又带着5名战士硬是把失去的一座房子夺了回来。

这时敌人搬来了救火用的水龙，用它朝六连阵地上喷火烟，接着又用迫击炮轰击。顷刻间浓烟滚滚，火苗飞卷，阵地一片火海。陈桂昌和战士们没有料到敌人会有这一手，顿时乱了阵脚，都去扑火。好在敌人光喊叫，也不敢往上冲，陈桂昌当机立断，收缩兵力，撤出那些被大火吞没的房子。

顶住敌人几次冲锋后，六连的人大部分都已负伤。陈桂昌把剩余的人召集到一起，说："天快黑了，只要能坚持到天黑，陶司令一定会带大部队打进来的！"

当晚，三团一营从镇西北方向突击，攻占了一条小街，前进中遇上电网，进攻受阻。第二天，陶勇来到一营，详细了解情况后，重新部署，并发动大家献计献策，寻找破除电网的办法。听取大家意见后，他决定组织勇敢队，用旧棉絮和桌子做成了土坦克，从铁匠铺借来了长脚大铁杆钳子，用自行车上的轮胎包着钳子把，剪开了电网。数十名勇敢队队员乘机在六七十米宽的地段内，冲过百米开阔地，排除障碍物，越过外壕，炸翻地堡，打开了一段缺口。这时营长迅速指挥三个突击连从突破口涌进，冲上街道向两侧发展，很快拿下了发电厂，全歼守敌一个连。对守在炮楼里顽抗的敌人，陶勇命令："他们用火把我们六连烧得够呛，这次咱们也用火攻。"战士们从炮楼的大门、枪眼里，塞进燃烧的木材、旧棉絮，越塞越多，烟火滚滚，吓得顽敌跑出炮楼投降。与此同时，三团另两个营也先后突进市区，里外配合，歼灭了顽抗的敌人。经两个纵队一夜猛攻，至17日晨，敌保安第九旅两个团两千多人，除张少华化装潜逃外，全部歼灭。

为谋求团结抗日，三纵撤出姜堰，仍驻黄桥镇。

黄桥战前的河豚宴

此时南下的八路军第五纵队一、二支队已抵达涟水以北地区。新四军五支队已列阵于宝应湖、大运河西岸，与陈粟形成了三面夹击韩德勤的战略态势。

韩德勤怕的就是这一招：单有一个新四军还好对付，再加上八路军就难挡了。于是他亲自指挥26个团共3万余人南下，企图砍掉共产党两只还未拉上的手。黄桥是他选定的一个决战战场。

对于陈粟来说，虽然过江后屡战屡胜，控制了黄桥、姜堰等地，但是从夺取苏北全局来说，只是小试牛刀。虽然给了顽军一次次打击，可并未与韩德勤的主力交过锋。虽然江南主力已经过江，但与八路军的联系并未打通。可以说，陈粟所部还没有在苏北站稳脚跟。说一千道一万，就是因为有个拦路虎韩德勤。所以，陈毅和粟裕左商量右商量，最后也决心与韩德勤在黄桥决一雌雄。

一时间，苏北一带战云密布。

最浓重的乌云笼罩着黄桥。

10月1日中午，海安双喜饭店热闹非凡。韩德勤特地从兴化赶到海安，设宴为其主力——八十九军军长李守维壮行。

韩德勤很看重李守维，把他视为嫡系中的嫡系，保家之本。他又是敬酒又是夹菜，忙得不亦乐乎。突然间，客人都放下筷子，四处寻找什么。一股异香扑鼻而来，扭头看时，才知是伙计端上的一道菜散发出来的。韩德勤似早有准备，他起身说："诸位先生女士，有哪位能说出这是什么菜？"

客人们围着那盆热腾腾的菜肴摇头默想。

突然一位女士尖叫起来："河豚！"她是李守维的夫人马邦贞。

"好眼力！不愧为李将军之夫人！"韩德勤夸赞着，借题发挥道，"敢吃河豚者，勇士也。李军长战功累累，实乃我军中一勇士也。此次黄桥之行，肩负党国重任，为祝贺李军长马到成功，我特地从天星港搞来这稀罕之物，为的是让李军长和夫人尝尝鲜。"

李守维已经吃得满脸红光，不过还很清醒，他问："河豚一般4月才有，这10月里哪来的河豚？"

"说得对。4月乃是旺季，现在当然非常稀少。"韩德勤说罢，顺手夹起一块雪白的河豚肉放在李守维碟中，又给自己夹了块，摇头晃脑地如同品酒一般，慢慢嚼着。

韩德勤请马邦贞也尝一块，马邦贞就夹了一小块，又怕又好奇地放进嘴里，有些夸张地嚷道：“果真名不虚传！”

这时韩德勤举起酒杯，向李守维敬酒：“祝老弟攻打黄桥旗开得胜！”

李守维已是半晕半醉，在韩德勤面前也有些放肆起来：“韩主席你应该祝我胜利班师回朝。那么个小镇哪里够我施展拳脚，只怕是我未出师，前头已经胜了！”

韩德勤不免有些担忧：“李夫人，快扶李军长回去休息吧！”

也许是河豚肉起了作用，连马邦贞也像喝醉酒似的说起大话：“韩主席放心，我们守维老将出马，一个顶仨！”借着酒劲儿，她命令起丈夫：“你快命令，提前一天攻下，无非是多死几个弟兄，怕什么，打了胜仗回来再吃韩主席的河豚！”

“一定一定！”韩德勤被这对夫妻弄得也不知他们的话哪句是真哪句是假，怕误事，一个劲儿劝他们回去休息。

李守维来了邪劲儿：“不，这次得听夫人的！我得下完命令再走……”

10月4日，韩德勤以其嫡系李守维第八十九军和翁达独立第六旅为这次进攻的主力，组成中路军，向黄桥的北面和东面实施攻击。以鲁苏皖边游击军二李部及苏北游击第八军陈泰运部组成右路军，以五个保安旅组成左路军，掩护其主力之两翼，攻击黄桥以西及东南地区。

上午8时，李守维满身披挂，跨上战马，挺直腰板，在韩德勤和夫人马邦贞的隆重欢送下，率领部队直奔黄桥。不到一个小时，先头部队已达营溪，在这里遭到了新四军的阻击，李守维命令炮火轰击。双方打了一阵儿，新四军且战且退，李守维杀气满怀，拔出大刀向前挥舞道：“弟兄们，新四军逃跑了，快，乘胜追击，拿下黄桥，人人有赏！”

李守维自以为胜利唾手可得，坐在马上手舞足蹈，随手叫来副官：“给韩主席发报，就说我军进展神速，所向披靡，共军猝不及防，闻风而逃。现我初战大捷，士气大振。黄昏定能拿下黄桥开庆功会……”

陈毅要砍陶勇的头

三纵指挥部设在黄桥东面一个油坊里。这是一个二层楼房，楼上楼下共有六间屋。二楼中间的屋子像个门厅，前后通着。走出后门就是一条露天长廊。在此可凭栏远眺，四周环境尽收眼底。后面楼房角落处还有一口水井，洗洗涮涮很是方便。

黄桥来犯之敌的凶猛，超乎许多人的预料。陶勇在长廊里抽烟踱步，从他脸上看不出任何东西，常年的戎马生涯已经使他养成了处变不惊的习惯。他能在硝烟战火中率兵冲锋，也能在战斗间隙打牌逗乐子。唯有一点，战斗一打响，特别是双方胶着，他的胃就毫无知觉，睡意全消。只有等到战斗结束，他才痛饮一顿，睡上一天。

“陶司令，粟副司令来电话。”参谋长张震东出屋来叫他。

“老陶，你那边情况怎么样？”耳机中传来粟裕熟悉的声音。粟裕的指挥部设在黄桥镇北，他亲自指挥黄桥战斗。陈毅坐镇严徐庄，主要指挥一、二纵队的出击任务。

“粟司令，”陶勇朝着话筒大声呼喊着，“据侦察员报告，李守维的先头部队已进至离黄桥墩不到三里的小焦庄一带。”

“好，沉住气。”粟裕指挥时总是言简意明，但这次多交代了几句，“我最担心的是你们能不能守住黄桥。在这次与韩德勤的决战中，你们三纵的压力最大。”

陶勇满怀信心地说：“粟司令放心，有我陶勇在，就有黄桥在！”

正说着，三团来电话报告，一营已和孙启人的三十三师接上了火。三团一营是黄桥决战中第一个与敌交火的。

小焦庄已是战火纷飞。敌三十三师在两架飞机的掩护下，向新四军发起了猛烈进攻。孙启人像他的主子一样骄横霸道，仅以小部队监视三团前沿火力点，大部队则直扑主阵地，企图一鼓作气，冲进黄桥。

由于三团战前准备非常充分，距离测量、火力配置都搞得特别周密。敌人一上来，就遭到他们的猛烈射击，而且打得很准。孙启人吃了亏，下令向三团前沿阵地大举进攻。一时间，小焦庄真的成了一片焦土。

小焦庄是个很关键的战斗阵地，连严徐庄指挥部里的陈毅都有些着急。许多人都记得陈毅骑在一匹膘壮的白马上做战前动员的模样：“同志们！决战的时刻来到了！我们是前有韩德勤的大军，后有浪涛滚滚的长江。摆在我们面前只有两条路可走，一是打垮韩德勤，二是下长江喝水……”尽管他相信陶勇的英勇善战，可毕竟面对的是韩德勤数十万大军的进攻啊。他打电话问陶勇情况，陶勇回答他：“陈司令，敌人未得到一寸土地！”

“好，打得好！你们一定要坚持住！”

陶勇所部坚持到中午，小焦庄失守了，东门榨油厂也失守了。陶勇又气又急。要知道，战前他曾立下军令状。在纵队战前动员会上，他把指挥刀和手枪重重地摆在桌子上，虎目圆睁，环视部下，声色俱厉：“仗打败了，我要掉脑袋。你们的头是刀砍还是枪毙，由你们自己挑选！”

现在，他要按照战场纪律，处理团长姜茂生手下那个丢失小焦庄的连长。

“陶司令，现在这个时候……我看再给他一个立功赎罪的机会吧！”姜茂生含泪请求着。

陶勇哪里想就这么杀了一个连长。现在有人求情，他正好借坡下驴，便对这个连长大声教训了一顿：“记着，现在你头上长的是第二个脑袋，第一颗脑袋已被我砍掉了！现在派你去防守北线，如果再有闪失，就不要活着来见我！”

那个连长一抹眼泪，背起大刀就跑了，直扑小焦庄。

陶勇又向陈毅报告，并请求道：“陈司令，我们不能消极防守，要主动出击！”

陈毅握着电话不说话，他猛烈地抽着烟，沉默着。

他在思考。

陶勇急了，又问：“陈司令，你同意不同意？”

陈毅想了想，说：“你亲临前线，你就自己决定吧！”

“好！”陶勇情绪激昂地放下电话，一直奔到七团阵地，大声对团长惠浴宇说，“老惠，快调一个营给我！”

“干什么？”

“死守不成，我要冲出去！”

惠浴宇眉头一皱，上前制止。

陶勇一下拨开他，大叫：“快调呀！”

惠浴宇没办法，迅速抽调二营，交代营长保护陶勇的安全。陶勇一招手，全营便跟着他消失在硝烟中。

顽军刚刚组织完一次进攻，受挫后不得不再次退回去休整。没想到就在这时，陶勇突然出现在阵地上，打了他个措手不及。

陶勇不但夺回了阵地，还抓回了二十多个俘虏。

来不及休息，陶勇擦了一把汗，又急忙给指挥八团的张震东打电话：“老张，怎么样？”

“顽军改变了战术，从宽大的正面压过来，一层一层直往上拥。虽然他们伤亡很大，但还在不断地往前挤，我们正顶着。”

“老张，千万要顶住！”

陶勇又跑到粟裕指挥所。粟裕正在地图前紧张地思索着。如果黄桥失守，围攻李守维将成泡影，而且在我军既无预备队又无增援的情况下，后果将不堪设想。陶勇一出来，就喘着粗气对粟裕说：“粟司令，你快去严徐庄吧！这里由我负责。”

“怎么，你要放弃黄桥？”

“不，只要我陶勇还有一口气，黄桥就是李守维的坟墓。”

“我既要你陶勇健在，又要守住黄桥，你办不到，我就撤了你，我数三个数。”

“粟司令！”

“一！”

陶勇急得直跺脚，又喊了一声：“我的粟老总！”

“二！”

陶勇立即踪迹全消。

再说陈毅与陶勇通完电话，刚放下话筒，电话铃又响了。二纵王必成在电话中激动地说："陈司令，好消息，八十九军已全部进入我预设阵地。能不能插入八字桥去扎口袋？"

陈毅立即回答："不行！"

"为什么？"

"同志哥哟！翁旅到现在还未出洞呢！你一定要等一纵歼灭翁旅才能扎口袋！"

"是，我明白了！"

"翁旅怎么还不出洞呢？这只狡猾的狐狸玩的什么诡计呢？"陈毅焦急地苦想着。他十分担心翁旅迟到给守黄桥的三纵带来极大的困难。时间越长，三纵的消耗越大，拖下去很可能被八十九军攻进黄桥，那后果将不可收拾。

陈毅在屋里焦急地踱来踱去，烟屁股已经扔了一地。现在他的心情跟粟裕一样，充满了矛盾，希望陶勇亲自披挂上阵，夺回阵地，又怕他受伤或者更糟，他毕竟已是纵队的领导；可胜利又是第一位的，有时不得不付出最大代价……在他忐忑不安之际，一个更坏的消息由陶勇报告过来。陶勇在电话中声音都发抖了："陈司令，东门失守，对，东门失守了！"

黄桥周围全长约四里，开战前，粟裕和陶勇商量，由于兵力不足，只能保证重点，机动部署。从当时的敌情出发，西边不派部队，由后勤人员甚至伙夫担任警戒，北门只放一个班，其余兵力全部集中在东门之南、北一线。现在东门被突破，意味着什么很清楚。

陈毅额头的青筋都暴跳起来，他几乎是在吼叫：

"陶勇，你立即把顽军赶出东门。黄桥失守了，我要你的脑袋！"陈毅是真急了，不然是不会说出这等严厉的话。战前他不是没有担心，因为新四军虽然能打仗，但毕竟是以少打多，这从战术上说是危险的。他有一挑珍贵的书籍文稿，从皖南挑到茅山，又从江南挑到苏北，从来不肯丢开，可是这次也从铁皮箱里拿出来，藏到严徐庄严博士家书橱的古书后面去，准备一旦黄桥失利打游击去。

陶勇放下电话，一口气跑到东门。他派人传令给"小鬼班"，要他们到北面去，那里的敌人已经打到工事的前沿，吃紧得很。“小鬼班”属于机枪连，连长袁世进和指导员徐馨伯听到这个命令，心里都不是滋味：十几个娃娃兵，又能顶个啥，万一被敌人撂倒几个，那该怎么办……

可命令还是命令。天刚麻麻亮，北面的枪炮声一阵紧一阵。连长、指导员的心也随着那激烈的枪炮声在抽搐，担心那个“小鬼班”能不能守得住。到了第三天，粟裕已组织部队夺回了阵地，杀出东门外一里多路。“小鬼班”押着大群俘虏回来了，而且一个不少。指导员高兴极了，问他们：“你们打仗怕不怕？”

“不怕，陶司令常到我们那儿去，我们一点也不怕。”

战后，陶勇对机枪连干部说起“小鬼班”：“当时我手上没有一点预备队，连司令部的参谋、科长、马夫、挑夫一股脑儿都拉上去了。这个‘小鬼班’可帮了我的大忙，他们打得不错，像我陶勇的兵。”

陶勇立即将情况向陈毅汇报，陈毅吊着的一颗心终于落地。他想坐下歇息片刻，朱克靖的电话又到了，他报告了一个坏消息。原来两李一听黄桥吃紧，宣布不接待新四军联络人员，而南京来的日伪代表、兴化的参议却进进出出，他们准备落井下石，联系日伪向黄桥进攻。陈毅气得咬牙切齿，对朱克靖说：“你警告两李，不要骑墙观望，不要做墙头草，我们说话是算数的，今天消灭翁旅，明天歼灭李守维，他们如动摇，改变立场，会后悔的。”

陈毅放下电话，气愤地骂道：“见风使舵、眼光短浅的势利小人！”

正说着，侦察员报告：“泰兴出动一千多鬼子、伪军，已到黄桥以西的周庄、溪桥。”

陈毅看看地图，不由倒吸一口凉气，额头沁出细密的汗珠。

周庄、溪桥离黄桥只有十里路。

黄桥这块弹丸之地，一时间聚集起苏北的各派势力。

后来人们知道了翁达之所以迟迟不肯出动的原因。

这个老狐狸精明异常。他和新四军交过几次手，深知这支装备极差的军队的威力。他不想在新四军元气正盛时去硬碰硬。他要让李守维先去拼一拼，等两败俱伤之时，再乘人之危，捡个便宜。

翁达把自己关在屋里，谁劝也不听，只等双方消耗殆尽，他好出山。终于由黄桥传来新四军招架不住、李守维也危在旦夕的情报，他一拍大腿，喝令部队："立即出发，直取黄桥！"

他低估了新四军的作战能力。新四军侦察到他带着部队出发的消息后，比他还高兴。叶飞马上兴奋地报告了陈毅，陈毅也同样兴奋，他叫叶飞按原定计划立即行动。

下午 3 时半，粟裕在黄桥北门小土山上登高远望，见翁旅先头部队已靠黄桥以北五里左右，征得陈毅同意，马上下令出击。

于是，以一纵为主要突击力量，分为四个箭头猛插过去，将独立六旅切成几段，首先歼其旅部和后卫团，迫使其先头团回援，然后以一部从侧翼迂回到翁旅后方，乘势将其包围。经过三小时的激战，全歼独立第六旅，自恃高明的中将旅长翁达经不起打击，掏枪自杀。

现在，粟裕和陶勇把全部精力集中到黄桥东门。

通讯员来叫陶勇接电话。陶勇问："谁打来的？"

"是姜茂生。"

陶勇心里一惊，抬头看看西边，太阳已经落山了，是不是来请罪了？他有些迟疑地抓起了电话。

"陶司令，我是姜茂生。"

"知道啦，讲话！"

"我们八团已经夺回小焦庄，现在又攻下了大焦庄，请指示。"

"好，太好啦！你们就留在那里，有机会就出击！"

恰在这时，听说奉命增援的老四团一个营由江南过来了，离黄桥镇还有 20 里路。粟裕振臂高呼："同志们，江南增援部队过来了！"

陶勇和纵队参谋长张震东把上衣一脱，挥动马刀，带领部队硬把顽军杀出东门，然后架起机关枪，把敌人死死顶住。

翁旅被歼，攻入黄桥的顽军被反击出去后，形势变得对新四军极为有利。二纵已经从八字桥插到分界，一纵已由八字桥与黄桥之间南下，与守卫黄桥的三纵完成了对李守维部的合围。

第二天中午11时，突然间号声四起，杀声响成一片。李守维一下子慌了手脚，本想带着人马突围，可是已经晚了。

正当围歼最激烈之时，陶勇从守备部队中抽出力量，把包括炊事员在内的所有人都组织起来，从黄桥东门及其两侧一下子冲出来，吞掉了三十三师，生擒师长孙启人。一纵二纵直捣八十九军军部。李守维慌忙带着几个随员夺路而逃。当他被逃跑的人流拥到洼尺沟河边时，被小河挡住了去路。发了疯的残兵败将争相逃命，你推我攘向唯一的一座小木桥拥去。落水者不计其数，呼救声、吵骂声不绝于耳，李守维身不由己，也被人流推上了小木桥。此君人高马大，行在桥上，路几乎被堵。后面不知谁使劲推了一下，他双脚落空，扑通一声栽到了河里。随员们看到李守维在水中挣扎了几下，就慢慢沉了下去。

李守维一死，八十九军如一盘散沙，溃不成军，不到半天就被新四军全歼。

韩德勤见大势已去，率残部千余人向兴化狼狈逃窜。粟裕命令部队追击。陶勇接到命令，在东台打电话请示粟裕："机会难得，我很快就能抓住韩德勤！"

粟裕回话："只要韩德勤不公开降日，就要给他留条后路。"

陶勇无奈，只得眼睁睁地看着韩德勤逃走。但这样处理受到陈毅的表扬。

再说李守维后事。

1940年10月8日，大后方重庆。

国民党战时政府正在召开军事会议。蒋介石端坐中间，脸色阴沉，手中拿着一份特殊的讲稿。一般情况下，蒋介石讲话是不拿稿子的，他的这份讲稿是抄录的一首诗。蒋介石语气沉重地说："我给大家念一首诗，你们看好不好。诗曰：'秋水伊人，望眼欲穿，不见夫归，心沉沉；夫出家门，终身诀别，有家难回，哭断魂。'"

蒋介石吟罢，许久不作声，只是圆瞪着双眼，扫视会场。与会者不知蒋介石念这首诗是何用意，只能面面相觑，不敢妄加评论。

蒋介石便自己开讲："诸位不说，我说。此诗之悲壮，竟源于一妇人之手。她就是李守维将军之夫人马邦贞。我今天不说此诗之高低，单说苏北之局势。韩德勤无能，新四军已独占苏北。黄桥一役，我八十九军、独立六旅全部遇难，中将李守维、翁达为国捐躯，不要说马夫人思念阵亡之将军，我也非常怀念他们。”

蒋介石再也说不下去了，用手从口袋里掏出手绢，擦着含泪的双眼。会场内一片寂静。片刻之后，蒋介石恢复了常态，变得严厉起来：“诸位，难道能让共军这样胡作非为吗？这是不允许的！共产党与我不共戴天，大家都看见了。他们拿我的军饷，用我的武器，却在到处打我。现在，我要你们再不要给共产党一寸土地，他们欠下我们的血债要用血来还！”

三个月之后，震惊中外的皖南事变发生了……

第四章　在苏中

陈毅粟裕派了任务

苏中的南通、如皋、海门、启东四县（后划为苏中四分区，即通如海启地区），好像伸在长江口和黄海边的一个牛犄角。那儿屯集着3.5万顽军部队。黄桥决战后，那里的顽军余悸未消，人心惶惶，集团之间怨尤不已。于是，他们一面争取时间，重整兵马，待机再起；一面强颜欢笑，与新四军握手言和，并达成了某些协议。不仅答应了让路给新四军抗日，而且接受按“三三制”原则改组政权，推行减租减息政策等。

可这毕竟是他们的委曲求全，心里一百个不高兴。新四军领导层也十分清楚，在这样一个兵多将广的地区放出和平烟幕，用意一目了然。于是他们将计就计，做着力争合作和准备自卫的两手准备。那个地区，即将出现一种异乎寻常的斗争局面。如此复杂而微妙的局势，派谁去最合适？陈毅、粟裕相视一笑：当然是陶勇——这家伙，按陈毅的话说，他是八个心眼十个胆：你是老虎他就是狮子，你是猴子他就是狐狸，对付耍赖的，耍横的，他很有一套。把开辟通如海启的任务交给三纵，他们放心。

那天，陶勇和政委刘先胜被叫到苏北指挥部，由陈毅亲自给他俩交代任务。

明确任务后，陈毅提醒他俩：“仗嘛，还是要打的。现在不打是因为他们需要缓口气。这回你们去了，一定要抓紧时间，放手发动群众，发展进步势力，争取中间势力，孤立顽固派。”陈毅把烟蒂压灭在脚下，又抓起大茶缸，再一次强调："只要沿着这条路线走，我们就不怕那帮家伙起来捣乱了。"

看来陈毅非常重视这步棋，和他们一直谈了大半天。等他俩回到驻地时，已经日落西山了。他们连夜召开会议进行了传达，上上下下顿时忙了起来。

第二天，东进部队和通如海启地区地下党会合后去海安，见到了地下党的领导毛中民、梁灵光、周一峰、洪泽、陈伟达等。梁灵光对这一带最熟，他介绍了国民党顽固派 3.5 万人马的来历。

通如海启地区，面向长江，背靠斗龙港，临黄河，地形犹如一把锋利的宝刀，刀刃紧逼着被日寇称为大东亚后站基地上海。这个人口密集，物产丰富的地区，遍地是兵，战祸连绵，民不聊生。

梁灵光指着地图接着说："其实，鬼子兵并不多，总共只不过一个大队，而且遍布全区的主要城镇，分得很散；主要是顽固派的部队，他们占据了广大乡村及镇市，这里号称'抗日救国'的武装部队竟有 6 个多旅。令人难以相信的是，这 3.5 万人马和 400 多个日军和睦共处已两年多了！"

"论战祸，自然不是打鬼子，这就必须要从这些部队的家底说起。"

梁灵光追溯到很久很久以前。远在 1927 年，如皋西部曾经是红十四军暴动的策源地。当年，蒋介石为了确保江南财阀的安全，派了一批特务，纠合当地土豪劣绅，在那里进行过惨绝人寰的大屠杀。这帮满手沾有我们共产党人鲜血的刽子手，用极端恐怖的手段把如西地区的革命运动镇压下去以后，穿起军装，做了警官，把这一带长期监视了起来。1938 年，南通沦陷以后，韩德勤又以高官厚禄收买了这帮强盗，指令他们招兵买马，扩充实力。于是出现一个"司令如毛，遍地皆兵"的局面，搞得满城风雨，乌烟瘴气。这局面，很快便被国民党的复兴社和 CC 派看中了，两派同时伸手抓起这批枪杆子。自那以后，他们就和鬼子亲善相处，互不侵犯，其内部却又连连兴师动众，争城夺地，对我党我军，则都誓不两立。黄桥决战前，顽游击第六纵队司令徐承德公开声称不消灭共军死不瞑目，黄桥决战时，顽保安第一旅旅长薛承宗曾经亲自率领兵马进击营溪。

梁灵光快说完的时候，情绪已变得十分激动："通如海启四县人民处在血雨腥风的岁月里，他们像盼星星、盼月亮一样盼你们去拯救他们。同志们，东进吧！"

陶勇摊开地图，细看了顽军的兵力布局：徐承德的部队占领石港，散布在南通乡下；詹长佑的保安一旅驻扎在马塘，控制了如皋地区。黄桥决战后，这两支部队一度试图阻拦新四军东进，他们把兵力对准海安方向。就图上看，这两支部队像老虎钳夹着通如海启地区的中心地带。陶勇抬起头，对干部们说："我们第三纵队要从这个豁口上进去，建立抗日民主根据地。在这个局部地区，只有我们一个纵队，总共不过3500人，勉强能够达到顽军兵力的十分之一。兵力悬殊，必须按陈总说的，下好这步棋。同志们，任凭是刀山，是火海，在所不惧。东进，不到黄海，一分钟也不停止！"

部队踏进如皋地界，农民们奔走相告："我们的人回来了！""这下可有指望了！"部队在一片欢呼声中，晓行夜宿，向东进军，不日到达了掘港。

掘港，位于黄海边上，是如皋县东部的重要市镇。纵队领导机关和如皋中心县委确定暂设此地。

为了统一指挥苏中通如海启地区国共两党的军队，按苏北行政委员会决定，组织通如海启游击指挥部，聘请国民党政府战地观察团团长季方任指挥，任命游击第六纵司令徐承德、保一旅旅长薛承宗为副指挥，陶勇也任副指挥，陈同生任政治部主任，并确定立即召开会议，共商团结抗日问题。

不承想，这么个会就惹出许多麻烦。

徐承德的本性难改，这是人们预料之中的事。他在拒不赴会的信中振振有词："敝部防务繁重，兵权在手，实难分身，祈诸公见谅。"

"他娘的，这是给我们下马威呀！"陶勇把信摔到桌子上，啐了一口，"嘿，这个老油子司令还正经起来了！"转念一想，不，现在不是揭他疮疤的时候，于是对秘书说："再给他写封信，派人去请。就说事关维护通如海启地区的主权问题，切需我们坐下来从长计议，仍望以抗日为重。”

二番去请徐承德的人走后，保一旅代理旅长詹长佑赶到了。这人，白脸孔，小身材，着一身长衫，进门把拳一抱，嬉皮笑脸大声说：“诸位久候了，久候了！詹某当面请罪！”

大家寒暄了几句，陶勇把徐承德的来信拿给他看。詹长佑故作惊讶，继而低头深思，片刻又笑起来：“防务啊防务，徐司令的防务嘛，果真繁重起来了！”

詹长佑的“果真”二字咬得特别响，一听就知是大有文章。他既暗讽徐承德，又讨好陶勇。话中点明了徐与鬼子相依为命，无防可言。在过去，詹长佑与徐承德之间有过明争暗斗，那时徐部专对保一旅；而今，新四军一到，这“果真繁重”一语不是明明白白一意对准新四军了。正因为如此，当二次去请徐承德的人回来说他病了，詹长佑马上得意地说：“我詹某断言准是头疼。讨论打鬼子嘛，那当然要伤脑筋的喽！”他又朝着陶勇大声说：“陶司令，你也学学刘玄德，来一个三顾茅庐吧！”说完大笑起来。

“请！我们是要再请的，可惜我们请的这个人根本不像诸葛亮。”陶勇并不急躁，好像心中早有此打算。

詹长佑接了下句：“像周瑜，太像周瑜了，专想吃掉人家，扩张自己。”

陶勇颇有同感：“依我看，倒不如说像重庆政府的一些要人，不管民族存亡，专顾集团利益。”

詹长佑很赞赏这种说法：“对，有道理，有道理。要不这样的话，在韩主席面前也不会红得发紫了。”

当晚，陶勇和詹长佑谈了很久，起初谈抗日形势，詹长佑并无太多兴趣，后来干脆像染上了大烟瘾，哈欠连天。可一谈到保安一旅身上，他精神为之一振，三番五次地试探新四军对他的看法。陶勇说明共产党的政策：宽宏大量，既往不咎。詹长佑便把话头扯到薛承宗身上，把他说得一钱不值：“我们那位老旅长固执万分，忠言逆耳，黄桥作战时，如肯言听计从于一峰先生，何至于发生营溪事件！”

“这些都已成为历史。詹先生若能汲取教训也就够了。”

话到此处，詹长佑转达了他们一个团长的请求，请周一峰回保一旅共事。

陶勇一愣：他们请周一峰干吗？

按常规，这些地方势力最怕“赤化”他的军队，不要说让一个纯粹的共产党人进去，就是有点“赤化”倾向的人进去都常常遭到拒绝。过去，周一峰就是通过关系打进去进行工作的，而今却要他以公开身份担任他们的政治部主任。这实在是令人费解。

詹长佑走后，陶勇单独想了一会儿，又把其他人叫来一起琢磨：詹长佑葫芦里到底卖的什么药？议来议去，发现詹长佑摆了一步左右可移的活棋：在开辟通如海启地区的斗争中，如果新四军胜了，他就拿着这点做资本，标榜他拥护共产党团结抗日的主张；万一共产党败了，他就会扣住周一峰献给韩德勤，甚至会将自己说成“早知今日放的长线”。陶勇认为，尽管詹长佑心怀叵测，我们仍然可以争取他：一方面，通如海启地区地下党在这支部队曾有长期工作的基础；另一方面，他固然恨我们新四军，同时又怕徐承德，特别担心的是，一旦新四军被消灭以后，徐承德就要转回身敲掉他。这两点，使得他在一定条件下有可能保持中立。如果保一旅按兵不动的话，摆在通如海启地区中心的这把老虎钳就剩一边牙了。这在顽我兵力悬殊的情况下，是何等重要的一环！

陶勇当即去电请示陈毅。

经过再三争取，徐承德派出了一个政治部主任作为全权代表，使得掘港会议终于开成了。会间，收到了陈毅的复电，答应派新四军马塘办事处主任周一峰回保一旅工作。掘港会议通过了一份联合公报，到会人士都签了名。石港派来的那个“哑巴”代表，也不得不在《告通如海启地区民众书》上写下了“徐承德”三个大字。

这个会议的收获是很大的。这倒不是因为达成什么协议，历史一再表明和顽固派达成什么协议都可能是一纸空文，它的收获就在于当地两大实力派的面貌完全明朗了。看来，这里的斗争才刚刚开始。

周一峰将计就计

通如海启地区建立了抗日民主政府后，劳苦群众个个叫好。这个地区的顽固派们好像也被震动了。他们说，印把子被人家抓住了，“泥腿子”跟着他们打转转，日子越来越不好过！时值1940年底，全国面临着第二次反共高潮。在苏北，韩德勤遥遥呼应皖南一带以顾祝同为首的顽固派，加紧推行“反共限共”政策，大造舆论，为再一次制造摩擦创造条件。通如海启地区也像全国面临的局势一样，以徐承德为首的顽固派跃跃欲试；以詹长佑为首的两面派开始向新四军发难。如皋县政府收回的全部田赋都给了他，他却说什么“杯水车薪，无济于事”，并公开提出要派部队设卡收税。显然是醉翁之意不在酒，就是想把新四军挤下台。

曹甸方向的顽军在韩德勤统一策划下蠢蠢欲动了。新四军和八路军已摆开阵势和他们周旋。为了牵制敌人，陈毅命令三纵抽调一个团兵力进驻海安。陶勇和刘先胜率领第七团北上，同时，将第八、第九两团由启海地区调回掘港，担任防务。未料，第七团刚走不久，通如海启地区的形势骤然恶化。

12月26日半夜12点钟，陶勇刚刚睡下，就被通讯员叫起来。他们收到一份加急电报：掘港被围。这个消息是由马塘传来的，经由掘港，传到了海安。事后查明，那天在马塘发生了一件关系着全局胜负的重大事件。事件惊奇、曲折，引人深思。

那日的马塘，仍然像往常一样的宁静。傍晚，詹长佑手下一名姓胡的政治指导员，气喘吁吁地走进了周一峰的住处，大声说：“周先生，快走吧，詹旅长要下毒手了！”

本来，通如海启地区的顽军即将兴风作浪，早在意料之中。但第二次反共高潮掀起以来，顽方消息封锁甚严，对于他们发起进攻的具体时间一时尚不摸底。从胡某口中得知，大前天，徐承德主持召开了作战会议，通如海启地区所有杂牌部队的军政要人全部到了场。会上，徐传达了韩德勤“精诚团结，全力以赴，赶走共党，夺回江山”的训谕。徐承德垂涎三尺地咋呼着：“有道是兵家相争，机不可失！诸位，趁着第七团北调，赶快下手。打进掘港，收了这个摊子，又是老子天下第一了！”詹长佑轻信了徐承德的狂言，答应派兵攻打掘港。当天下午，他召集亲信部署战斗，明早拂晓发起进攻。胡某讲完这些以后，一再催促周一峰赶快出走。他说：“就在那次会上，旅座亲口透露今夜12点钟要派人捉你！”

周一峰一听，吃了一惊，事情发展到这般地步，我们的部队还蒙在鼓里呢，这是何等危险！必须赶快通知部队准备迎战。又一想，走不得：应当想办法促使詹长佑悬崖勒马，这是关系到全局胜负的一个重大问题。周一峰想到这里，决定立即去劝詹长佑，胡某急忙拦住道：“去不得，去不得，千万千万去不得！风声紧呀，应该赶快通知你们的部队做好战斗准备。”周一峰沉思片刻，急中生智，说：“我们的部队无需通知，早已严阵以待。我嘛，只要詹长佑有胆量，让他来吧，第七团马上要来接我们的。”

“这样看来，贵方早已得到了情报？”胡某试探地追问了一句。

“既然你冒着生命危险来向我报信，我便视为知己。不瞒你说，会议刚刚结束，记录已送到掘港了。”

“此话当真？”胡某大惊。

“若不然，我早去通知部队了。”

“这件事非同小可，我仍劝先生躲一躲，君子不和小人一般见识。”

周一峰周旋了一阵，谢罢胡某以后，带领如皋县政府科以上党员干部撤离了马塘，夜奔环镇，通知部队，这时已是11点多了。

果然就是在午夜12点，詹长佑指挥着党徒，拿着黑名单，开始搜捕了。直到3点，一个没有抓到。詹长佑正在踌躇不决之际，胡某来到他的身边，胸有成竹地说：“旅座啊旅座，今夜事态表明共产党早已获得了情报！”

“何以见得？”

“人走了。”

……

“事关重大，望旅座忖度！要知道，马塘面向掘港，背临海安，一旦第七团回师，首先打到咱保一旅头上。”

“难哪！”詹长佑手支着头，左右摇动，“不打，不好向韩主席交代。何况，情况发展瞬息万变，倘若新四军败了，我保一旅就可获取渔人之利。”

“依我之见并不难。”

詹长佑勉强抬起脸，问他有什么锦囊妙计。胡说：“坐山观虎斗，等着剥虎皮嘛。”

詹长佑像不认识似的死盯着胡某，许久才呼出一口气：“好，这个主意好！”他下令，按兵不动。

事后查明了马塘发生这一重大事件的真相，大家都很佩服周一峰。他两个月来不辞劳苦地奔波在顽军中，取得了很大成绩，团结抗日的政策已深入人心。就连詹长佑的亲信也冒着生命危险向他提供情报。保一旅内部越来越分化了。

天亮了，屋子里的灯火还在亮着。陶勇和刘先胜已经整整一夜没合眼。刚想休息片刻，随着“报告”声送来了一份电报，打开一看：掘港城下的枪声响了！

直闯詹长佑旅部

在徐承德进攻掘港的同时，詹长佑出兵围住了三纵部队扼守的环镇，他们围而不攻，按兵观战。这样，情况虽有一定程度的缓和，但一旦新四军撤出掘港，詹长佑肯定会攻下环镇，断其去路，趁火打劫。

这天中午，就在陶勇坐立不安时，接到一份电报，电报中写道：

> 徐承德厚集其阵，我掘港东面被他突破！

陶勇想弄清详情，可偏偏在这个节骨眼上，电台发生了故障，唯一的通讯联络中断了。这一下他们简直成了聋子瞎子，陶勇和刘先胜作为纵队的最高领导，其焦急心情可想而知。他们急得背着手在屋里来回踱步，寻思着：突破口收住没有？顽军是不是已经被我反击出去了？其他三面的情况又怎样？一连串的问题接踵而来。无意中，陶勇看了一眼墙上的月份牌，猛然想起陈毅的话来。两个月前，他交代任务时专门说道："党中央要求我们，向东发展，一直到黄海之边。不到黄海，一分钟也不停止！"可现在，我军已在黄海边上扎了根，难道会被他们赶出来不成？不会，绝对不会！陶勇又招呼刘先胜过来研究一下，因为情况不明，也研究不出个究竟。两人茫茫然对坐着，埋头抽着烟，喘着粗气。但有一点他们十分坚定：那就是首先完成曹甸方面牵制任务，支援友邻部队。顾全大局，没有命令绝不回师。

直到日落西山，电台才修好。从收到的第一份电报来看，顽军已被我反击出去。战斗十分激烈，东面被突破后，徐承德在加强其他三面攻击的同时，把一套反动的攻心战也用上了。攻城顽军声嘶力竭地喊着："小兵来投降，马上提升当班长！"

"来当兵，不用愁，月月都发'袁大头'！"

新四军官兵听了，怒发冲冠，到处都在喊："打！坚决地打！打这帮不要鼻子的王八蛋！"

指挥部组织反击了，纵队参谋长张震东也是陶勇式的猛将，手提战刀，卷着袖子，亲自指挥第九团上阵。第九团刚刚打上，第八团放在外面迂回敌人的二营赶到了。两个团部队会合在一起，一下子把突进东门的顽军反击了出去。

城外，渐渐平静了，城头上，新四军的战士们向顽军对着喊："中国人不打中国人！"

"为顽固派当炮灰可耻！来，跟我们新四军一道抗日吧！"

顽军士兵蹲在田埂后面一声不吭地听着，城下的枪声由稀疏而逐渐中断了。这时，城上喊声越来越大："掉转枪口，一致对外！抗日不分先后！"

徐承德生怕他的士兵中了"毒"，下令将部队退至进攻出发地。

陶勇和刘先胜的心终于放了下来，正在考虑下一步计划，警卫员进来，嘟着嘴不满地说："首长，天都黑到底啦，你们也该吃午饭了！"

29日，陈毅电令陶勇和刘先胜率领第七团驰援掘港，讨伐徐承德。这消息，像干柴碰上烈火，腾的一下烧起来。第七团早就盼着这一天。

陶勇计划先捣烂他的窝——石港，当即命令一营乘汽划子由水路挺进，以迅雷不及掩耳之势，拿下徐承德的兵站基地。二、三营由陆地向掘港长途奔袭。不到半小时，兵分两路一齐出动。部队边行军边动员，一路之上到处都是歌声、快板声。

陶勇准备直闯詹长佑旅部。刘先胜有些担心："这个家伙反复无常，你只身去，不安全哪！"

"不怕。现在徐承德拿不下掘港，我们第七团又回到马塘，谅他不敢动我一根毫毛！"说着，带上两个警卫员，自己驾驶着摩托车，直奔马塘。这次去马塘，他首先是稳住詹长佑，其次想给他一个立功赎罪的机会。

陶勇虽然文化不高，可对兵器、机械类的玩意儿一百个有兴趣。只要有可能，他都要摆弄两下。当年缴获那把日军指挥刀时，他也是左砍右劈了好几天，夜里想起还爬起身来试试刀刃。这辆从日军那里缴获的摩托车陶勇一见就喜欢，也不懂，上去就骑，第一下就撞了挑担子的老乡，好在只撞断了扁担，没伤着人。陶勇自己摔了几个跟斗后就会了，从此爱不释手。这是个三轮摩托，旁边带个拖斗。起先叫谁坐在里边谁都害怕，陶勇就把哑巴按在里面，加大油门满街跑，吓得哑巴吱吱哇哇乱叫唤，陶勇便越发开心，开得更快了。以后旁边换了警卫员坐在里面。警卫员也不自在，说："哪有首长开车警卫员坐车的。司令员，你教会我，我开，你坐！""你开我还得给你指路，还是我开吧。"从此，摩托车成了陶勇的第二匹战马。

远处炮声隐隐可闻，摩托车风驰电掣，一会儿就到了马塘。这里仍然处于戒备状态，镇头上布着岗，哨兵荷枪实弹，隔着老远就吆喝：

"哪一部分的？"

"新四军！"

"干什么？"

"找你们旅长！"

“停下，我进去报告！”

陶勇哪有心听一个小兵指挥，呼的一踩油门，笛也不鸣就冲了进去。那哨兵既追不上，又不敢开枪，站在原地拼命地叫喊：“新四军进马塘了，新四军进马塘了！”

这一喊，周围的老百姓都听见了，纷纷探头出来看。好心肠的人为这三个不速之客捏了一把汗。在他们看来，三天前詹长佑发动的大搜捕已经图穷匕首现，这三个人不要命了！

陶勇不管那许多，车子一直开到保一旅旅部门口，下了车，一挑门帘，闯了进去。刚刚落座，詹长佑就笑容可掬地赶来了，开口就说：“陶司令，我詹长佑是‘负荆请罪’来的呀！”

照陶勇的脾气真该抽出马鞭给他两下。可他还是忍了，但是话头里仍带着讥讽：“詹旅长，你不是一向赞同我们团结抗日的吗，你有何罪？”

“陶司令有所不知，兄弟难哪！要说你们的‘团结抗日’嘛，我詹某虔诚拥护。可是，韩德勤逼着我们动手的时候，我们不得不意思意思，有道是‘军人以服从命令为天职’。”

这个老滑头说得倒也轻巧，几句话就把责任都推到那本“步兵操典”上去了。陶勇不能不抓住他的小辫子戳他几句：

“詹旅长，你不是人家黄埔军校的科班生，还是不要抱住那本‘步兵操典’不放吧！依你的说法，如有一天，韩德勤命令你投敌叛国的话你也要意思意思了？”

“司令，我哪是那种人呀。真有此事，我会和他一刀两断的。”

“照我看，应该明白了，韩德勤命令你去石港打徐承德，你亲自带领人马去了，结果被他吃掉一个团。詹旅长，你是泅水死里逃生的呀。”

“对！对！”一提这笔旧账，詹长佑顿时恨得两眼冒火，面色煞白。

“后来，韩德勤又命令你出兵黄桥打我们，你也去了，结果又报销一个团。你自己应该长点记性，不是我们新四军宽宏大量，连人带枪一起还给了你，你哪有今天！”

“这不假，这不假。”詹长佑面红耳赤，不住点头。

“如今，韩德勤要你参加攻掘港打我们，老实告诉你，这回你若再不敛迹，会变成光杆司令的。”

詹长佑说不出话来，深深地叹了一口气。

“韩德勤在往死胡同里拉你，你却低着脑袋跟着他走。还是抬起头来看看吧，人家是在借刀杀人呀，你还蒙在鼓里。”

“真是如此！”詹长佑像一个点着的爆竹，猛击了一下桌面，大声骂道，“他妈的，老子跟他一刀两断。”接着，低下头来絮絮叨叨地说：“詹长佑呀詹长佑，你聪明一世糊涂一时呢，实在太对不起新四军了！”

陶勇接过话茬说：“也对不起如皋全县的老百姓，他们供你军粮，供你军饷，实指望……”

“陶司令，你放心，我詹某是男子汉大丈夫，走着瞧吧，有用得着我的地方你请说好了。”

“那好，希望你立即下令往西靠。”

“怎么，你们准备攻打石港？”

“眼前不是什么准备不准备的问题，我们的主力早已兵临石港了。”

陶勇这出其不意的行动，把这个两面派搅得六神无主。詹长佑怕再吃亏，两面不讨好，立即答应出兵配合，嘴里还一个劲儿叨唠：“徐承德呀徐承德，你的凶焰也该收敛了！”

陶勇要赶回掘港商讨作战计划，詹长佑却拦住不放，大献殷勤：“司令远道而来，理当备酒接风，请到我家里坐坐。”

“接风酒我不吃，出征酒倒愿叨扰一杯，只是时间过于紧迫了，待石港会师以后，我请你吃杯胜利酒如何？”

“请放心，我詹某率领部队立即赶到！”

陶勇坐上摩托车，猛地踩着了油门，看看两个警卫员都已坐好，松开闸，便一溜烟消失在山路上。詹长佑叹道：“国军也好，日军也好，哪有这等司令？我真是瞎了眼，不跟他竟跟了徐承德……”

车开得快，两耳是尖利的风声，眼前的河汊、树干直往后倒。陶勇心里也是一阵快意，不由得笑出声来：嘿嘿！两大顽军这把老虎钳，如今不但拆开了，而且这半块向着那半块砸过去了，等着听响吧！

死追徐承德

徐承德见陶勇主力回师，撒腿就跑，向南通方向逃之夭夭。

陶勇由马塘回来，见掘港外围顽军尸体狼藉，伤兵遍野，到处都有遗弃的器物。进入城内，市容已恢复常态。群众熙攘往来络绎不绝，墙上贴着“誓死保卫掘港”的标语清晰可见。战士们正忙着从野战工事向外送还木料，战时捆扎起来的担架仍原封不动地放在路旁。

指挥部里坐了一大群人，有季方、钟民、周一峰、张震东等。别来虽短，经过一番生死搏斗，彼此都十分惦念。见面以后话显得特别多，谈得最多的是局势。都说顽军背信弃义，打了我军一个措手不及，虽然搞得我军十分紧张，但是他们企图围歼我军、独霸一方的阴谋却没有得逞。当地群众对其恨之入骨，纷纷派遣代表会见新四军领导，要求坚决反击。他们说：“徐承德是咱通如海启地区的扫帚星，不除掉他甭想过好日子。”

当晚，旅里开了作战会，决定连续作战，抽出第八团参加追击，留下第九团守卫掘港。午夜，部队出征了。当地民众冒着夜里刺骨寒风欢送自己的子弟兵，有的往战士兜里塞鸡蛋，有的往战士手里塞布鞋。慰问信一封接一封，信封内装着通如海启地区人民的信赖和期望。

部队夺道向前，跟踪追击。半路上忽然得到情报，说徐承德到余东以后，派他的政治部主任进了南通城。这情报引起了陶勇他们的严重注意：南通是日本占据着，徐承德打着攻我掘港的“功劳簿”是去向日寇报到了。

部队飞也似的追到余东，徐承德已经夹着尾巴过河。陶勇心想：任你逃到天涯海角也要追！他带着尖刀连直奔河边，刚刚接近河堤，对岸突然竖起了一杆太阳旗，陶勇不由一怔：鬼子？什么时候到这来的？他正思忖着，敌人就开始射击了。机关枪、掷弹筒、迫击炮一齐开火，像一阵急风暴雨拦住了新四军的去路。徐承德在鬼子掩护下，顺着大路向南撤退。紧接着，正西、西北方向先后响起了枪声，南通、金沙、海门的鬼子同时出动，把新四军合围在余东一带。

蒋、日、伪如此勾结，把陶勇恨得七窍生烟。刘先胜从后面赶了上来，咬牙切齿地大声说："败类！可耻！到鬼子那边求援搬兵！和他们的韩主子是一个模子铸出来的货色！"说话间，第八团参谋长朱传保凑过来问："鬼子上来了，打不打？"

"不打。"陶勇已经跟刘先胜商量过了，今天暂不打他，正是为了今后更好地消灭他。追歼徐承德迫在眉睫，如果让他带着全班人马投奔鬼子，那就正中下怀。陶勇把掩护撤退的任务交给了八团，他自己和刘先胜率领第七团转到包场一带去了。

路上就传来八团浴血奋战的悲壮故事：八团机枪连的一个班，扼守余东牵制敌人，弹药耗尽以后，班里只剩下四个战士了。四勇士分兵把口与敌肉搏奋战，一直顶到天黑。大部队安全转移了，他们当中有三个人倒在血泊里……

天麻麻亮时，老乡向部队报告说，徐承德进了三阳镇了。部队立即起程追赶，很快到达了三阳镇。在这里，徐承德布下一营兵力，阻拦新四军追击。这营人马，还没看见新四军影子，就胡乱地打起枪来。他们朝这漫无边际的苏中平原打了一通，丧魂落魄地逃走了。新四军正在笑谈这支熊兵，一位老人找来，口口声声要见王澄团长。一打听，知道老人是从祝家小圩一带赶来的。老人说："快撵呀，那赤佬从汇龙镇跑了！"老人坚持要给部队带路，并一再说明他对这一路如何熟悉。部队在老人的带领下，向汇龙镇急追。

汇龙镇是启东的一个大镇子。国民党统治时期一度是启东县政府所在地，人口比较集中，市面也还繁荣，筑有城墙、碉堡，墙下是一条人工挖掘的护城河。这里，也像全国各地的衙门所在地一样，事前便把准备挨打的一套防御工事做好了。

部队马不停蹄赶到城下，立即发起攻击，激昂的冲锋号震动着小镇。这些溃不成军的乌合之众，哪里经得起正规军的沉重打击。徐承德的大部人马都垮在这里。部队正在清扫战场，从公司镇跑来一个渔民说："徐承德那个坏蛋正在镇上抢船，看样子要下江南了。"

陶勇想，这个家伙虽然已经成了光杆司令，还是要追！于是命令部队继续追向公司镇。

这时，部队官兵已经整整两天两夜没有合眼了！

公司镇，就在通如海启地区的东南角上，前边是波涛汹涌的长江，背后有新四军的追兵，徐承德走投无路，就带着他的亲信下了水，有的扶着房梁木头，有的把住棕绷床，有的蹲在脚盆里，以无奇不有的方式渡江了。

第七团随后赶到，立即展开火力追击。这才真是名副其实的打落水狗呢。滚滚江水，由西而来，冲击着这帮亡命之徒，漂向东方，漂进黄海。

此时，太阳高高升起，不像炎夏时那样火辣辣的，也不像暴风骤雨前那样暗淡，而是明朗地发出可爱的光芒，清凌凌地照耀着，让人觉得又暖和又惬意，那是一种胜利的感觉。

这次让徐承德跑了。但过了不多久，通如海启地区改为苏中第四分区后，韩德勤又一次掀起了“曲线救国”的逆流，詹长佑正要拉队伍投日，被三旅截在死胡同口上。徐承德只身逃到江南投敌以后，1941 年 6 月间，率领伪军窜回苏中四分区，陶勇立即调遣部队实施围击。这个罪孽深重的反共专家，终于被新四军击毙在悦来镇上。

团长被旅长推下河

皖南事变之后，1941 年 1 月 25 日，新四军新军部在苏北盐城成立，代军长陈毅、政委刘少奇。新四军整编为七个师一个独立旅，原先的三个纵队依次改为第一师一旅、二旅、三旅。陶勇仍任三旅旅长。

国民党军队也发生了变化。2 月 15 日，仇视新四军的国民党苏鲁皖游击军副总指挥李长江，再也按捺不住两头受气的心理，公开打出投降日军的旗帜。

忍让再三的陈毅再也压不住心头的怒火，于第二日令师长粟裕率部讨伐。

几支烟抽过之后，陈毅已经静下心来。他告诫粟裕：“李长江配合日寇 20 日合击我盐城军部，此事大意不得。这也是一个机会，借此机会，一举歼灭李长江，以绝后患。”

粟裕早有打算：“18 日李长江在泰州召开投敌大会，20 日向盐城进攻，我们就在 19 日捣毁他的司令部。”

粟裕的具体安排是三箭齐发：叶飞的一旅为左路军，王必成的二旅为中路军，陶勇的三旅为右路军。战斗打响后，一旅在扬州至泰州公路两侧阻援，二、三旅作为主攻，沿海安至泰州公路向西横扫，直取泰州。

19 日拂晓，粟裕一声令下，三路大军直逼姜堰，中午时分就将七百多伪军消灭殆尽。陶勇的三旅踏着积雪向泰州城东北方向猛插。陶勇坐在马上，看着打先锋的七团向泰州城东门外开进，便掉转马头去指挥别的部队动作。等他来到东门外时，见七团并没前进多远，便拍马赶到前头察看究竟。

这里叫凌家渡，是条河。河上有一座石头拱桥，连接着两岸。河不算宽，桥拱很高，天冷，刚下过雪结成了冰碴儿。有人试着想走过去，走到一半便滑了下来。敌人还在对岸小庙前的碉堡里架起机枪，封锁住桥面。

陶勇下了马，走到桥口，厉声问：“部队为啥不打过去？”

一看陶勇那双冒火的眼睛，旁边的几个干部神色慌乱起来。大胆些的指了指冰花花的桥面，埋下脸。陶勇朝桥面上一看就明白了。他把棉大衣一脱，往桥坡上一扔，转身对警卫班喊道：“把棉衣脱了，给突击部队铺路！”

警卫班的战士立即把棉衣脱了，铺到桥面上，个个都冻得直打哆嗦，但没有人说怪话，就等着突击队伍快过桥。突击队的战士立即踩着棉衣飞步跑上桥坡，往桥另一边走——不是走，而是坐着冰面滑下去，速度很快。

但是过了桥的部队被小庙门口碉堡里的机枪火力封锁住了。火力很猛，七团再次受阻。

陶勇将警卫员拍打着的棉衣套上身，骂道：“奶奶的，怕死有鬼，怕冷有风，来，给我手榴弹！”

随着他的喊声，周围的战士聚拢来，解下手榴弹，递给陶勇。

陶勇将 6 个手榴弹，别在腰间皮带下 3 颗，左手抓 2 颗，右手抓 1 颗，然后向前冲去。几个干部想拦又不敢，试着说：“旅长，我来吧！”

陶勇根本不听，已经冲出去几米，他趴下，朝前爬了几米，又突然跃起，猛冲了几步，再次趴下，匍匐前进，很快爬到了碉堡侧翼，把手榴弹掀了盖，握在手里一会儿，突然扔进碉堡枪眼，碉堡里很闷的一声巨响，机枪哑了。陶勇振臂大喊：“吹冲锋号！”

号声随即大作。后继部队的号兵也加入了吹号的行列。一时间部队群情激奋，有人在喊：“陶旅长过了桥！冲啊！”

各部队进攻速度明显加快，黑压压的一层冲过高桥，脚下的冰都踩化了。城外的敌人已经扫清，直抵护城河边。城墙头上敌人的机枪炒豆似的在河面上蹦着子弹，溅起一排排的小水柱。团长严昌荣急忙在河岸上察看地形，寻找攻击点。河中有一两条小船，但都沉入水中，不能使用。严昌荣就指挥部队一面抢修船只，一面开展政治攻势。队伍中有认识敌支队长的，便隔河喊话，劝他们投降。

陶勇见部队又停止不前，气不打一处来。他从后面匆匆赶上来，边走边查问路边的战士：“你们团长呢？”

战士们朝河边指着说：“团长在那里。”

陶勇赶到河边，一见严昌荣就劈头盖脸地问道：“部队为啥不过河？”

严昌荣正在看地形，回头见是旅长，刚要回答，就被陶勇已经伸出的手推下了河。还没等他反应过来，陶勇自己也跟着下了河。

其他干部和战士见团长、旅长都下到了冰冷的河水中，心里眼里都在发热，一个个争先恐后往护城河里跳，跟着登上突击船。这时敌支队长出现在河对岸，陶勇命令开枪射击。各种武器猛烈开火，敌人见他们的支队长中弹倒地，顿时慌了手脚，乱作一团。尽管敌人子弹仍像雨点般射来，不时有人倒下，但大部分人都抢渡过河。碉堡里的枪声渐息，敌人都逃命去了。不到半小时泰州城东北角被三旅拿下，驻守这里的是李长江的二纵队，此时大部缴械，并留下了大批军用物资。

这时的李长江正在城内举行投敌仪式。李长江原定在 18 日举行，不料天不顺人意，那天偏偏下起了大雨，只好改在了19日。南京日军司令官畑俊六的代表乔本参谋和扬州南浦的代表粟原参谋到会。当乔本将红底金边的中将军衔和军服授予李长江时，乐队奏起乐曲。新四军攻克姜堰时将电话线剪了，李长江并不知外面的情况，仍沉浸在激动之中。直到泰州城四面枪声大作，他才明白外面发生了什么事。他一面命令部下拼死抵抗，一面喊着参谋处长的名字说："快，向泰兴、扬州皇军发报，要求火速增援。"

激战至第二日揭晓，第三旅突入城内，王必成的二旅也攻破了东城门。

在强大的攻势下，李长江部万余人纷纷溃散。李长江化装逃跑。

此役，俘敌5000余人，第三旅俘敌1000余人，还争取了其2个支队战场反正。

同日，日寇为援救李长江部，纠集6000余日伪军，分三路扑向泰州城。新四军因讨李战役已胜利完成，于21日傍晚主动撤出泰州城。在转移中，得知东路敌军将于25日通过海安。陶勇急速带领第七团营以上军事干部赶到海安东北郊串场河东西两岸察看地形，准备在这里伏击敌人。当晚陶勇就在河东岸的一间茅草房里和衣而卧，上边盖的和下边铺的均是硬邦邦的玉米秆。随同陶勇看地形的四个营以上干部，都是三个月前才参加革命部队的非党干部，目睹陶勇的战斗作风和对新干部的信任，虽然屋外狂风呼啸，天寒地冻，可心里热乎乎的。因为不久前发生过皖南事变，也发生过改编部队里的非党干部杀害领导的事，不少党员干部心里是有所顾忌的，不愿与非党干部住在一起。

23日凌晨部队进入伏击阵地后，陶勇作了战斗动员，检查了战场准备。一直等到下午4时左右，敌人才进入新四军预先设计好的伏击阵地。全团在陶勇的亲自指挥下，一齐向敌人猛烈射击，反复冲杀。陶勇又是亲自投手榴弹。其中一颗出手后不远就爆炸了。在旁的警卫员为他捏了一把汗，他满不在乎地说："这叫空中开花，杀伤力才大哩。"

警卫员担心地问："要是没扔就爆炸了呢？"

"那就要看你的胆大不大，还看你的命大不大……"

当枪声沉寂以后，他坐在硝烟未尽的战场上休息时，下面的团、营长们团团围他而坐，劝他下次打仗，再也不能总是冲在前面，万一……大家不忍出口，他似笑非笑地说："打仗总会牺牲，怕牺牲还能打仗？"

有时陈毅、粟裕怕他出危险，也常常告诫他，作为一个高级干部不要冒这个险，不要做"拼命三郎"。他此时的理论是："我的部队底子薄啊！队伍发展快，成分复杂，又没时间整训，只有靠打仗时练兵，只有靠我们指挥员带着战斗冲啊……"

陈毅、粟裕拿他没办法。

他还是愿意冒险，几次都差点送命。有一次，日军从如皋向海安大举进攻，海安成了敌军川流不息的通道。陶勇伏在海安河南池塘里，一面观察一面洗澡，鬼子到了河北边，陶勇从从容容地洗完澡穿衣逃走。后来他不经意地告诉惠浴宇："好险，几乎光屁股叫鬼子抓了俘虏。"而群众却传说：陶司令（他虽已改为旅长，老百姓仍习惯称他为司令）会使障眼法，他看见了鬼子，鬼子看不见他。

陶勇的威名已经传遍了苏中一带。这年的洪山战斗前夕，漫天大雪，起伏的丘陵白茫茫的一片。部队在纷纷扬扬的大雪中行军，迷失了道路。正在为难之际，一个中年农民走到队伍的面前，问他们是不是陶司令的队伍，他要求带路。部队对这个突然而至而又自告奋勇的向导表示怀疑。这个人却苦苦央求："陶司令的队伍，是我们穷人的队伍，是打鬼子的队伍，是打顽固派的队伍。"他见部队对他还不信任，竟拍拍自己的腰包，说："我腰里有钱，不相信我，可以给你们作抵押。我带错了路，你们就没收我的钱。"结果他真把部队带出了山。

飞车结良缘

婚姻是一种缘。说起陶勇与朱岚的缘分还得从那辆从日军缴获来的摩托车说起。江苏一带的老乡到现在都爱管这种铁骑叫电驴子。没想到，这个电驴子还真通人性，给他驮出了一段传奇姻缘。

一天傍晚，他开着电驴子去骑岸镇九团检查工作。一路疾驰，两耳生风，小桥、村庄在眼前一闪而过，三五个急转弯，便停在了九团团部门口。听见摩托车响，便有一个哨兵上去敬礼，并喊道：“首长！”陶勇一怔，怎么说话女里女气，再抬头一看，帽檐下露出秀发，那双水灵灵的大眼睛，一看就知道是个女的。陶勇顿时一股怒气冲天而起：“奶奶的，九团的人都死了，派个女的来站岗？”陶勇很清楚，九团周围不太平，常常有骑岸镇的日伪特务摸进来。正想着，终于听到一个男声：“陶司令来了，怎么站在这里？”

陶勇一看，正是九团长茅理。陶勇冲他问道：“弄个细皮嫩肉的站岗，是要吸引敌人，还是防守敌人？”

茅理起先不知陶勇为何发火，等陶勇拿眼睛朝站岗的女兵比了比，才知原因所在，笑了一下说：“我马上派个男的来换她。”

那个齐耳短发、眉清目秀的女兵就是朱岚。她听见茅团长称来人是陶司令，才知眼前的正是远近闻名的陶勇。有关陶勇的传说太多了，四分区的不论军人老百姓，说起陶勇的故事都是一串一串的。因为打心里爱戴，故事里就免不了添油加醋。传说传说，越传越奇。陶勇成了鬼子闻风丧胆的人物。

朱岚想跟陶勇说句话，问问哪些故事是真哪些是假，而陶勇却一转身走了，好像架子挺大。跟她说话的是个来换岗的男兵。

“我还没到时间呢。”朱岚挺倔。

“你没见团长挨批啦，说你会把鬼子招来……”

朱岚又羞又恼，脸刷的红了，脱口说了一句：“大男子主义！”

陶勇喜爱文艺，自己也爱拉爱唱。他司令部的墙上还挂着一把二胡，一有空闲他就会摘下来拉一段。虽说拉得不好，却很陶醉，见他那副投入的样子，一旁的哑巴都会手舞足蹈。不管是地方还是军队的剧团，他都很关心。旅部驻地有个大场子，是剧团搭台演戏的好地方，但这里离团司令部太近，后屋里安了电台，收发机整天嘀嘀嗒嗒响，门口还安了岗哨。前几天一个剧团的团长找上门来，要求在大场子搭台演戏。可接待的同志觉得这里是军事机关所在地，不合适。剧团团长知道陶勇爱看戏，就去找陶勇。果然陶勇一口答应，随后司令部挪了地方，让出大场子给剧团演戏。他的理由是，战争条件这样艰苦，没有什么好享受的，让剧团给战士们演一演，能调剂生活，提高战斗力。有一次，鬼子要下乡扫荡，人心惶惶。剧团也想拆台走路。陶勇问：“你们害怕了？”剧团团长说：“我们不怕。”陶勇说：“那好。你们不要拆台子，今晚我要看戏。”剧团团长眨眨眼说：“听司令的，我们不但要演，还要把锣鼓敲得更热闹。”陶勇高兴了：“对嘛。”陶勇骑上摩托车，带着队伍打退了鬼子的进攻，晚上真的来看戏了。演出结束，他接见了全体演员，还赠送剧团30斤猪肉、100斤大米。

在骑岸镇，到了晚上，九团干部请陶勇看文娱节目。第一个节目是舞蹈。只见几个女兵在笛子、胡琴的伴奏下，翩翩起舞。虽说舞台和服装都是看惯的土台子、灰军装，可掩饰不住女兵们婀娜的青春气息。越是跳到后来，在汽灯炽热的光照下，女兵的面颊染上了一层红润，显得更加姣美动人。陶勇目不转睛地盯着台上起舞的女兵，连女兵额头上的汗珠都看见了。他又低头看了一下手中摇着的折扇，轻声喊过警卫员，往台上努了努嘴。

警卫员没明白陶勇的意思。陶勇一拍他的脑袋：“怎么那么笨！你看人家在台上跳得满头大汗，把扇子送给她们扇一扇！”

警卫员还是不明白：“那么多人，就一把扇子……”

“嘿，说你笨你还真笨！你不会挑最漂亮的送！喏，就在前面领着跳的那个！”

警卫员猫腰执行任务去了。陶勇坐在那里，越看前面那个领舞的越觉得面孔很熟，好像在哪见过。他问坐在身旁的旅政治部主任韩念龙：“她是谁？”

韩念龙小声说：“你算问对人了，她是我的一个小老乡，叫朱岚。我认识她父亲。”

“哦？讲给我听听。”

韩念龙告诉陶勇，朱岚的父亲是崇明县一位有名的开明士绅，同韩念龙、茅珵领导的当地抗日游击队经常来往。她的哥哥和弟弟那时都参加了游击队，弟弟还是韩念龙所在的游击队警卫连的副排长。一次她的父亲和弟弟被日本兵抓去，被绑在树上严刑拷打，要他们供出游击队的驻地和情况，这父子俩大义凛然，坚贞不屈，最后被敌人用刺刀活活戳死。就在这样的情形下没有多久，朱岚也参加了新四军。她是崇启海常备旅政治部文工团团员，到她熟悉的茅团长部队来锻炼的。

“怎么？你对她感兴趣？”韩念龙瞅出点名堂，“我给你介绍介绍！”说着，拉着陶勇就往后台去，他们说话的工夫，朱岚已经跳完舞，在掌声中跑到台后面去了。

韩念龙边走边介绍：“她原是师范的学生，22岁，去年参加新四军后，进步很快，已经入党了。不过她可对你有意见哦！”

“我又没见过她，她对我能有什么意见？”

“你是贵人多忘事，你忘了，你在九团团部门口碰到那个站岗的女兵就是她！人家争取上进，主动要求站的岗，还没站够一个钟头就被你给骂回去了。”

“是她呀，我说怎么脸有点熟。”

“她说你是典型的大男子主义。”

“意见蛮尖锐嘛。”陶勇打着哈哈，催着韩念龙快走。在后台，陶勇见到了正坐在那里擦汗的朱岚，急忙上前大大咧咧握住朱岚的小手，自我介绍说：“我叫陶勇，安徽霍邱人，从小给地主放牛，当过窑工，参加红军后，当过班长、排长、连长、营长、团长、师长。我这个人脾气不好，还有嘛，有一点大男子主义……”

陶勇的突然到来，本来就让朱岚手足无措，加上陶勇说的那些话，更使她羞得无地自容，好半天才支吾道：“陶司令，我……我……”

“什么司令不司令，没有大伙一起干，我一个人顶着屁用！”陶勇说着说着觉得自己好像在作报告，急忙拐过弯来，“哎，今天我来这里，可不是以司令的身份来给你下命令，而是以同志的身份，问你同意不同意？”

“同意什么？”朱岚被弄糊涂了。

“唉，你们小资产阶级就是喜欢拐弯抹角，这不很明白吗，就是咱俩的事呀？”

“咱俩？”朱岚更糊涂了。

陶勇自己也觉出唐突：“我忘了让韩主任先跟你打个招呼，就是说我们俩交个朋友……”

朱岚低下头，咬着刚才擦汗的手绢，脸红得杜鹃一般……

战争年代的婚恋，的确没有多少浪漫的成分，没有那么多花前月下，卿卿我我。更多的是组织介绍，或托人介绍，双方同意即可。有时一方不同意，组织上还要做工作，直至同意为止。陶勇后来给朱岚写过两封被称为情书的信，但都是由秘书石林代笔的。所谓情书，只是从笔记本上扯下一溜纸，写上约会时间、地点，外加两句温和一点的革命口号。

1941 年 7 月的一天，陶勇和朱岚在沙家庄举行了婚礼，结成夫妻。

那天陶勇喝醉了。

只身闯敌堡

随着斗争形势的发展，1941 年 9 月，中共苏中区党委和苏中军区相继成立，下辖中共第一、第二、第三、第四地委和四个军分区。（南）通、如（皋）、海（门）、启（东）四县为苏中第四分区，由第三旅兼管。分区司令员由陶勇兼，政治委员吉洛（姬鹏飞），参谋长梅嘉生，政治部主任卢胜。

因为陶勇的兵力和日伪顽相比，相差很大，几乎是一比十。所以扩大队伍，打击日寇，瓦解伪军，争取中间势力成为一个很重要的任务，而陶勇恰恰是这方面的能手。

这一年，陶勇在苏中一连打了几个漂亮仗，日寇吓得龟缩在公路沿线的几个大据点中，不敢贸然出来烧杀抢掠。为了扩大战果，陶勇决定拿下久隆镇据点。

久隆镇是通启公路上的交通重镇，地处海门、启东两县交界，与日寇三厂、吕四据点形成鼎足之势。因它东可增援汇龙镇，南可控制三河港，位置十分重要。日寇中岛联队长命令伪保安大队长徐宝富亲自驻守久隆镇，要他在镇西洋桥头加紧修建工事，确保南通、海门、启东三县公路畅通，如有差错，格杀勿论。

徐宝富接令后不敢怠慢，选择镇西南约半里的地主庄园做据点，加修工事，筑了围墙和碉堡，架设了铁丝网，四周挖了宽 10 米、水深 2 米的外壕，以便长期固守。

陶勇率第八团经一昼夜急行军，突然出现在久隆镇、聚星镇、吕四港、海复镇等地，将驻守该地区的徐宝富所部团团围住。

徐宝富乃土匪出身，曾在国民党地方部队中混过一段时间。日寇侵占苏北后，当了伪保安大队长。他与后来被陶勇改编的海防团团长陆兆麟换过帖，拜过把兄弟，性格相投，都不是彻底的死硬派。特别是三旅围攻三阳镇时，为了集中兵力全歼井本中队，曾对来增援而被包围的徐宝富保安大队网开一面，给他留了条生路。徐宝富对此很是感激，暗地说过："陶旅长枪下有情，我徐某决不无义。"

陶勇得知这一情况，连夜让文字好的参谋写了一封信，派人送给徐宝富，劝其深明大义，率部反正。

徐宝富接到陶勇的信，一连看了七八遍，心里跟打鼓似的无法平静。信不长，可句句如锤，敲打着徐宝富：

徐大队长台鉴：

你我虽未谋面，但知你为人爽直，尚明大义，所以上次解你三阳之围。今日寇势如危卵，劝君莫再助纣为虐。光荣反正，乃是良策，新四军不计前隙，热忱欢迎。

陶勇拱手

徐宝富坐在桌边喝了一肚子茶，想不出个头绪，又站起来，在屋里转圈子，长吁短叹，拿不定主意。他很明白，过去在国民党队伍里，正规军是嫡生子，杂牌军是后娘养的。每有战事，必定是推到前头当炮灰。现在虽是日本人的天下，但他们总不能一辈子待在这儿不走吧。

再说眼下他们是泥菩萨过河，自身难保，不能不为自己留条后路啊。况且现在调防久隆，不在鬼子的直接控制下，脱离起来容易得多。于是他找警卫排长李阿三商议。

李阿三原是陆兆麟部队的一个副官，三十来岁，是个老江湖油子，为人乖巧。他被陶勇部队改编过，可他领了新四军发给的路费，又投奔到徐宝富门下，当了这个警卫排长。他也为此事后悔过，怕当了伪军，万一被抓，可不会再发路费，要发只会发颗上黄泉路的子弹了。后来听说新四军备了伪军人员功过簿，记红黑点，他正想要争个大红点赎罪呢。

他一进屋，徐宝富就对他说："阿三，你算得上我的心腹之人了，眼下皇军吃紧，保安队军心不定，我们总得想想日后之计，免得将来断桥绝路。"

李阿三抬起脸，紧盯着徐宝富，心中也在琢磨：他怎么和自己想到一起了，便脱口而说："队长，这几天我也在想这件事。我看最好找陆大队长讨教讨教。"

徐宝富说："大哥派人来找我了，还捎来陶旅长的信。"

李阿三一惊："真的？"

徐宝富把信递给李阿三。阿三细看之后，说："陶旅长是个言而有信的人，人家说到做到。不说别的，陆大队长过去了，如今仍然有人有枪。队长，你可要早拿主意呀！"

两人议定后，徐宝富便派人与陶勇联系。阿三先在弟兄中私下串联，顺便做些准备工作，一待时机成熟，就率部起义。

当天晚上，月朗星稀。陶勇授意分区八团三营一连孙连长到久隆据点附近喊话，加强政治攻势。

孙连长来到据点前面，扯起嗓子高喊道："保安大队的弟兄们听着，我们是陶勇的部队。陶旅长要我转告你们，日本鬼子好比秋后的蚂蚱，折腾不了几天了。各位应认清形势，不要再为他们卖命了……"

据点岗楼上一片寂静，保安队官兵一个个低头耷脑，心事重重。徐宝富白天在电话里受了中岛一顿训斥，憋了一肚子火，此时觉得机不可失，派李阿三偷偷出来联络，说："请告诉陶旅长，如果他亲自来，此事好说！”

孙连长立即派人报告陶勇。陶勇与政委商量：“三阳一仗，鬼子丧胆，陆部改编，影响极大。徐宝富两面受夹，率部反正极有可能。我必须连夜赶去，抓住时机。”

黎明时分，陶勇安排好部队，只带一个通讯员来到据点前二三十丈处。通讯员向岗楼喊起话来：“徐大队长听着，陶旅长来了，他有话说。”

徐宝富爬上岗楼，只见前面不远处站着个身材魁梧的军人，仪表堂堂，虎虎生威。他与陶勇从未打过照面，心想鬼子不是说陶勇在如东南坎吗？怎么从天而降？莫非是假扮？他立刻派人去叫李阿三到岗楼上来认一认。

岗楼下，陶勇操着皖西口音讲起话来：“徐大队长，我是陶勇。我们中国人不打中国人，欢迎你掉转枪口，一致抗日！”

听说陶勇来了，保安队官兵都上了岗楼，谁也不说话，个个睁大眼睛望着曙色中这位新四军旅长。虽然旧军装已经洗得发白，但清洁整齐，两眼炯炯有神，挺直胸，面带微笑地仰脸朝岗楼上张望。在他身旁只有一人。四周是一片棉花、玉米杂种的青纱帐。绿叶摇曳，似有千军万马藏匿其中。

徐宝富命令“任何人不准开枪”，探出身子，说：“鄙人就是徐宝富。”他听说陶勇善使双枪，并有百步穿杨的本事，便想试试面前自称陶勇的人，说：“久闻陶旅长好枪法，敬请显露一手，让弟兄们饱饱眼福。”

陶勇闻言，哈哈大笑：“要试试我的枪法？这容易。”说着，他从枪套里拔出枪，打开枪机，问道：“不知徐大队长想要打什么？”

徐宝富指着岗楼上倒挂着的电灯泡：“就打它吧！”

陶勇从通讯员手里接过另一支手枪，子弹上膛，扫了一眼电灯泡，双手举枪，左右开弓，只听“叭叭”两声枪响，第一枪打灭了灯，第二枪打掉了灯头。

岗楼上的人都倒吸了一口凉气。徐宝富连连称道：“好枪法，真是名不虚传！”

陶勇收起枪，上前一步，说：“徐大队长，时光不早，莫再迟疑了！”

这时，阿三已挤到徐宝富身边，向下一看，不错，眼前正是陶勇。他见陶勇正注视着自己，忍不住喊道：“陶旅长，你还认识我吗？”

“是李阿三吧？”陶勇有些奇怪，“你不是回家种地去了，怎么跑到这里来了？”

李阿三面有愧色：“陶旅长，我骗了你，我没回家种地，投奔徐大队长了。不过，我记得你的话，一件坏事都没干。”

陶勇笑道：“这好啊，现在过来，为时未晚！”

一旁的徐宝富不再犹豫，叫人快放吊桥。

陶勇摘下军帽，向岗楼上招呼：“新四军欢迎你们，人民欢迎你们！”

——以上一段虽说精彩，并在南通一带流传甚广，但多少有些演义的成分。

实际情况是：

徐宝富被包围后，自恃工事坚固，负隅顽抗。战斗发起后，在新四军猛烈火力打击下，军心动摇，兵无斗志。新四军一面积极准备强攻，一面乘机展开政治攻势。团参谋长俞炳辉，教导员陈佐、周密、陈广德分别在几个方向带头向敌人喊话，过了一会儿，敌人答话了：“你们是哪一路的？”

“我们是新四军，陶旅长领导的老八团。”

岗楼上的人不相信，有的说：“不要吹牛，陶勇在通如，他又没长飞毛腿，怎么会到这里来呢？”也有的说：“不要冒充，我们大队长认识陶旅长。”

这时，陶勇亲自对敌人回话：“我就是陶勇，叫你们大队长答话。”

敌人一听真是陶勇，个个心惊胆战，慌作一团。过了一会儿，徐宝富开腔了：“既是陶旅长回来了，我接受谈判，具体条件需要当面谈谈。”

经过喊话商定，双方立即停止射击，并决定在东门外的碉堡里谈判。一听陶勇要亲自去谈判，还要钻进敌人碉堡，战士们个个都担心发生意外，纷纷上前劝阻。有的说徐宝富若有诚意，就叫他到指挥所来谈；也有的说即使徐宝富没有恶意，万一他内部有人破坏，出了事怎么办？于是有人建议派其他同志代表陶勇去，或者到我们这边来谈。陶勇推开众人，心里有数地说："和人家谈判要有诚意嘛。你们把火力、突击队都组织好，万一敌人要滑头，就坚决消灭他！"

大家见陶勇决心已下，不好再坚持下去，只好按他的指示，抓紧时间做好强攻准备，一旦出现不测，立即倾全力保护陶勇的安全，不惜一切代价把敌人全部歼灭。

其实陶勇比谁都知道走过吊桥钻进敌人碉堡的风险。到了桥头，陶勇刚要走，一拍上衣口袋想起里面还有一支他心爱的派克笔，于是摘下钢笔，递给身边的人，说："替我保管一下，万一一枪打过来别把它打坏了。"

谁都知道陶勇是在开玩笑，可此时谁也笑不出来。一颗子弹过来绝不是打坏钢笔……

中午时分，吊桥放下来了，徐宝富只身一人出了东门向北走来。陶勇见徐宝富向我方走来，便从容迈出指挥所，朝前走去。相互走了四五十米，见面时，徐宝富恭恭敬敬地向陶勇敬了个军礼，然后自我介绍说："我是徐宝富，不得已投靠敌人……"

陶勇拉住徐宝富的手，说："过来就好，革命不分先后，欢迎你参加革命队伍。"

陶勇跟着徐宝富钻进碉堡，一进门着实吓了一跳：一支黑洞洞的枪口对着他。拿枪的人随即发出一声冷笑："陶司令，你还认识我吗？"

陶勇定睛一看，岂止是认识，简直就是熟人：这家伙原来是陶勇部队的一个兵，因为不守纪律被清除出去的，没想到到徐宝富这边来了（后来知道还是个小排长）。

那家伙眼睛冒火地盯着陶勇，讽刺道："陶司令，我这个兵当年是你给开除的，现在应该算算账了吧！"

陶勇眼一瞪："你不守纪律就算不得个好兵，今天你能到徐大队长这里来一同抗日，说明你还有点骨气，要算账找日本人去。我今天是和徐大队长来谈判的，是他的客人，有时间再和你谈……"

旁边的徐宝富也听出名堂来，急忙用手拨了一下那家伙的手枪，呵斥道："陶司令是我请来的，你退到一边去！"那家伙只好悻悻而退。回到部队后，陶勇还和彭德清说："一想还真有点后怕，那家伙的枪口就对着我，我真怕他报复，给我一枪……"

下午3时，徐宝富带着三百多人枪走出据点，加入新四军队伍。以后改编为一个支队，徐宝富仍任队长。鬼子联队长中岛闻讯，气得捶胸顿足，急忙调兵阻止，但为时已晚。从此，通启公路交通中断，汇龙镇据点内的鬼子失魂落魄，惶惶不可终日。

用敌人的轮船运送部队

1944年将近年底，一师参谋长刘先胜和三旅旅长陶勇率特务一团和四团于12月27日到达三江营，准备在扬州至口岸之间渡江，以便进军苏浙皖边区。他们已在这里准备了船只。可是要把几千人的大部队在敌人眼皮底下渡过江去却不是件容易的事。两人绞尽了脑汁，最后陶勇一拍大腿，叫起来："有了！"

刘先胜知道陶勇出的点子一般都超凡脱俗，冒险的时候多，有时吓人一跳。于是急忙问："什么办法？"

等他一听，果然惊了半天，不过他相信陶勇能出奇制胜，也愿意试一试。

两人合计的办法真是大胆：用敌人的轮船运送部队过江。

因为丹北五地委有个地下党员的亲戚在招商局的货轮"新豫"号当老柜（轮机手），这人为人正直，思想也比较开通。通过他了解到"新豫"轮的具体航期后，五地委想在江上借船，用来摆渡部队。这样，过江速度快，而且只要注意隐蔽，不被日寇巡逻艇发现破绽，看似冒险，其实最安全。可是，怎样才能顺利地把船弄到手呢？

1945年1月5日清晨，六个生意人打扮的汉子出现在镇江的货运码头上。为首的年轻人漫不经心地打量着四周，见没有日伪军盘查，便忽然加快脚步，朝泊在岸边的"新豫"轮走去，另外五个人紧紧跟在后面上了船。

那年轻汉子原来是五地委委员、扬中县县长王龙。按照预定方案，他带了老柜的亲戚和四名短枪队员，化装成在外经商的生意人，要求搭便船回乡过年。靠着老柜的关系，这个要求得到了船长的允许。王龙曾在新四军江南指挥部副官处当过交际科副科长，同国民党上层人物及地方绅士打惯了交道，很善于同各类人周旋。上船没多久，他敬上两支“哈德门”，又海阔天空地说了一通，顿时同姓张的船长近乎起来。其他的人也同姓罗的船老大（舵手）、姓李的服务员搞熟了，这时，队员们在船上走动，就跟在自家院子里散步一样自由。

由于是货轮，船上也无可疑的迹象，沿途未受到任何盘查，顺利地过来了。黄昏时分，“新豫”轮驶抵距部队要渡江的地点不远的亀山头对岸的三江营港口。王龙见时机已到，突然从怀里拔出短枪对准船长，惊得他目瞪口呆。其余的人同时扑向电报室、舵台、轮机房，迅速占领了全船。

船上的人毫无准备，被突如其来的事件吓坏了，以为自家性命难保。王龙安抚他们，说明了借船的目的，又耐心地宣传了抗战政策，这些人才渐渐平静下来。船长、老大都是明白人，前后一思量，立即应诺下来，并按照王龙的指示把船开到了预定地点。陶勇立即指挥特务四团渡江，后续部队开到距渡口很近的地点等候上船。

“新豫”轮一次可载七八百人，一个团两次即可渡完。三江营江面很窄，横渡一趟要不了一个小时，按原定计划，一夜之间全部人马均可过江。然而以前我军从未用轮船摆渡过大部队，缺乏这方面的实际经验，加上船大无法直接靠岸，要涉水几十米才能上船，因而延误了上船时间。四团的最后一部分人马渡到对岸时，天边已露出曙色。陶勇等只得临时决定江北岸的部队依旧退回砖桥以北地区，等第二天天黑再寻机过江。但是轮船是要按时继续开往上海的，虽说晚进港几小时，是航运中常有的事，随便找个理由便可搪塞过去，然而现在这样一变动，轮船到港至少要延误一天多，敌人必然要起疑心。更为难的是，船要在江中整整停泊一天，上下水过往船只很多，敌人的巡逻艇也驶来驶去，倘若有人盘查，如何推脱呢？

困难的处境把船上人的心紧紧联系在一起。船长、老大、老柜、服务员和王龙等人锁紧眉头合计了一会儿，终于想出一个两全其美之计：发电报给上海港，推说轮机出了点小故障，正在检修，修好即可起航。这个电报妙就妙在出的是“小故障”，既有故障，江心停船就合情合理，停长停短也需视“检修”结果而定；且又是“小故障”，不必外面派人上船帮忙，也就不会暴露船上的新四军人员。

凭着那份电报和几个“船员”忙碌的景象，居然挨到下午3点来钟也未遭到敌人的干扰。正当船上的人暗自庆幸就要平安度过漫长而又充满危险的一天时，一条客轮远远地向上游驶来。

当客轮渐渐驶近时，“新豫”轮上忽然挂出求救的信号，要求对方救援。客轮上的船长信以为真，便指挥自己的船慢慢靠拢来，看看到底出了什么事。谁知刚一靠舷，“新豫”轮舱房里突然窜出几十个手持武器的汉子，一个接一个越过舷栏，抢到客轮上，飞快地占领了所有的要害部位。

这条客轮叫“达丰”号，船上六七百名乘客，其中有九个日本人，带了六条短枪，因见新四军来势凶猛，谁也不敢乱动。不一会儿，“达丰”轮就按战士们的指挥乖乖驶到三江营渡口。船上人和乘客开始挺害怕，不知要出什么事，纷纷担心到不了目的地。经过宣传，才知道新四军只是借船一用，而且保证他们可以乘原船继续航行，这才放下心来。

乘客们一批批下了船，乘上小划子上了岸，马上被分送到附近村子里的农舍中安置下来。几个日本人被单独放在一处，据他们自述都是生意人，到南京去做买卖的，短枪只是用来防身。为首的姓山口，是个大阪人，挺能说话，似乎对新四军的政策有所了解；还有个东京人，一个劲儿表白自己是循规蹈矩的商人，从未伤害过中国人。新四军按政策给日本人安排了茶饭、住宿，收缴了他们的武器，经过解释，他们的情绪也安定下来。团长俞炳辉去看他们的时候，日本人抢着敬烟，还跷起大拇指一口一声“贵军大大的好”，弄得大家禁不住都笑起来。

部队得到又截到一条船的消息，情绪变得异常高涨。许多战士从未出过远门，更没过见过轮船，现在竟然有机会登上大轮船横渡长江，真是又新鲜又激动。下午 3 点接到出发命令，大家走得飞快，太阳刚落山就赶到了岸边。一团一个营和机关人员以及部分辎重全上了“达丰”轮。俞炳辉带着团直和两个营乘“新豫”轮。天已经黑了，看不见远处的情景，只听到江水拍击船舷的声音。凭感觉，船走得很快。船长是个挺开朗的人，和特务一团的几个团干部聊得挺欢，还特意叫船上的小厨房炒了蛋炒饭。大家也饿了，吃了饭，按新四军的传统付了钱，又同船长谈笑了一会儿，船就靠岸了。看看表，将近一小时，真是一帆风顺！

陶勇他们早已在南岸等候多时。俞炳辉他们一跳上岸，他俩的手就紧紧地握在了一起。陶勇高兴地说：“好得很哇，这是了不起的胜利哪！我军历史上还是头一回用轮船渡长江哩！昨天我们坐的是货轮，你们今天更高级了，连客轮也开过来了，而且平安无事，将来应该写到史书上去哩！——对了，还有个好消息，粟司令带着七团，已在六合、仪征乘木船全部胜利过江了。这样，我们回师江南的战略计划第一步已经实现了！”

过来一个“忠救军”

陶勇的威名连国民党的官兵也有所耳闻。

国民党“忠义救国军”第二纵队第四团二营营长姚建就是一个很向往革命队伍、有心投靠陶勇的人。他的部队在 1945 年春改换了美械装备，在昌化附近投入四古山战斗时，给新四军造成了不小的损失。这件事使他很内疚，思考再三，他与附近地区的新四军取得联系，给陶勇和王必成司令分别写了信。由于怕被人发现，信是装在卸了雷管、炸药的美制手榴弹内，派营部传令班长陈曙田化装成新四军侦察员去找陶勇。经过多方探听，终于找到新四军苏浙军区第三纵队司令部。第一封信，姚建谈了对革命对抗日战争的认识，要求党组织派人指导他在国民党军内部开展工作。陶勇接信后，对姚建要求参加革命队伍表示赞赏，复信说：“你在‘忠救军’内部开展工作，冒险性较大，但是，哪怕你一个人来到革命队伍，对国民党当前的反共内战政策，也是一个大的打击。”姚建接信后，向陶勇建议说，等把国民党军第四次进攻兵力部署弄清后，寻机在火线起义，争取为革命多做一些贡献。陶勇复信同意。

几个月后，姚建所在的营被单独调到天目山昊天关设防。这是个意外的好机会，姚建立即派营部副官龚杰凯去找陶勇汇报提前起义的打算。这时陶勇已率主力到杭嘉湖执行任务去了，龚杰凯花了约一个星期才找到陶司令。他把打算汇报后，陶勇和其他领导进行了研究，支持他们提前起义，并对起义的时间、地点，可能发生的意外和掩护接应办法等，做了周密的安排。

陶勇想得很细：（1）派第三纵队侦察科长赵云鹤与龚杰凯共同去汤口选择起义部队与新四军会合的有利地形。（2）派俞炳辉率九支队在汤口地区设伏，以掩护起义行动。（3）由姚建向“忠义救国军”邹用元发一个盖有印章的伪造命令，让该团出击汤口、孝丰一带，以此逼他上“梁山”，同时以姚建个人名义给邹用元写信劝他一道起义。（4）起义时间定在7月12日晚。

等待起义的日子既显漫长又怕出纰漏，直到7月12日那一天到来时，才觉得应该做的事都做了。然而，当三纵主力已进入孝丰地区，第九支队也将于黄昏进入设伏阵地时，情况突然发生变化：派去给邹用元送信和“命令”的姚建的勤务兵鲁正桥匆忙赶回，带回“忠义救国军”总部命令，国民党第三十三师即日接替姚建第二营的防务，其换防的先头部队也随即到达。情况的突变，让姚建心急火燎，已经来不及请示陶勇了，几个可靠的骨干紧急磋商后，考虑全营拉走已不可能，就由姚建借传达换防命令之机，以掩护交接防为借口，命令各连的第一个排，和总部机炮连及营部部分人员，乘黑夜出击汤口。这部分兵力在姚建的率领下，于13日拂晓抵达汤口会合点，俞炳辉率领的设伏部队在两边山头，越出战壕向起义部队招手。随后带领他们到了孝丰。姚建见到了他久已崇拜的陶司令。陶勇拉着他的手说：“姚建同志，欢迎你！”

这是第一个叫他同志的人。姚建的心猛烈地跳动，一时间泪如泉涌，话也不连贯了：“陶司令，你看我……我本来是要带着全营出来的，可就那样巧，刚要行动就来了命令……”

陶勇鼓励他：“我不是早跟你说过嘛，就你过来一个人，对革命也是一个贡献，对敌人也是一个打击！休息休息，明天我们还要搞个仪式呢。”

第二天，在小白店召开的迎接大会上，陶勇宣读了苏浙军区司令兼政委粟裕、副司令叶飞的命令，起义部队与第三纵队第八支队一部合编为新四军苏浙军区第三纵队游击支队。

1945 年 10 月，这个支队与苏浙军区特务团合编为新四军华中野战军第八纵队第七十二团，姚建担任副团长。

八纵司令兼政委陶勇很关心姚建这样一个从敌营中过来的年轻人，但部队干部有不同意见，许多人不相信姚建这样的人，怕他们关键时刻掉链子。为此陶勇做了很多说服工作。他见姚建虽然当了团长，却没有马，就把自己很喜爱的那匹大红马给了他。姚建想加入中国共产党，他对姚建说：“你还年轻，将来会很有发展前途。我可以介绍你入党，另一个介绍人你自己在团里去找，重要的是要在思想上、行动上入党，处处以党员的标准衡量自己。”

这年 12 月，华野发起高邮战役，七十二团奉命在高邮城北门以东担任佯攻任务。这一天，陶勇陪同粟裕，还有美国新闻记者罗生特来到团指挥部。姚建等向领导们汇报部队的情况后，陶勇特别嘱咐他：“你们团刚合编，初战的胜利对部队以后战斗作风的培养十分重要，要从精神上、物质上做好充分准备，能攻得上则攻，攻不上不要勉强，不可伤亡过大。”

这一仗打得很顺，但在后来的如南战斗中，姚建却负了重伤，两条腿都打断了。由于连续作战，陶勇的指挥工作十分繁忙，可他仍派人到后方来看望姚建，送去了慰问品，了解他的伤情。还对他的家属做了妥善安排。

粟裕下令

江南的初夏，天亮得早，战士们出操回来，街上的店铺还没有开门，而乡下来的菜贩子已经开始走街串巷吆喝了。华中野战军第一师入驻如皋后，这个古老的小镇依然十分宁静。

副师长陶勇正在洗脸，值班参谋通知他，华中野战军司令部要他和王集成副政委立即赶到海安去开会。

1946 年 5 月，第八纵队在苏中地区整编为新四军华中野战军第一师，师长兼政委粟裕，副师长陶勇，副政委王集成，参谋长梅嘉生，下辖第一、第二、第三旅，共 1.6 万余人。

“是作战会议吧？”陶勇和王集成不约而同地猜测说。

坐在车里，陶勇抽着烟，和王集成闲聊起来。话题只有一个，就是准备打仗。十多天前，国民党下令围攻中原野战军，发出了向解放区全面进攻的信号。苏中解放区与国民党政府的京沪腹心地区隔江相望，必然首当其冲。国民党第一绥靖区正从江南向南通、泰州、扬州等地不断增运兵力。昨天接到的野司敌情通报还说，国民党军队向中原野战军发起进攻后，紧接着，又向苏中解放区发起了进攻。敌人进攻苏中的主将是李默庵。

李默庵也是现代史上一个有些名气的人物。早先在黄埔军校时他曾是一名共产党员，后来站到了国民党方面，受到蒋介石的重用。此人颇有才气，当时在黄埔军校同学中流传着这样一句话：“文有贺衷寒，武有胡宗南，又文又武李默庵。”李默庵在仕途上能够青云直上，固然跟他有点才能分不开，但更主要的原因是他颇得陈诚的赏识。

李默庵在常州设立了司令部，到处跑来跑去，研究作战部署，商量进攻解放军的大计，并准备于 7 月 15 日正式向苏中根据地发起进攻。他们是想给一师一个措手不及。

“看来我们也该行动了！”陶勇把烟头丢出车外。

海安镇到了。交叉的河道里仍是樯桅林立，宽阔的大路上依然人车熙攘。唯有变化的是墙壁上有了新写的标语：“军民团结，提高警惕，粉碎反动派的进攻！”街头荡漾着文工团新练的歌声：“狠狠地打……”

司令部里的战争气氛更加浓烈，参谋、科长们完全像战时一样紧张地忙碌着。陶勇向侦察科长询问当前敌情变化，他把陶勇领到新标示好的军用地图前。只见地图上的长江两岸及津浦线南段布满了蓝色的圆圈、曲线和箭头。在苏中地区的国民党：整编第四十九师自南通伸向北，整编第八十三师自泰州伸向东，整编第二十五师自扬州伸向北；津浦线的国民党军第七军等15个旅伸向睢宁、泗县、盱眙、来安；整编第六十五师、整编第二十一师等七旅之众正麇集江南，作为二梯队北渡后跟进。情势十分清楚：敌军已经布置就绪，大军云集，个个箭头指向两淮。

“敌人把这叫作：多路的向心突击。看来，我们南线要首先打响了。”侦察科长一面说着，一面把陶勇引向会议室。

在作战会议上，粟裕首先传达了党中央的指示。谈到作战的胜利信心和任务，他说：“在我们面前有一连串的问题：敢不敢打，怎么打，战役指导上要求我们有哪些改变，这些，我们都要根据毛主席的指示在实战中逐渐取得经验，切实加以解决。现在，敌人是三路而来，拉开架子要和我们拼消耗，我们恕不奉陪，去打它一路。问题是打两翼还是打中间？两翼嘛，是泰州和南通，坚固筑城，对我军不利；中路敌人虽占泰兴、宜家堡半年有余，但我们群众条件好，对我军是有利的。同志们，这是初战，必须打好。”

方向确定，当场大家就算了一笔细账：苏中是抗日战争时期创建的主要根据地之一，经过反“清乡”斗争的考验，又抓紧时间进行了土地改革；参战部队大部是苏中子弟兵，民情、地形熟悉，这都是对我军极为有利的条件。虽然还存在着装备和数量的劣势等困难，但对于战斗的胜利都充满了信心。

经过讨论，具体部署也就确定了。第一、第六师各6个团担任歼灭中路敌第十九旅的2个团；第七纵3个团在北侧监视西路之敌；第十纵3个团在邵伯牵制敌整编第二十五师。粟裕又把这个部署明确了一下：“敌人12万人马进攻我们3万多人，是四打一，我们这么一来，还了它个六打一！”

散会后，几十里的归途上，陶勇和王集成几乎一句话也没讲，因为担子太重。而且是初战，初战打得好不好，对于以后的战局很有影响。两人各抽各的烟，紧皱眉头。

7 月 13 日，第一师部队由如皋到达宣家堡一带。黄昏时，第三旅第八团首先打响了。

守卫宣家堡的国民党军官叫钟雄飞。此人职务不高，军衔却不低，虽然只是区区一个团长，竟扛上了少将的牌子。钟雄飞不但是第五十六团团长，还兼任泰兴县的县长，集军政大权于一身，趾高气扬，不可一世。他之所以能够如此飞黄腾达，有两个秘诀：一是拍马，二是吹牛。拍马使他深得上司的喜爱，吹牛又能堂而皇之地虚报战绩，骗取战功。

这一天，宣家堡里，钟雄飞正在做着他的黄粱美梦。突然，外边枪炮声、嘈杂声响成一片。有人来报：“共军攻城了！”

“不对，不对，我们原定 15 日向共军攻击，他们倒先攻来了！”

钟雄飞在惊慌一阵之后，连忙向旅部、师部求救，请求泰兴的五十七团支援。

“五十七团也遭到了攻击！”旅长杨荫无可奈何地说。“顶住，顶住，你一定要顶住！”杨荫大叫。

皎月当空，夜色如昼。通往宣家堡的大道上，一队人马飞驰而来，骑一匹白马跑在前面的是第一师的副师长陶勇。他们跑到了三旅八团的指挥部前面，飞身下马。

陶勇朝指挥部匆匆走去，他的耳边枪炮声响成一团，如热锅炒豆一般。

“好家伙，这就是美式装备，全是用枪弹堆出来的！”陶勇边说边拿起了望远镜。月光下，几百米外敌人的前沿阵地看得清清楚楚，只见子弹像飞蝗满天乱飞，各种炮弹泼水一般朝外倾泻，阵地的前面成了一片火海……

“报告副师长，敌人的火力很猛，我们已经攻了两次都没有成功！”

八团团长一边报告，一边气得直喘粗气。

这时一个绰号叫“小钢炮”的连长，提着驳壳枪跑到了陶勇面前。

“副师长，你就下命令吧，看我不冲上去端了他娘的老窝！”

陶勇狠狠地瞪了他一眼：“‘小钢炮’，不准你蛮干！”

听完八团团长的汇报，陶勇很不满意。这时接到了第一旅第三团的捷报：宣家堡的敌人也增加到一个营，但第三团几路压过去，把他们全部消灭了。这个情况像面镜子一样清楚，照出了第八团的毛病：第三团在兵力、火力上集中了三比一的优势，取得了胜利；而第八团呢，却是一比一！

野司部署了六比一的优势兵力，到了具体战斗中间却变成了一比一。一场干净的歼灭战变成了胶着战。集中优势兵力的作战原则，临战却不能运用。这正是第八团的问题所在。

陶勇立即告诉第八团的领导：“野司命令是六比一，到你这里成了一比一了，一个团打一个团怎么行！停止攻击，重新部署，集中起兵力，明晚再干！”

当晚，陶勇和团里的领导一起做了敌前观察，选择了宣家堡作为主攻方向。

第二天他给八团做了一次动员。他的动员总是那样简短有力，富有感染力，参谋人员记下了他大略的话：

> 同志们！大家准备好久的战斗，昨晚终于打响了！
>
> 根据今天早晨的初步统计，我们已经取得很大的胜利……现在宣家堡的残敌，还不到一个营了，大家再鼓一把劲，今晚一定消灭它！
>
> 同志们！反动军十九旅（原十九师）武器是不错的，向来很骄傲，认为新四军是游击队，经不起打，可是昨晚和今晨被我们的铁锤教训了，让他知道新四军的厉害。许多反动军的战士在战场上自动缴枪了，有些俘虏一过来就笑嘻嘻的，说是他们知道新四军是有本领的，是优待俘虏的，他们一过来马上就愿意参加新

四军，可见我们新四军的政策，新四军的威名是大家闻名的。为了更多地争取国民党士兵反正，要求同志们坚决执行俘虏政策，更大地发扬我们英勇善战的威名！

同志们！我们已取得胜利，相信你们一定能取得最后胜利，一切困难都不能阻止你们，今天几架飞机在阵地上飞了半天不是夹着尾巴回去了么？飞机也不能奈何我们，我们还怕什么人！

英勇的指挥员、政治人员、步枪手、机枪手、炮手以及一切英雄模范们，我们号召大家白天更好地隐蔽休息，严密监视敌人，等到黄昏前后，把我们的部队组织得更好，火力配备得更好，互相紧密联系，协同动作，听到冲锋号一响，就要不顾一切，排除万难，把剩余的敌人，干净、彻底、完全地消灭掉！特别是八团的同志们，我们号召你们再努一把力，争取最后光荣的胜利！

陶勇的动员令很快由油印员印出来，发到全师。

当日黄昏，第二次攻击开始。这次改变了打法，第八团仍从东面攻击，第九团第一营攻击南面，而以第七团在西北面担任主攻。战斗开始后，敌人仍在东面扭住第八团，而西北方面，敌人认为那里河沟环流，地势起伏，又是侧后方，所以只设置了两道铁丝网，结果被第七团二营一举突破。

战斗开始的时候，陶勇命令把一师最好的炮兵连调上来。

“炮兵能不能再近一点？”陶勇问炮兵连长。

“报告首长，可以推到离敌人阵地一百米开炮。”

“有把握吗？”

“有！”炮兵连长一挺胸，信心很足。

战斗打响了，果然，敌人把主要精力放到了八团进攻的方向，七团一下子冲了进去。敌人马上调兵去堵七团冲开的口子，八团趁机发起了攻击。

炮兵连长亲自操炮，对准敌人城墙高处的三个大碉堡，一连几发炮弹，直接命中了目标，三个大碉堡倒塌下来……步兵一下子冲了进去……十分钟之后，已经打到了街中心。

师指挥所里热闹起来，电话铃声不断，各团的捷报纷纷传来：“第八团正向街心发展”，“第七团拿下了河边的大碉堡，突过河南……”

师里的领导互相交换着喜悦的眼神，不时愉快地评论一下：“天亮以前，敌人这个团就可以报销了。”“这一仗，敌人是输定了！”

“陶副师长指挥，哪还能不胜？”

不久，枪声停了。当启明星高高挂在天空时，电话里传来了最后一个消息：全歼了宣家堡的敌人，钟雄飞也被抓获。为了防止意外，战士把他的双手反捆。谁也没想到，钟大团长竟趴在地上痛哭流涕起来。

同时，第六师也将泰兴城的敌军大部消灭。敌人进攻苏中的第一仗就碰了钉子，国民党军的嫡系第十九旅被大部歼灭了。

听着敌台指挥

坐镇南京的蒋介石对于发生在自己眼皮底下的战斗甚为关切。宣泰战役结束后，他召李默庵到南京报告战况。李默庵当然不敢直说，他便正话反说：共军狂妄蠢动，正好暴露了他们的主力，国军正对宣泰共军全面围攻。

一师虽然冷不防攻击敌军阵地得手，歼敌 3000 多人，使李默庵吃了不大不小的一个亏，但是，对于拥有 12 万大军的李默庵来说，这点损失并未伤到他的筋骨。他自恃兵力雄厚，向苏中共产党部队进攻的势头更加猛烈。

宣家堡的硝烟还未散尽，陶勇正和支前的担架、独轮车、小船上的翻身农民谈论着土改的事，通讯员跑来，气喘吁吁地说：“华野首长来了急电，副政委请首长快回去！”

“急电？”

“是的。看样子副政委挺急。”

“一定有新情况！”陶勇想着，急忙往师部赶。一进门，王集成就把一份电报递给他。原来，李默庵接下来连续走了两步棋：第一步是发觉华野主力在泰兴、宣家堡一线，即令整编第六十五师的第一六〇、第一八七旅及第六十九师的第九十九旅，于15日过江增援，北犯黄桥；第二步命令白蒲的第四十九师也于同时北攻林梓，企图兵分两路，乘隙占我如皋城。泰州的敌整编第二十五、整编第八十三师各以一部东犯，配合进攻。这样，多路夹击我华野主力于如（皋）黄（桥）、（南）通如（皋）公路和长江之间的三角地区。

粟裕判断：进攻如皋的敌人正处于运动中，毫无工事可依托；敌第四十九师是杂牌军，算得上弱敌；敌兵分两路，便于各个歼灭；加上敌军以为华野主力距离如皋有100多里，麻痹大意，正是可乘之机。所以对于李默庵的两手，粟裕只还了一手，命令部队不洗征尘，飞跑疾进70多公里，奔袭敌整编四十九师。

事不宜迟，部队吃过晚饭，立即出发。

为了争取时间，陶勇在行军途中就把旅的负责人找来，边走，边谈，在马背上开了作战会议。

行着军，开着会，从师到旅，从团到营，直到每一个战士，不怕疲劳、连续作战的思想深入人心。所以后来人们说起陶勇的部队，有“打得、饿得、跑得”的“三得”作风。这个“三得”不怎么合乎语法，外人听起来也有点不得要领，但在这支部队里，大家都认为这个概括简明扼要，内涵丰富。意思就是什么样的敌人都能打；几天不吃饭，怎么饥饿也能打；为了消灭敌人，跑多少路也能打！其实这也就是陶勇的作风。你看，战士们已经不是在走，而是半走半跑。但许多人的体力已严重透支，他们很难抵挡住连日来的疲劳，有人连跑着竟打起瞌睡来。有的一头撞在了前边人的枪口上，脑袋上即刻暴出一个大疙瘩。前面不时传来“跟上”“不准掉队”的口令。快接近目的地时，刺刀出鞘，子弹上膛，手榴弹也揭去了盖子……

整整走了一夜，天刚亮的时候，就看到公路上烟尘滚滚，敌人的汽车正拖着山炮，从南边开过来，走在最前面的正是敌四十九师的炮兵营。

“命令二团，先把眼前这个炮兵营收了，要照单全收，不能跑了一门炮！”陶勇下了命令。

“是！”二团团长一溜小跑去指挥部队了。

二团冲上了公路，敌人的炮兵营顿时乱成一团，车和炮全撞到了一块，敌人全钻到了车炮底下，怎么喊也不出来。

敌炮兵营长也当了俘虏。二团的一名小战士指着他说：“你是怎么指挥的，把炮都撞坏了，你负得了责吗？”

“兄弟无能，兄弟无能！”敌炮兵营长连连点头。

随后，敌炮兵营长被押到了师部。

“你们炮兵营的任务是什么？”陶勇上下打量着敌营长问。

“长官，卑职的任务是炮击如皋城。”

“整编四十九师的任务呢？”

“长官，任务是占领如皋。”

陶勇正在审问敌营长，司令部的一位参谋跑了进来：“副师长，我们刚刚缴获了敌人一部电台。敌人正在通话。”

“是吗？”大伙一下子围了过来。

“二十六旅，命令你们朝东边靠拢……”

“这是谁在下命令？”陶勇问敌营长。

“报告长官，这就是整编四十九师王师长。”敌营长说。

“怪不得口气这么大啊！”陶勇话音没有落，屋里的人全都笑了起来。

这时，敌军王铁汉师长在电台里又下命令道：“七十九旅快一点靠过来，向师部靠拢……”

陶勇风趣地笑了：“那我们就不客气了，王师长，你指挥你的，我指挥我的了！”一师根据王铁汉在电台里下的命令，很快调整了部队。

敌人像一根甘蔗，横卧在如皋东南二十余里的鬼头街一带。

七团是陶勇的主力。七团三营营长是陶勇熟悉的秦镜。他已经爬上一座独立农舍的屋顶，用望远镜四处观察。

苏中平原，一马平川，河港交叉，农舍点点，每个村落都有几棵浓荫大树和丛丛翠竹掩映着。所谓鬼头街，其实算不上什么集镇，而是只有十几户人家的小村落。它坐落在西至如皋、南去海边诸镇的三岔河汊，地位十分重要。王铁汉把他的指挥所设在公路旁的八九户人家的小村田肚里，督师进攻如皋城。敌人利用犬牙交错的河汊、星罗棋布的村庄，构筑了野战工事，组织成交叉的火网。别看它是个师部，却拥有特务营、通讯营、山炮营等装备精良的作战部队，拱卫着王铁汉的指挥所和二十六旅旅部。

因为拥有了这些武器，又训练过，狂妄的王铁汉悠闲地对部下说："拿下如城，不过是个时间问题。"而正在他以常人的想象，估摸共军还在百里之外时，他的一万多人马早已落入包围圈。那时天还没亮，王铁汉还在马背上摇摇晃晃睡得正香，呼噜打得比平时还响。马腿一别，把他颠醒了，他急令参谋看地图："我们现在到了哪里？"

"到了鬼头街一带。"

王铁汉："鬼头街！我们可真遇上鬼了！"

秦镜观察了一阵敌情，心里踏实多了。昨晚那一夜急行军没白跑，华野和一师首长决心下得好。

秦镜跳下屋顶，对七连连长任贵云说："七连睡觉，让你们睡足！"

秦镜自己却不睡。他派小股部队进行试探性的攻击，但啃不动，敌人的火力相当猛烈。秦镜继续登屋观察。此时，骄阳已减弱了它的炎热的威势，快要沉落到西边的地平线了。而枪炮声并没有丝毫减弱，敌机还在低空盘旋，轰炸扫射。葱绿的原野上，到处扬起浓浓的炮弹爆炸烟柱，有的房屋冒着大火和浓烟。

从望远镜的光圈里，秦镜发现鬼头街南面的公路上人影绰绰，敌人在蠕动。他的心里一动，这一细微的发现，激发了他的一个灵感：敌人是想逃跑，截住它！

他叫来任贵云，命令道："你赶快把部队带上去，从右翼往上打！"

秦镜当时还没有足够的把握，又补充说："你打打看，看看打得动打不动，如果打不动，你就别硬拼。"

七连是红军时代就已成名的连队，无论攻坚、防御、野战、村战，它都擅长，堪称"小老虎"。该连经过一天的枕枪休息，战士们的精力得到了恢复，而且眼看八连、九连打了一天，他们正憋得慌，看人打仗很不是滋味。所以当任贵云一声令下，那一百多健儿如猛虎下山，从营的右翼阵地冲杀出来。秦镜举起望远镜看着七连的攻击情况。当七连在营的重机枪连的火力掩护下，接近了敌人的野战阵地时，立即以排子手榴弹开路，猛烈的手榴弹爆炸终于把敌人阵地撼动了。秦镜大喜，赶快命令号兵："吹冲锋号，全营出动！"说着，他一弓身跳下房顶，持枪随部队前进。一时间，激越的号声震荡在原野，全营五百多官兵如潮水一般汹涌向前，直冲鬼头街。

真是心有灵犀。三营发起攻击时，并没有得到团部的命令，也未和左翼的二营王守志营长取得联系，完全是自发行动。没想到，在三营发起攻击时，二营也发起了攻击，在二营北边的一营营长俞德信也吹响了冲锋号。这三个营几乎同时动手，等到三个营全部出击和敌人展开短兵相接时，团长林长克也派来了通讯员，把总攻的命令传到了。

这伙敌人训练有素，又仗着武器好，不但顽强抵抗，而且有时还组织反扑，战斗打得十分激烈。

与此同时，陶勇的第一师第三旅第九团、第一旅第三团，也顺着鬼头街、高家庵一段一段地啃过去。

"鬼头街，鬼头街！我们可真遇上鬼了！"王铁汉气急败坏地说，"共军主力不是在宣家堡、泰兴吗？怎么一下子飞到了鬼头街？活见鬼！活见鬼！"

更使王铁汉感到见鬼的是：共军好像钻进了他的肚子，把他的五脏六腑全看透了，炮弹跟着他的部队跑。

王铁汉电告李默庵，寻求增援。李默庵在电话中说："铁汉兄，你先坚持一天一夜，后天援军就到，你一定要顶住共军！"

王铁汉放下电话就骂："李默庵，你他妈的见死不救，等老子打完这仗，咱们一块面见总座！"

下午，王铁汉准备率部向南逃窜。狡猾的他在突围前先向一师阵地赶来了一群骡马。他大概以为新四军一见骡马就会纷纷去抓，那样，他就可以乘机突围。没想到一师并不上当。王铁汉刚刚放过骡马，一师七团和三团就向他率领的国民党军队发起了攻击。。

黄昏不知不觉来临了。陶勇以主力第七团直捣敌师部驻地田肚里，迫使敌人收缩兵力。首先攻入田肚里敌师部的是七团三营。王铁汉拼命呼叫左路的第七十九旅靠拢。可是，这个第七十九旅已经被华野第六师吃得差不多了。

第二天下午，敌人开始溃逃，最终被华野聚歼于野外。敌第四十九师师部和一个半旅被消灭，仅七团就抓了2200多个俘虏，王铁汉也在其中。只是这个家伙早有准备，穿了一身士兵服，躲闪在师部的杂兵中，加之天已全黑，还没来得及清点俘虏，他已化装成伙夫躲进茅房，趁机溜走了。

李堡战役

如皋战役以后，一师在三仓河一带休整。这是黄海边上一个小镇，抗战时期苏中军区领导机关的常驻地点之一，群众基础很好。此时土改已接近尾声，到处是一片轰轰烈烈的景象：翻身农民烧地契，发土地证，插地标，吃胜利酒，组织参军、支前……

然而就在这段看来平静的日子里，战局却在急剧的变化。

在南京总指挥部，国民党军参谋总长陈诚召开了党政军联席会议，他发言说："占住海安，就可保住与南通的联系，再保住如皋、海门，为歼灭粟裕打基础。"

蒋介石静静地听着部下们发言、争论，自己只是说了句："对，海安是苏中的要点，告诉韩德勤，要他格外小心。"

这是汤恩伯的防地，所以他及时地表达决心说："是，请委员长放心。"

再说丢掉两个半旅的败将王铁汉，逃回宋家桥，一直抬不起头，心里窝火，委屈又无处说，听说要打海安，忙给汤恩伯打电话，请缨再战，以雪前战之耻辱。

粟裕得知汤恩伯集中6个旅打海安，既喜又忧。他知道这是送到嘴边的一块肥肉，但因兵力过多，很难一口嚼碎，弄不好还会撑破肚皮，所以不敢贸然行事。想了一阵，便日夜兼程，赶往淮安。从海安到淮安有150公里之遥，而且还要经过泥泞的水网地区。大部分时间只能骑马。朝前坐着骑累了就背转身，倒骑着行走。这是粟裕一种独特的骑马方式。有时他用这种方式和干部们开会，别人正骑，他倒骑，以便和大家面对面……经过一个昼夜，他到达了华中局所在地淮安。常委们立即开会，讨论粟裕的方案。意见比较一致，最后决定先避其锋芒，主动撤离，寻机再战。

当陶勇传达华野首长关于撤离的命令时，许多人想不通，说："我军已经打了两个大胜仗，为什么不在海安同敌人决战？"

还有人说："上级不是说过我们不要轻易放弃要地吗？我们如果放弃海安，前两仗不是白打了吗？"

陶勇同他们解释："上级要求我们不轻易放弃要地，但更要求我们保持有生力量，以掌握战争的主动权。现在敌人以六个旅的兵力集中在狭小正面，向我海安进攻，如我固守海安，在海安与敌决战，正中了敌人的毒计。敌人有强大的第二梯队，我军与之决战，势必付出很大的代价。战胜了，敌人仍可继续调集兵力，对我军保持进攻态势；战斗如不顺利，势必仍要撤出来，那就被动了……如若以小部队实施防御，给敌人以重大杀伤，而后撤出海安，使敌人误以为我军是被迫放弃战略要地，他们必然骄兵前进，把十余万人马分散开来，就造成有利于我歼敌的战机。我们要服从这个全局，按照上级的意图行动。"

这个意思不难让人理解。

一师撤出了如皋，和六师一起在海安东北地区休整补充，第七纵队管文蔚率部在海安外围作战。8月3日，七纵也撤出了海安。

七纵撤出海安后，敌整编六十五师、第一〇五旅、新七旅争先拥进海安，争功请赏的电报纷至李默庵、陈诚处。他们的第一绥靖区长官得到的情报是：苏北共军盐城一战，死伤人数三万余，大势已去。

8月6日，敌整编六十五师及一〇五旅由海安东进。

至此，敌在西起扬州，东至李堡三百里的正面上，摆开了一条长蛇阵，长蛇阵的尾是李堡。这个镇子北南无靠，翼侧暴露，孤零零放着一〇五旅旅部及三一四团。陶勇盯上了这块地方，粟裕也觉得这块肥肉好啃。

8月10日，一师接到行动命令。正是盛夏，炎热的太阳像一团火球，烤得大地又闷又热。部队顶着火辣辣的太阳，从三仓河出发，避开大路走小路，一连蹚过几十道河沟，急行几十里。战士们一个个汗流浃背，额头上的汗珠顺着面颊往下淌，衣服早已湿透。可谁也顾不上这些。正当部队大踏步前进的时候，突然接到上级停止前进、原地待命的命令。

原来敌情发生了变化。也就在这天，敌人换防——新一旅副旅长田从云率第十九团来接防，由于交接未妥，原来的第一〇五旅第三一五团移驻东面二里的杨家庄。

敌军交接之际，正是攻击的最好时机。

陶勇马上召集其他师的领导来到路旁的一棵大树下，对这一情况进行了周密细致的研究。他划着一根火柴，点燃了纸烟，悠悠地抽了几口，凝神沉思了一阵后，果断地说："敌兵力虽说增加了一倍，但换防之际必然混乱，而疏于防范；要走的已交卸守备责任必无斗志，刚来的又不熟悉情况，难于坚守。这正是我军发动攻击的大好时机。"

周围的同志都同意他的这一分析。于是陶勇立即将自己的决定上报，经过批准，向部队下达了按原计划歼灭李堡敌军的命令。

部队急行军五十多里后，傍晚进入李堡外围。

晚8时整，一师以一部钳制杨家庄的敌人，集中主力围攻李堡镇。敌人虽然构筑了一般土木工事，但接防部队刚到，摸不清情况，连工事的位置也弄不清；要走的敌人把电话线收了，接防的连电话都未架起来，正是猝不及防。参战部队每个人的左臂上都扎着白毛巾，快步向敌人的巢穴冲去。一夜之间，敌多被歼灭。次日拂晓，一师又集中兵力攻打杨家庄。敌第三一五团眼见孤立无援，大部缴枪投降，溃逃的也被消灭在野外。

华野第六师和第七纵队原是在西面打援的，当天，敌第七旅旅长率第二十一团从海安东开接防，落入我军预设的口袋，也全部被歼。

战斗结束后，在俘虏中查出了敌副旅长田从云。这是一师抓到的又一个国民党军将军。陶勇说："物以稀为贵，找来谈谈。"

人带来了。这位少将，头发花白，一口云南腔，嗫嗫嚅嚅，有些拘束。陶勇让人弄饭给他吃。吃完饭，话才慢慢多起来。

"你们怎么一下把兵力拉得这么散？"陶勇问。

"海安打得正热闹，贵军一下子不见了，谁知你们到哪里去了！各部向上报，消灭贵军多少多少，算起来总有两三万。上面说：'苏中共军已经一败涂地，主力第一师、第六师下海北逃'，忙着要我们占地方，说是'巩固收复区'。地方这么大，兵就这么多，一撒开可不就散了！"

"我们这次过来难道你们一点也没有觉察？"

"情报失灵嘛……"

陶勇大笑，又问："你们占李堡也有几天了，怎么这样乱？"

"唉，国军嘛！"田从云颇为感慨地说，"还不总是杂牌军打头阵。广东军第六十五师打过李堡走了，交给东北军第四十九师；接着我们第七旅划给第四十九师指挥，师部就赶快把自己的第一〇五旅往海安抽，叫我们四川军在外面挡头阵。调来调去，乱七八糟。"

陶勇又开心地笑了好一阵子，道：国民党如此调兵，岂有不败之理？

最后形成十三打三

李堡一战，使苏中战局发生新的变化。国民党军在连遭打击之下调整了战略部署，把重点放在扼守南通、丁堰、如皋、海安一线的公路干线，加强海安、泰州之线以南的"清剿"和海如泰之间的防御，以求确保其占领区。同时，积极准备以其整编第二十五师由扬州、仙女庙地区乘虚北攻邵伯、高邮，威胁两淮。

粟裕获悉蒋介石将于 8 月 25 日在庐山开会，便准备进攻南通，想以此吸引如皋、海安之敌南下增援，歼灭它一两个旅，算是给蒋介石送份礼。19日，他电报请示中央军委。次日毛泽东拟电称：同意你们南下作战，但不必强攻城市……在攻占通如线后，敌人也有固守原地，不敢南下的可能。在敌人不敢增援的情况下，可以西进如（皋）黄（桥）公路，相机进占黄桥，来调动或逼退海安之敌，在运动中歼灭之。

粟裕经过认真考虑，并征求了谭震林、张鼎丞、邓子恢的意见，认为当时进攻南通条件不成熟。当即以黄桥为进攻方向，缩小进攻正面，不攻白蒲，从丁堰、林梓打开缺口，钻到敌人肚子里去。估计敌人必将调兵回援，那时则可于运动中歼灭之。

8月20日晚，粟裕、谭震林率主力第一师、第六师、第五旅、特务团向南开进，插入敌人侧后。这“敌后”实际上是老根据地，老马熟路，军民都习以为常。16个团3万多人夜行军，连家犬惊吠之声也难听到，敌人当然更无从知晓。

第一师奉命攻丁堰。

丁堰镇驻有交通警察总队的4个大队1500余人，这是属于国民党的特务武装。敌人就用这支武装配合地主还乡团，蹂躏苏中人民。

21日晚，陶勇以第七、第八团同时从东北、西北突破敌防御阵地，在民兵的配合下，激战一夜，全歼了守敌。这次战斗，解救了很多被捕的地方干部、民兵和土改积极分子，缴获了大批军火物资。在缴获品中竟有几房子的脚镣手铐，数不清有多少副，墙上挂的，地上堆的，全都是崭新崭新的，放着寒光，上面镌着的USA字样清晰可见，陶勇很是感慨。

歼灭了特务匪徒，打开了进攻敌后的缺口，又威胁了如皋城。李默庵不愧为黄埔的高才生，他没有慌张，而是一面增兵如皋，一面命令早就布置在西边的敌第二十五师猛攻邵伯。他的如意算盘是：共军主力远在如皋东南，若北绕东台、兴化过去救援，很需时日；而他们却可以在打开邵伯后，溯流而上，占领高邮，直叩华中首府淮阴。这样，他们既救了东头，又捡了西头，东西呼应，一举两得。

情况有变，野司决定部队立即西进攻击敌人的后方泰州。

任务交了下来，陶勇立即把侦察科长找来，交代他：“你马上出发，向西，一直穿过如黄公路到泰州去。沿途除侦察敌情外，发现有不好过的河流，要布置架桥，我们大部队马上要进去。”

侦察科长很是奇怪：“我们不是去救邵伯吗？怎么不朝北去，反而插到敌后去？”

看来，他还没有领会上级的意图。陶勇解释说：“现在朝北绕圈子，还来得及呀？我们也是去救邵伯，而且是走近路。”

王集成补充说：“泰州是敌第二十五师黄百韬的后方要地。黄百韬倾巢犯邵伯，泰州很空虚。我们这么一插，若拿下泰州，黄百韬就陷于前后受敌、进退两难的地步；他必然回兵救泰州，不光解了邵伯之围，更主要的，又可造成在运动中歼敌的良好战机。”

丁堰、林梓战后的当天——陶勇和王集成也出发了。第六师、第五旅和第一师分为南北两路齐头西进。

正当先头一个营穿过如黄公路，突然后面有人呼叫：“停止前进！”

一问，是野司获得可靠情报：敌人从黄桥调第九十九旅沿如黄路向东，增强如皋防务；如皋城里派出了一个团沿如黄路南下接应。计算时间，恰好与我们相撞。送上门的“礼”，哪能不收！于是野司当机立断，紧急命令部队就地停止，歼灭这股敌人。

陶勇、王集成和其他人研究了命令，觉得野司这一决定实在英明。表面上看，这一仗似乎可以不打。因为一来敌军增援如皋是李默庵的一着空棋，无足轻重，可以置之不理；二来为了策应邵伯而攻泰州，事在紧急，也应该避开途中之敌，以免延误，况且敌后作战，也需慎重。

陶勇吧嗒着香烟：“野司现在决定打这一仗，应该棋看三着：如黄路上敌第九十九旅就像‘掌中之蛹’，一击就毙；这里一打，又可调动敌人，再歼来援之敌；敌人东线一乱，黄百韬怕他老巢被捣，围攻邵伯也会动摇。老王，你看呢？”

王集成也说：“一举而得三着！敌变我变，真是个机动的、大胆的决定。”

这天午后，第六师就在西面分界地区同敌第九十九旅打上了。不久，一师第三旅也在东面加力地区与如皋出来的敌人遭遇。

遭遇战是最不好打的，情况很乱。第一旅没赶到，只能由第三旅顶住打。陶勇同第三旅彭德清旅长赶到最前面的第七团第一营。敌人不明虚实，还想闯过去，到处开枪放炮，一直打到第一营营部门口，机枪子弹打得陶勇、彭德清抬不起头来。幸好，第五旅来得快，一下插到敌军与如皋城之间，截住了敌人的退路。第一旅也赶到了。但是敌人仍是顽抗，而且不断反扑。

激战至黄昏，陶勇正准备把一旅投入总攻，突然接到野司的命令，叫第一旅赶快到南面分界地区，配合第六师围歼敌军九十九旅。野司领导在电话里说："你们那边敌人是三个多团，如皋还有两个团，你们和第五旅共九个团。九比五,一下子还不能解决战斗。不如干脆把第一旅加到第六师那边，来个'雷公打豆腐'，先打掉南面的，再集中力量消灭北边的。"

在打仗方面，陶勇从来都不本位，大局意识很强，他没有怨言。第二天中午，第六师和野司特务团等七个团猛攻第九十九旅，压得敌人想向东突围。正好第一旅赶到，迎头痛击，又把敌人压回去。下午1时，敌第九十九旅被全歼于芦家庄地区。

北面战斗也很激烈。如皋敌人两个团也出援了。第五旅两面受敌，但仍坚持着把这两个团打了回去。夜晚，第六师第十八旅、第一旅、野司特务团都过来投入战斗，形成了十三打三的绝对优势。敌人感到不妙，拂晓前，企图分散突围，被新四军赶到谢家甸一带全歼了。

这一个半月，苏中连续七战，消灭了敌人6个旅、5个交警大队，全计5万多人，占李默庵进攻兵力的40%。此外，敌人还送来了大批武器弹药和兵员。陶勇的第一师原来近万人，武器杂得很，现在变成了1.5万人的美机械化师了。

第五章 再创战争奇迹

“有我陶勇在此，看谁敢往后跑！”

一师在盐城东郊歼敌2000多人的当天，传来了宿北战役的喜讯：华野一部和山野主力经四天激战，歼敌4个旅2个团共2万余人，击毙敌六十九师中将师长戴之奇。

此时，敌整编八十三师退至刘庄固守。

陶勇决心趁敌人惊魂未定，攻打刘庄，并通知营以上的指挥员前往刘庄外围察看地形。可是粟裕副司令的急电飞至：“涟水告急，昼夜兼程，赴涟水参战。”

一师立即放弃拿下刘庄的计划，旋即随主力北上。当第一师部队押着数百名这次战斗中抓来的俘虏军官，途经盐城时，人们夹道欢迎。然而，当他们分秒必争地赶至益林镇时，涟水城失守的消息，随着寒冷的北风飘过来了。

“敌七十四师攻占涟水后，必大举北犯，再占我沭阳。”陶勇盯着地图说。

形势陡然变得严峻起来。由于涟水的失守，华中根据地通往山东的通道，只剩下沭阳至新安镇的一条公路干线。

一师随即迅速北上，开辟鲁南战场。

1946年12月16日，守城将士哭着撤离了坚守13天的涟水城。

毛泽东不无担心，但并不惧怕。他在考虑下一步，于是致电陈毅：……涟水暂失，不足为患，望另选战场给敌人以重击。

1947年元旦，天气异常寒冷，即便是不算太冷的山东，也是哈气成冰。呼啸的北风在空旷的原野游荡，将满地的落叶枯枝卷上天空。

在敌二十六师师部门前，两个卫兵挺胸肃立。师部餐厅里，师长马励武正和他的将官们举杯交盏，他的笑声依然是那样骄横：“弟兄们，干杯！捉住了陈毅我们再来喝庆功酒！”

会餐之后，喝得醉醺醺的马励武又命令副官召集附近村庄的老乡，开“军民联欢大会”。被兰陵酒灌得昏了头的马励武，已忘了这些庄子上的人早已逃光，留下的只是些耳聋眼瞎的看家老人和几个地主分子。副官和传令兵们跑断了腿，才硬赶来了几个人，附近的国民党部队也被召集来，于是就在村子广场上，举行了预祝胜利的“军民联欢大会”。

开完了联欢会，马励武把作战参谋马虎叫至面前，详细询问过战况，迅速作出了近两天不可能有战斗的结论，之后他又把副师长曹玉珩和参谋长郑辅增叫至密室，将指挥权交托二人。二人听后，大惊，如此大事，他们二人如何担当得起？马励武安慰道：“两位仁兄！请放心，如有差错，我马某一个人承担，我去委座那里负命请罪。”

曹玉珩和郑辅增不敢抗命。马励武是他们的上司不说，最关键的是马励武与蒋介石的师生关系非同一般。

两人脸上无形中都流露出为难。马励武见状，心里有些不快，但脸上仍挂着笑容。他走到两人中间，双手拍了拍他们的肩膀说：“这样吧，我给军长李玉堂打个电话，他同意了我就去，他不同意我就不去，这行了吧？”

曹、郑二人无奈地点了点头。他们都知道李玉堂不会不同意，这是马励武走走形式而已。

果然，电话中一说，李玉堂同意了他的请求。

马励武向两位副手打了打手势，跳上吉普车，他要到峄县去过年。

第二天，也就是1月2日，陈毅得悉敌二十六师师长马励武到峄县过快活年去了的消息后，对粟裕说：“蒋介石派军队侵占我解放区，搞得老百姓流离失所，苦不堪言。现在倒好，马励武要去过年，老子偏不让他过，你看怎样？”

"乘敌不备，攻则必胜嘛！" 粟裕会心地笑着答道。

就在当晚，左、右两路大军分别从南面和北面向敌人发起攻击。

第一师战斗刚发起时进展较为顺利，不久三旅七团在攻占吴家庄时两度受挫。时任三旅旅长彭德清回忆说：

> 天快黑时，我返回旅部，看到一份师里送来的情况通报和命令。大意是：一旅已攻占兰陵。右纵队和一纵夺得敌人全部警戒阵地后，正向二十六师师部及其两个旅逼近。命令我旅即刻出动，配合一纵攻击吴家庄。
>
> 部队开始行动后，天阴沉起来。两个多小时过去了，分别向作宇沟、秋湖挺进的八团和九团还没有消息。攻击吴家庄的七团，正遭到敌人拼命抗击、反冲。
>
> 电话突然中断了。任凭电话员怎么摇铃、呼叫，都没有一点回音。炮声响成一片。我和任政委正着急，去前沿的通讯员跑回来气喘吁吁地报告：
>
> "坦克……部队正和坦……在开阔地上……"
>
> "我去了，政委，这里由你负责。"
>
> 不等通讯员说完，我向政委说了一声，即奔出旅指挥部，跑向七团指挥所。
>
> 敌人的坦克、榴弹炮拼命轰击着。一片浓烟烈火把天空低沉的乌云都映红了，好多辆坦克在村外的开阔地上来回旋驶，冷气逼人的车灯，不停地向我攻击部队探照。

吴家庄的敌人是团部加一个营。庄外的工事外层有特别厚的树头排列起来的鹿砦障碍物，中间有滚筒式的铁丝网，内层又是一道鹿砦，在这两道副防御工事中间的地上铺满了麦秸草，再后是外壕、交通沟、掩体和房子墙壁上的枪眼。

七团一时摸不准敌人的脾性，又不会爆破，而北方的民房多采用石块砌成，坚固异常，加之采用的又是传统打法，结果开战失利。

团部立即决定，暂停攻击，各营军政干部来董家庄团部商量下一步的攻击。正当他们准备研究怎么个打法时，庄子里落下了几发炮弹，敌人在炮击七团指挥所。顷刻间庄中大乱，人声嘈杂。“坦克来了！”人们喊着，只见五辆坦克开着耀眼的大灯，一道道白光让人睁不开眼。那轰轰隆隆的引擎声，震得大地颤抖。从坦克炮塔上射出的子弹，都是一大长溜红绿火球的曳光弹。坦克在攻击部队中碾来碾去，横冲直撞，似乎要把战士们碾成肉酱。在这极其严峻的时候，七团的勇士们就利用坟包和敌坦克打转转，像小孩捉迷藏一样和坦克周旋。但是，七团的勇士们第一次面对这样的铁家伙，一些班、排长和战士一时惊慌失措，慌忙往回跑。

得知部队攻击受挫，从师部赶来的陶勇出现在路口，见战士们往回跑，他往路边的一个大石礅上一坐，大叫一声：“有我陶勇在此，看谁敢往后跑！”

战士们被副师长的举动惊呆了，在一秒钟的犹豫之后，掉过头又朝坦克驶来的方向冲。跟在后面的参谋和警卫员怕陶勇出意外，都围在他的身边，想用自己的身体挡住子弹。

陶勇眼里冒火，又叫了起来：“闪开！你们挡住了我的视线，我还怎么指挥？”

几个团领导也仿效陶勇的办法，手提短枪，奔向部队，喝令退却下来的人站住，回去。于是他们又掉头冲入阵地，与敌厮杀起来。军心终于稳住了。

天亮之后，吴家庄的敌人向东北方向逃跑了。七团立即发起攻击，占领吴家庄。七团指战员们看到敌人的鹿砦内外，许多战友的尸体躺在鹿砦上和铁丝网上，尤其是火烧过的地方，断臂缺腿的人，被大火一烧实在惨不忍睹。七团的领导担心将士们看到牺牲的战友成这样子受不了，于是传令：“凡是七团的战士一律不准看！”

下这命令时，团长、政委包括参谋长等人心里都在流血，他们的牙齿咬得咯咯响。

牺牲的正好是 108 个勇士。

而敌人——那个逍遥的马师长，此时正在戏楼里观看《风波亭》。他坐在包厢里，一面饮茶，一面和陪他的舞女闲聊。

这时，他的副官纪朝声来到他的身边，贴着他的耳朵悄声说："师座，李军长来电话说，前线打起来了。整编二十六师和快一纵腹背受敌，让你快些回部队。"

"电话挂了吗？"马励武浑身发毛，腾的从座位上站起。

纪朝声胆怯地答道："没有，李军长还在等你接电话呢。"

马励武急忙从座位内走出，然后径直朝门口走去。

等他握住电话，大叫"喂喂喂"的时候，电话里空无回音。

电话线已被炮火炸断了。

攻城受阻

一师一部配合兄弟部队经过一天一夜的战斗，将敌第一快速纵队的坦克团及部分步兵歼灭。这是新四军进入鲁南以来，取得的第一个胜仗。战斗结束后，陈毅、粟裕决定乘胜扩大战果，攻歼孤立无援的枣庄、峄县之敌，以夺取鲁南战役的全胜。4日下午5时许，昏黄的太阳已经快要落山了，斜阳中走来了两个骑着大红马的首长。站在一师三旅三团指挥所门前广场上的康林团长和章政委一下就认出是陶勇副师长和梅嘉生参谋长。他们敬礼后，两位首长下马和他们一一握手。

陶勇问："你们团这一仗打得很好，收获不小！"

康林说："算完成任务，仗打得好，是陶司令（许多部下仍习惯这样称呼他）指挥有方。"

陶勇一笑："我一个光杆司令顶什么用？还是大家的英勇奋战、不怕牺牲所取得的结果。"

康林又说："坦克车这个玩意儿没有打过，开始有点害怕，不知道怎么个打法好。战士们是靠勇敢、顽强、不怕牺牲把敌人坦克车打掉的。也算我们走运，老天爷帮忙，正好我们攻击时下了一场大雨，使敌人坦克行动不便，有利于我团的进攻。"

陶勇指出："你们不也学会了打敌坦克车的本事吗？要在战场上学会打坦克嘛。"

"我们是第一次打敌人坦克和步兵配合的仗。没有经验，瞎打一通。"

陶勇要他们好好总结经验，打一仗进一步。临走时布置：你们团下一步的任务可能是攻打枣庄，消灭国民党整编第五十一师。他特别强调："你们三团要准备好连续作战，并准备打硬仗，对有坚固设防的要地进行攻坚战。"

枣庄地处沂蒙山南端，位于徐州的东北，临沂以西，台儿庄以南，是徐州的门户和军事屏障。新四军军部就设在临沂，战略地位十分重要。另外，众人皆知枣庄又是个能源之地，煤炭蕴藏量相当丰富，在经济地位上也不寻常。枣庄本身是座古镇，圩墙高达一丈三四，宽一丈有余，全部为砖石结构，异常坚固。敌人为加强防御，确保枣庄安全，除将日军构筑的大量永久工事和坑道加以利用外，又新建起了大批的集团群堡，增设了电网、堑壕等多种障碍，形成了内外围核心阵地紧密结合的坚固设防。守敌整编第五十一师师长周毓英吹嘘枣庄防守"固若金汤"。

1月8日，一师接到进攻枣庄的命令后，立即冒着大雪，向作战区域疾进。

11日上午8时，进攻枣庄的外围战打响了。经过一天的激烈争夺，三团先后占领了面粉厂、工人宿舍、鞠仁医院、中心小学等城西外围敌人的据点，进攻部队直抵枣庄城脚下。至此，一旅的二团、三团和三旅一起，肃清了枣庄外围之敌，完成了对枣庄的合围。

陶勇即将师指挥所移至枣庄西南的贾汪煤矿。这里的厂房，大多已被敌人炮火轰塌了，只有一个高大的烟囱依然呆竖着。但有的矿井地下室还是完好的，看上去还很坚固，这里就成了临时作战指挥所。陶勇站在作战地图面前，嘴里含着烟卷，目不转睛地注视着敌我态势图，想找出敌防御阵地的薄弱环节，以利于一师在发起进攻后能顺利地一举突破敌纵深防御。此刻夜已深，前沿阵地枪炮声不断，枣庄城内火光闪闪。

为缓解一下部队的疲劳，保证连续作战的能力，1月12日，部队就地进行了一天的短暂休整后，便开始加紧进行攻城准备。三团团长和政委研究了方案之后，便把团营干部召集在一起，开作战会议，部署下一步的动作要领。与此同时，组织全团排以上干部进行现地勘察，熟悉地形，了解掌握敌情。他们团的作战方案是：第一、第二营实施突击攻城，第三营为团的预备队。

13日晚9时许，第一营奉命发起攻击。攻击开头发展顺利，部队很快就爬上了城墙。但是敌人凭借坚固的工事，集中火力压制冲击部队，整个火力配系形成一道密集的火网，战士们冒着弹雨向前冲击，均未获得成功，部队伤亡很大。从当时敌我情况看，照此硬攻，很难奏效，只能招致部队更大的伤亡。因此，康林立即向旅部建议，部队临时停止进攻，改变战法，整顿秩序再攻击。

张震东旅长、卢胜政委把他的建议向陶勇报告了。陶勇立即来电话了解三团的作战情况，听得出，他对停止进攻很不满意，他问："康林同志，为什么要停止攻击？"

康林报告："枣庄，城墙高大且宽，难以攻破，要另设法改变攻击手段。要使用炸药包，采取爆破来突破敌人守住的城墙，只要能把城墙炸开一个缺口，我们的突击队就能攻进城内去。"

"要多少时间？"陶勇继续问。

"三天时间足够。"

因为此事关系到整个战役全局，陶勇思考片刻，说："好吧，等粟裕司令来了，我向他报告，批准后实施。"

康林对火力进行了相应调整，在进攻战术上和攻城手段上亦有改变，于次日晚9时，再次发起进攻。战士们不畏流血牺牲，英勇顽强地向前冲锋，几次爬上墙顶，都未站住脚，进攻第二次失利。

两次进攻未果，不但指挥员们焦急万分，连战士们都深为忧虑：这么硬打，大概一个团都垫进去也解决不了。康林埋头苦想，其他干部你一言我一语地骂着。康林明白了：我们第三团猛打猛冲，擅长野战，攻打如此坚固的城防还是第一次，部队还不具备相应的攻坚素质。他正要向旅首长汇报情况，建议停止进攻。粟裕派人来传达他的命令：部队停止进攻，康林立即去师指挥所，汇报两次失利原因。

在第一师完成对枣庄包围之时，第八师已攻克峄县。三团连续向城内攻击两次，未能成功。陶勇一根接一根地抽烟，室内烟雾腾腾。陶勇周围的人都知道他的脾气。他在战场上从来爱打头阵，见到兄弟部队很快攻下峄县城，他又在粟裕面前立下了“军令状”，再攻不下来，有些不好交代。他抽着烟，心里很不是滋味。正在这时，陈毅打来了电话，问道：“老陶啊，要不要我派擅长爆破攻坚的八师来打？”

“不用！”陶勇回答得很坚决，心里越发着急。

夜幕降临，攻击的火炮震耳欲聋，部队的伤亡在不断增加。陶勇打电话要一旅旅长张震东来汇报战况。张震东立即带着警卫员从前沿越过敌人的炮火封锁，手里抓着军帽，满身尘土，气喘吁吁地来到了师的作战指挥所。

在地下室门口拍打了几下身上的尘土，张震东快步走进地下室，举手向陶勇敬了个军礼。

“报告陶师长，我来了！”陶勇虽然是一师副师长，因师长是粟裕兼任，部队都习惯称他师长，有时仍称他司令。

“你们一旅怎么搞的？到现在一个地方都没有攻下？”

“陶师长，敌人的防御工事太坚固，三道鹿砦、一道外壕，还有铁丝网、地雷，城墙高一丈四尺，厚数米，都是大块硬石砌成的，部队一上去，就被敌人的交叉火力压制住，攻不上去啊！”

“今晚，你攻得下吗？”

“陶师长，我不太有把握。”张震东低语回答。

“今晚再攻，一定要攻下来！”陶勇严肃地说，“老张，粟司令来过电话，要我们今晚一定拿下枣庄。你要再拿不下来，我准备撤职，你也准备交班吧！”

粟裕对一师未能攻下枣庄也十分焦急，他打电话把康林叫来，自己也来到师指挥所。

康林心焦马快，二十几里路，一眨眼就到了。他跳下湿漉漉的马背，跑进师指挥所。房间里站了许多人，粟裕、陶勇、张震东、卢胜等都在场。见康林进来，粟裕招呼他坐下，以略带批评的口吻说："康林同志，你们第三团历来都是很能打硬仗的，高邮城都能攻下，枣庄这样的硬骨头却啃不动了，怎么，遇到麻烦了吧？我派人把你找来，是想听一听你下一步的打算。"

康林回答说："司令命令停止进攻是正确的，我也正准备向张旅长提这个建议。首长知道，我们第三团善于打野战，而眼下是攻坚，部队缺乏攻城的爆破技术，一下子很难适应。"

"说得对。"粟裕点了点头，"但是办法你想过没有，工兵参谋同志？"粟裕这样称呼，一则是康林曾在新四军江南指挥部当过工兵参谋，二则是想缓和一下气氛。失利对一个指挥员来说是最难过的。

康林答道："我召集团营干部开了个会，大家提了不少好的意见，都说我们打了许多仗，但是没有打过城墙这样坚固的攻坚战。我们全体指战员向你保证，坚决完成解放枣庄的任务！我们认为，从目前作战实际出发，首先必须进行火线练兵，主要搞好爆破训练；其次，要讲究攻坚战术。方法是，挑选出精干的战斗骨干，组成一个五六十人的攻城突击分队，分别组成爆破、火力、突击三个组。爆破组炸开城墙开路，火力组掩护，突击组占领突破口掩护部队进城。此外，我们还准备挖一条地道，直通敌人城墙角下。这样，既能使爆破组利用地道隐蔽前进，同时又可以减少伤亡，只要爆破成功，部队准能打进去。"

粟裕很满意康林的准备："好啊！毛主席说'知己知彼，百战不殆'，我们的想法真是不谋而合。那么，你设想搞火线练兵需要多长时间？"

康林思索了一下，说："三天时间就够。"

粟裕转身征求了陶勇、张震东、卢胜的意见之后，又转向康林："敌人的城墙有丈余宽，炸药包可不能太小，这可不像炸个小炮楼那么容易。"

康林说："我准备一包来它三四十斤，连续爆破几次，不怕撕不开它丈八尺的口子。"

粟裕眉毛一扬："还应该再大点，每包来它五六十斤，让敌人好好坐一坐咱们的'土飞机'！这一次，我们不攻则已，攻则必破。好，就这样定了，你马上回去组织实施，让广大指战员都懂得爆破技术的重要性，尤其是让我们的爆破手同志们，要学会用爆破来消灭敌人。"

陶勇接着叮咛："就按粟司令说的去办，抓紧时间，做好准备。要把七战七捷的劲头拿出来，拔掉枣庄这颗硬钉子！"他又问："你们团使用哪一个营作为突击队？"

"第一营作为第一梯队，首先实施突破，为第一突击队。第二营作为第二突击队，紧跟着一营后面跟进，巩固突破口。第三营为团的预备队，用来发展纵深战斗。"

陶勇说："好，要发挥爆破的作用，要连续爆破，一定要巩固突破口。"最后像发布命令似的说："你们团一定要打好这一仗，解放枣庄城！"

康林保证："把团指挥所转到突破口指挥，便于发展战果。我们一定完成任务！"

离开指挥所时，粟裕边送康林边说："你回去向战士们说，人家第八师已经拿下了峄县，枣庄那一坨，我们也得尽快吃掉它。"

康林同首长们道别后，跳上马背，向团驻地飞奔而去。

毛泽东提醒陈粟要有耐心

1947年1月下旬，遵照中央军委的命令，山东、华中两野战军合编为华东野战军。2月7日，第一师于山东临沂县大官庄地区整编为华东野战军第四纵队。司令员陶勇，政治委员王集成，参谋长梅嘉生，所属第一、第二、第三旅分别编为第十、第十一、第十二师，共三万余人。

3月间，国民党重新开始了对山东解放区的进攻。4月上旬，打通了徐州至济南段的津浦路线，并侵占了临沂公路和鲁南地区，随即向鲁中沂蒙山地区进犯。蒋介石对这次进攻寄予厚望，希望以其优势兵力寻求华东野战军主力在鲁中山区展开决战，以求一举消灭解放军占领山东全境。为此，蒋介石在山东战场先后集中了24个整编师、60个旅，约45万人的兵力，并以其最精锐的主力部队整编十一师、第五军和整编七十四师等作为骨干，编成3个机动兵团，担任主要突击任务。特别是整编七十四师，这是蒋介石的宠儿，也是他五大主力中的主力，当作百战百胜的一张王牌摊了出来。陆军总司令顾祝同亲自坐镇徐州指挥，再加上兵团司令汤恩伯、王敬久、欧震等一批人马，以第七十四师为先锋，逼迫解放军退出鲁南地区，并向鲁中地区的莱芜、新泰、蒙阴、沂水一线大举进攻。

在战术上，国民党军根据以往惨败的教训，此次进攻保持较高警觉，采取密集平推、稳步前进、不轻易分兵的新战法，以防被解放军各个击破，分而歼之。国民党军进犯苏北采取的是“长驱直入”，进攻涟水则为“分头并进”，在宿北名为“齐头并进”，在莱芜又叫什么“南北对进”。这次扑向鲁中山区，依照蒋介石、陈诚的指示，用的则是被称为“硬核桃”和“烂葡萄”的杂牌军和二流部队。按照这个部署，如果解放军要插到中间去打他的嫡系主力，不仅其整编七十四师、十一师、第五军三个主力能够互相策应，两翼部队还可以赶来接应。如果打两翼，他就牺牲几个“烂葡萄”，等你打了几仗，精疲力竭的时候，他的主力部队就突然从横里袭击。蒋介石以为这一作战方针万无一失，会取得没有取得过的胜利。

四纵于4月2日结束休整，自胶济路南下，在华野统一部署下，进击临蒙路，围攻新泰城，忽东忽西，时分时聚，以调动敌人，寻找战机。人们把这种战术叫“耍龙灯”，前后耍了一个多月。

4月28日，顾祝同命汤恩伯进占河阳、青驼寺、蒙阴等地。29日，华野四个纵队向桃墟、青驼寺之敌出击，拟分割汤恩伯兵团，但一经接触，汤恩伯便全兵团主力后缩，退居蒙阴至临沂公路的山区。

到嘴的肉硬是没有吃上。

5月3日，进占新泰的整编十一师又给华野提供了一次战机，陈毅、粟裕速令四纵等包围新泰。可包围之势尚未形成，王敬久兵团主力就增援赶到，并对我实行反包围。

粟裕在冥思苦想之后，说："这样的情况，对我们是极为不利的，不能速占取胜，反而有被敌人包围的危险，我看还是主动撤吧。"

一个多月的奔波辛劳，始终没有抓住战机吃掉敌人，官兵中渐渐产生了一些埋怨情绪。而且部队也显出一些疲态，很有可能被那些没有砸碎的"硬核桃"反戈一击，其后果十分令人担心。5月4日，远在陕北的毛泽东也不无担心地提醒陈毅、粟裕：只要有耐心，总会有歼敌机会。……（1）要有极大忍耐心；（2）要掌握最大兵力；（3）不要过早惊动敌人后方……

过了两天，毛泽东再次来电强调：目前形势，敌方要急，我们并不要急。……凡行动不可只估计一种可能性，……凡在局势未定时，我主力宜位于能应付两种可能性之地点。……我主力距敌要远一点，不要守阵地。对敌正面、侧面、后面一枪不打，让敌放心前进，又使敌完全不知我主力所在……

毛泽东的部署十分精妙，因是电报无法解释更多，他也相信陈毅、粟裕在理解和执行上不会有什么问题。

问题在下级。

作为一名下级指挥员，特别是广大战士，他们希望一枪打死一个敌人，不要跑冤枉路。然而全局并不是人人都能看得到的，于是牢骚话不少：什么"反攻反攻，反到山东"，"除了煎饼就是大葱"；"还是苏北好，仗仗缴枪炮"……

陶勇叫文艺宣传队快编节目。于是，一路上，都有打快板的男女队员在唱："运动战，打得好，指挥敌人跟我跑，掉头一个回马枪，叫他一个跑不掉！""今向西，明向东，敌人错误犯得凶。东一仗，西一仗，胜仗越打越漂亮！"

有些思想不怎么通的战士的脑子也被这快板敲活了："嘿，跟着走吧，反正陈老总和陶司令的指示不会错！"

陈诚、顾祝同他们却得意了一阵。陈诚在接到顾祝同的电话报告后说："陈毅现在陷入困境，是咎由自取，这叫'偷鸡不成蚀把米'。"

顾祝同"嘿嘿"一笑，说："也好，让陈毅吃点苦头吧，免得他稍微占点便宜就到处写诗，显摆自己。”

顾祝同干笑几声，放下电话，欢愉的心情也随之飘散。作为徐州总指挥，他对整个局势还是清楚的。在与解放军转悠的这一个多月的时间里，他的部队也同样疲惫不堪。可蒋介石却一刻也不放松，时常来电命令他寻找战机，与共军决一雌雄。但哪有机会呢？共产党能让你到处捡便宜吗？他长叹一声，起身走到窗前，推开窗子，一缕乍暖还凉的春风扑面而来，令他打了个寒噤。

他很清楚，国共两党的军事力量相比，国军优于共军，这是事实。

最初，顾祝同想倚仗他强大的兵力优势，在逼迫华野退向黄河以北，或退至胶东一隅，或者是等待华野部队疲惫之际，再同其决战，这样既可以捞一把，又可以保存实力。但一经接触，堂堂国军主力不是龟缩就是靠拢，只求自保，不顾大局，甚至对非嫡系部队见死不救，这一点让顾祝同非常恼火，但他又无从下手处理此类事情。

在他面前简直是一堆乱麻。上峰要他速战速决，可上头的指挥又是那样迟缓，经常是他刚要行动，计划又变了；再就是国民党军内部嫡系与非嫡系、主力与非主力、中央军与地方军、上级与下级的内讧，常常是按下葫芦浮起瓢，连蒋介石都无能为力，他又能如何？

再比如，汤恩伯是他的下级，但有时却不听他的，直接跟“老头子”联系。上行下效，连那个张灵甫也是自说自话，办起事来根本不打招呼。

正在他心烦意乱之时，副官刘进堂又说起他担心的事。刘进堂报告说：“七十四师突出汤恩伯兵团序列十多里，现已进入沂水、莒县，随时都可能有危险发生。”

顾祝同大惊失色：“啊？快，快给汤恩伯发电，让他命令张灵甫回撤！”

“顾总，这个情报就是汤司令发来的。汤司令的话，张灵甫根本就听不进去。张灵甫对汤司令说，他七十四师是御林军，所向无敌，今天要拿头功给委员长看看。”

顾祝同一脸怒色，手叉着腰，骂道：“嘴上没毛，乱弹琴，他妈的都当共产党是吃干饭的！给张灵甫发报：我国军战略是密集靠拢，加强联系，稳扎稳打，逐步推进，这是蒋总裁的既定方针。现在我以陆军总司令之名义，命令你师停止前进，回师向汤恩伯部靠拢，不得有误，否则按军法惩处！”

张灵甫接到电报后，看了一眼，面露怒色，拍着桌子骂起来：“妈的，都是胆小鬼！你把陈毅当老虎，我可把他当老鼠！他不就是会东躲西藏吗？老子今天就要单独打给你看。好不容易发现了共军总部还不赶快聚而歼之，更待何时？”

张灵甫自称发现了共军总部，可是吹牛？当然他说的总部只是华野总部，这是不是真的呢？

是真的。

原来，有个被华野俘虏的敌整编八十三师的排长，当把他押送到坦埠时，他听到有个战士询问：“总部在哪儿？”并看到庄上架设了许多天线，就猜出这里是华野的指挥机关。当这个家伙利用夜黑逃跑到垛庄之后，立即向驻在那里的敌七十四师作了报告。这一天，张灵甫确信坦埠乃“共军总部”无疑，立即派出飞机十多架飞机向坦埠扔炸弹。

而且巧得很，敌机的第一颗炸弹正好落在华野司令部的作战室。开始人们很担心，但很快就恢复了平静。机关人员和驻地群众听见飞机响，早都跑到野外去隐蔽。被炸到的只是一些房子和几头牲口。

陈毅望着从头顶上掠过的飞机，打趣道：“你想要老子的脑壳，对不起，没有消灭你们，马克思还不让我去报到哩！”

粟裕判断：“敌军企图以整编七十四师为骨干，在两翼强大兵团掩护下，实施中央突破，矛头直指我华野首脑机关。”

作战部门的报告证实了粟裕的判断，敌汤恩伯兵团正是做着这样的打算，已经开始行动。

粟裕对陈毅说：“不打敌军侧翼，改打中路强敌整编七十四师，采取正面突击，分割两翼，断敌退路，四面包围和阻击南北各路援敌的方法，将敌七十四师从敌人重兵集团中割裂出来予以围歼。”

这个计划大胆而打破常规，没有机械地专打弱敌，抓住的一点就是张灵甫的骄横。

“对头！”陈毅很欣赏粟裕这个“异想天开”的方案，“迎敌第七十四师于坦埠以南、孟良崮以北地区！”

陶勇赶到华野总部时，其他纵队的干部已到齐。大战临近的陈毅已经进入角色，很有些激动，他的那番动员让陶勇记了一辈子：

“莱芜战役，我们出奇制胜，一举歼灭了孤立突出的李仙洲集团。当时，把七十四师张灵甫留在南面，没有去动他，准备把猪养肥了再杀，油水会更多一些。现在，蒋介石把这只肥猪送上门来了，很好！这真是坐地等花开，财喜上门来！”

陈毅喝了口水，继续讲：“集中优势兵力，先打分散、孤立之敌，这是毛主席一贯的军事思想。在敌人强大兵团展开进攻时，通常是打击敌人的侧翼有利，但是当敌人连续遭到这种打击而防范严密、特别谨慎，同时中央之敌却比较轻敌冒尖，并疏忽大意，而我军又在其附近隐蔽了相当兵力的情况下，采取一面扛住援敌，一面集中优势兵力猛攻中央之敌的战术，同样可以达到战役目的。这次围攻整七十四师，就是这种打法，这叫做‘百万军中取上将首级’。”

华野的方案上报到中央军委时，毛泽东给了他们很大的自由：“敌五军、十一师、七十四师均已前进，你们须聚精会神选择比较好打之一路，不失时机发起歼击。究竟打何路最好，由你们当机决策，立付施行，我们不遥控。”

既然如此，陈毅、粟裕不再多说，当时向各纵队发出命令：

以五个纵队担任突击，四纵、九纵从正面突击。一纵（含独立师）分割敌七十四师与桃墟敌二十五师、蒙阴敌六十五师的联系，并向敌七十四师左翼突击。八纵分割敌整编七十四师与青驼寺守敌八十三师的联系，并向敌整编七十四师右翼突击。隐伏于鲁南敌后的六纵队，从平邑东南的铜石向东北疾进，协同一纵攻占垛庄，切断敌整编七十四师后路，尔后会同一、四、八、九纵队围歼敌七十四师。

以四个纵队左右开弓，担任阻击。十纵阻击莱芜敌五军；三纵阻击新泰敌十一师；七纵配属特纵一个榴炮团阻击河阳敌七军、整编四十八师；二纵保障八纵侧翼，同时策应七纵作战。

张灵甫自然对华野所做出的重大决策一无所知，他正得意扬扬地驱赶着他的部队大踏步前进。

传错命令的小参谋

就在陈毅下达命令的当天，5月12日，陶勇火速赶回部队。四纵指挥部设在坦埠南面桑树峪村的一个大院里，陶勇回到纵队，水也没顾得上喝一口，便召集团以上干部开会，紧急动员打国民党整编第七十四师。对打这个硬仗，陶勇一方面是兴奋，一方面不无担心。他的神情显得很严肃，言辞颇为激昂：

"从华中到山东，我们与这个国民党的王牌军第七十四师交手不多，没有予以有效的打击。这一次决心围歼，彻底消灭它，给蒋介石一个狠狠的教训。陈毅司令员号召我们要'百万军中取上将首级'。粟副司令说：这次围歼七十四师是虎口拔牙，要发扬我军勇猛顽强、不怕牺牲的精神，哪怕花几万人的代价，也要消灭这个'王牌军'！"

说到这里，陶勇话锋一转，把桌子捶得咚咚响："这是华野首长的决心，我们纵队一定要完成野司交给的任务，不惜一切代价，务必将其全歼！"

陶勇具体部署了任务：以张震东第十师（欠二十八团）为右路，向旧寨、荆汶、石旺崖攻击前进；以彭德清第十二师为左路，向马山、新兴、石旺崖攻击前进；以谭知耕第十一师一部兵力控制黑水河北岸阻敌北犯，主力为第二梯队，第二十八团为总预备队。

13日晚，十二师三十四团按照陶勇的布置，在左翼许世友九纵的配合下，集结在坦埠和马山之间的山坳里，待命参战。整编七十四师前锋第五十一旅果然上来了，而且悄悄地占领了坦埠前面唯一的制高点马山。敌人以其惯有的傲慢和刚取得的战果，气焰变得十分嚣张。离坦埠仅有六公里之遥的马山，附近系丘陵地区，有利于敌飞机、大炮施展威力。如果敌五十一旅直扑坦埠，就可以直捣华野指挥部，局势将变得不可收拾。当晚，三十四团奉命首先对马山之敌进行反击。由于轻敌，反击没有成功。初战失利是兵中大忌，团领导焦急万分。

陶勇也不比他们轻松，他抓起电话，越过师部，直接打到三十四团。副团长秦镜接的电话。陶勇的声音震得听筒嗡嗡直叫：“这是打七十四师，你们怎么搞的！战争不是开玩笑！”

团长兼政委蒋新生接过电话：“陶司令，今晚我带第三营上去，把马山拿下来，不然拿我是问！”

“好！拿不下不要来见我！”

刚放下电话，彭德清师长也急如星火地赶来了，劈头就问：“你们三十四团怎么搞的？”

面对圆睁双眼、胸膛起伏的彭德清，蒋新生和秦镜无言以对，心里像烧开水一样沸腾着。倒不是领导批评得重，而是这一仗太窝囊。秦镜后来回忆说：蒋新生和我决定一营担任主攻马山任务，我当前敌指挥。可是，一营刚一动手，马山上枪声如暴雨。这样猛烈的火力实属少见，我感觉不好。等我急匆匆赶到一营营长孙显增指挥所时，已经晚了，初战失利，情况十分糟糕。担任主攻的一连，原起义过来的副连长叛变，连长高道和被俘，尤柴贵排长所率的18个战士全部牺牲。这是（原）七团第一次出现叛逃事件。翻一翻三十四团的历史，在两军阵前，即使在和日寇的作战中，别说是指挥员，连普通一兵被俘的事，还从来没有发生过，真是奇耻大辱！

14日一早，团里下令，急调三营和特务连，准备对马山再度发起攻击。当他们摸上马山时，奇怪，守敌不见了，山上光秃秃的，连一个人影都没有。只有躺在地上的18岁的尤柴贵排长，他的头部和腿部缠满了绷带，毫无疑问，他多次负伤，仍继续指挥部队作战直至最后牺牲。在他所率领的突击队的突破口，有18个战士躺在贯穿山棱东西的一条线上，而敌人是向他们南北反击和进行火力夹击的。如果一营展开多路突击，如果那率领第二梯队的高道和不是畏缩不前而是及时投入战斗的话，尤柴贵的攻击一定能得手，因为高道和距他们只有40米远。可现在说什么也晚了。

狡猾的张灵甫原想对华野部队采取中央突破，当得知周围都是华野主力部队，有围歼第七十四师意图时，不再冒进，而是下令后退收缩到孟良崮、芦山地区，由“突破”改为固守。其左右两侧各整编师则向华野合围而来。

敌人每占一地，都苦心地修筑工事。虽然是麦收季节，一打仗，村里的人早跑光了，金灿灿的麦穗无人收割。而训练有素的七十四师，把村里的树头锯倒，堆在村庄的四周当鹿砦障碍。每座房屋的墙壁都掏了枪眼，村内挖起四通八达的交通沟，村外四周挖有堑壕和掩体。村外田野中坟墩、小沟、高墙，都有白石灰粉涂的标记、距离，作为火炮的射击目标。

陶勇得到敌人后撤的消息后，命令三十四团：“竭尽全力追击，紧紧咬住整编七十四师不放！”

正当四纵与其他兄弟部队并进，沿着整编七十四师由马山后撤的路线，一步也不敢放松地追击时，十一师报告说：“失去追击目标，七十四师方向不明。”陶勇立即派机要参谋苏荣去通知十一师谭知耕所部，让他们就地待命，查明动向再前进。

可是苏荣忙中出错，把“就地待命”的命令误传给了正在追击整编七十四师的另外两个团。这两个团不知深浅，只好停止追击，派人询问陶勇是何用意。

陶勇听到这两个团的报告，暴跳如雷，冲着刚刚赶回来正在那里喘息的苏荣咆哮起来：“七十四师就在孟良崮，你贻误了战机，拉出去枪毙……”

苏荣脑袋嗡的一声麻木了，“枪毙”后面的话他一个字也没听清。他知道战场纪律不是开玩笑，说执行就要执行的。他急得头上豆大的汗珠直往下滚，这两天他马不停蹄地跑，连过河时鞋里灌的沙子也没时间倒一倒，可忙归忙，传错了命令，贻误了战机是要杀头了！他呆站着，一时没了主意。

在一旁的梅嘉生参谋长怕陶勇真的开了杀戒，连忙过去劝住：“都是情报不准，这个事不能全怪他。”

陶勇气头过了，重新命令苏荣："那好，你马上跑步传令，让那两个团赶快投入战斗！"

如梦初醒的苏荣，连军礼也忘了敬，一溜烟就冲了出去。

四纵相继攻占了黄鹿寨、佛山，并推进至马牧池、随家店一线。

四纵指战员们仰望着前面的孟良崮，不禁都喜出声来。孟良崮周围山头方圆不过数里，全是光秃秃的石头山，山峰陡峭，草木稀疏。而被困在这里的敌人不下四万人，要吃没吃，要喝没喝，工事无法构筑，人马无法隐蔽。

"张灵甫啊张灵甫，这下子要演一出马谡失街亭了！"

明处的人们都说张灵甫走了一步臭棋，但他自己不这样看。

他认为他足以守得住山头，直到援军到来。而且这样以逸待劳，等援军一到，他可以转守为攻，两面夹击共军。那样一来，他张灵甫的功劳可是要超过汤恩伯，连顾祝同也不在话下！而促使他匆匆转移阵地的原因，是他看到他后路垛庄重镇已被华野六纵所攻克，他怕断了后路，才从冒进的醉意醒来，下令后退 20 里，爬上了穷山秃岭的孟良崮，爬上了生命的悬崖。

蒋介石怕了

正是 5 月，北方的天空又高又蓝。耀眼的阳光下，孟良崮群峰像一头巨大无比的驼峰，耸立在沂蒙公路的南侧，沉浸在紫色的烟雾之中。整编七十四师近四万人马就在此山上。

张灵甫开始有些不踏实。

他是个跛足将军。抗战期间，高安之役打断一条腿，后虽在港就医，终成残跛。他的勇猛深得蒋介石的宠爱，也得到美国主子的青睐。他生于家道殷实的西安望族，身材魁梧，个性强暴，崇拜拿破仑、希特勒。他先是毕业于黄埔四期，后又受训于陆大甲级将官班。抗战期间，蒋介石因其作战有功，一再擢升，几乎年年晋级受奖，由团长而旅长，由旅长而副师长、师长，由师长而副军长、军长。常德之役，还被蒋介石誉为“模范军人”。湘西会战，获得美国金质自由勋章。

张灵甫率领他的整编七十四师，1946年8月由南京调往苏北，开始进攻华东解放区。这年底，张灵甫攻占涟水城之后对新闻界宣称：我七十四师一鼓作气攻克涟水城，歼敌五千余人，这是我七十四师之大胜，是国军之大胜，是蒋委员长之大胜……

因是整编师，其实力相当于军。徐州绥靖公署副主任李延年吹嘘说：“有十个七十四师，就可以统一中国。”王耀武也夸下海口：“中国军队只有七十四师能战，是我亲手培养起来的。”其实张灵甫进犯涟水并非一举成功。10月19日，张灵甫率部进犯涟水，受到华东野战军迎头痛击。但他不甘心，于12月16日再犯涟水城，华野部队这才寡不敌众，蒙受了重大损失。这时，张灵甫更加不可一世，以为新四军不堪一击。他向蒋介石夸下海口：“委座，把华东共军交给我张灵甫吧，有我们七十四师，就无他们的葬身之地。”

虽然他这话说得太早太大，连蒋介石都不大相信，但其勇气可嘉。于是蒋介石满面笑容，也不加驳斥，反而鼓励他：“好好，只要将共军逼迫到黄河以东，然后再至华北、东北战场，我们就能收复整个中国。”

然而一夜之间，不是华野部队束手待毙，而是张灵甫被困山头。在狭小的军用帐篷里，在空气沉闷的山洞里，他开始扶着他那条跛足，一高一低地踱着步子，想着对策。

现在，他才觉得当初是退得急了点：14日上午10时，他得知华野已攻占天马山、磊石山等要点，并正向垛庄、万泉山前进，这才如梦初醒，判明共军有围歼该师之意图。于是，命令七十四师放弃北进，立即向孟良崮、垛庄方向撤退。华野一纵拿下垛庄，他拼力向一纵反扑，企图打开返回垛庄的通路，沟通与其二十五师的联系。

开始他满不在乎，一仗着整编七十四师的战斗力，二仗着孟良崮山势陡峭，易守难攻。自己虽被包围，可共军外面不是还有自己的十个整编师在合围吗？只要再坚持一两天，怕什么！

他不怕。可蒋介石怕了。

整编七十四师被围困的消息传到南京，蒋介石听后心里不禁咯噔一阵撕痛，眼前顿时一片昏黑，他身子一歪，正好被蒋经国扶住才没有倒下。蒋经国将父亲扶到椅子上坐下后，问道："您怎么了？"

蒋介石闭着眼睛，靠在椅背上，摆摆手，示意他离开。

蒋经国看了父亲一眼，倒了一杯白开水，放在他面前，然后轻轻离开，在门外对侍卫叮嘱了几句。这时又传来父亲唤他进去的声音。

蒋介石让儿子坐在自己对面，布置着："你给顾祝同发个电报，就这样写……"

蒋介石经过短暂的考虑，想到张灵甫被围也可能出现另一种结局，心中豁然开朗，便开始口授：

顾祝同并恩伯、灵甫勋鉴：

今已得知灵甫之七十四师被围孟良崮，甚惊，又甚喜。其惊之因是灵甫被困，随时都有危险发生。其喜之因是灵甫给国军寻找了一个歼共军陈粟部于孟良崮的大好机会。因为我七十四师战斗力强，装备精良，且处在有利地形；再之，有恩伯、敬久、欧震三兵团大军云集，正是我军同陈粟决战的好机会，现命七十四师坚守阵地，吸引共军主力，再调十个师之兵力增援，以图里应外合，中心开花，夹击共军，决战一场，歼陈粟大部或一部，一举改变华东战局。总之，一切均仰仗于诸位精诚团结，协力合作，为党国之大业献身出力，乃千秋之荣也。

顺颂

戎祉

蒋中正

顾祝同接到蒋介石的电令后，立即命汤恩伯、王敬久、欧震三大兵团派出十个师的兵力增援孟良崮，力图按蒋介石的如意算盘吃掉陈粟共军，吃不掉咬一口也行。

张灵甫是站着读蒋介石的电令的，他站得笔直，努力保持那条瘸腿平衡。读完电报，他亲自给蒋介石回电。电文写道：

我七十四师坚守孟良崮固若金汤。望校长放心，灵甫决心固守，吸引共军。但希望新泰之第十一师、蒙阴之第七军和第四十八师、莱芜之第五军、鲁南之第六十四师和第二十师以及楼德之第九师迅速向我增援，以构成内外夹击。与共军决战，我师建制完整，又处于战役中心，只要空投弹药及食物、饮水及时供足，外援友军及时效力，精诚参战，此役歼陈粟大部可成定局，我国军必胜。否则，学生将以身殉国，杀身成仁，报校长多年之教诲。

学生灵甫叩呈

蒋介石收到张灵甫的回电后，放心了许多，对张灵甫的忠心耿耿十分感动，立即电令各路援军，火速向蒙阴东南开进。

与此同时，南京国民党政府新闻局长董显光在新闻局召开的记者招待会上，宣称："政府对山东之军事发展甚为满意，……国军已与共军主力接触而击破之。相信该省大规模战事，不日可以结束。"

陈毅在西王庄收听到这个广播，嘴角一咧，笑了一下："牛皮吹得越大，爆炸得越响！"啪的关上了收音机。

他打电话要陶勇，说道："蒋介石的牛皮已经吹出去了，怎么样，你的部队有问题没有？是否需要增援？"

陶勇答道："进展顺利，我们已按既定计划发起全线攻击，右路第十二师经马山、新兴进至当阳，逼进五四〇高地；右路第十师经旧寨进至荆汶，先头逼进五二〇高地；第十一师进至葛墟。"

"五二〇高地……"陈毅一手握电话，一手把桌上的地图拖近些，在标明五二〇高地的地方点了一下，"好，不要放松，篱笆扎紧了，不要让龟儿子跑了！"

陈毅：要不惜一切代价拿下孟良崮

当阳镇挺大，在西北角一间茅草屋里，地中央摆着一张方桌，已近正午，阳光从窗户照进来，屋里显得很亮堂。身着灰布军装，下身打着绑腿的第十二师师长彭德清正和他的团长们开会。他身材高大，很是威武。他拿出一张军用地图，平摊在桌子上，几个团干部立即凑了过来，目光跟着彭德清的指头在地图上移动。等看清了整个态势，他们一个个都笑了，还有人打趣道："好家伙，敌人的整编七十四师硬是被我华野从他们第一线的八个整编师中切割出来了！"

彭德清继续说着："昨天七十四师遭我全线猛烈打击后，龟缩于孟良崮地区，企图凭借有利地形固守待援。从地图上看，孟良崮主峰为六一〇高地，向西北接连六〇〇和两个五四〇高地，至西北端为五二〇高地。据侦察员报告，五二〇和东、西五四〇高地，为敌五十一旅扼守。五二〇高地大约有一个团的兵力，它的西面是无名高地，兵力为一个加强连。"

他把目光转向三十四团团长和副团长："你们团担任师的主攻任务，先啃下五二〇高地，然后向孟良崮主峰发展。"

蒋新生和秦镜立正答是。

彭德清将计划报告陶勇。陶勇命令纵队的九门山炮做好准备，把目标对准五二〇高地。

接受任务的三十四团进抵孟良崮西北部五二〇高地下面，在一处坡洼地搭起指挥所。这时抬头就能看到山峰，用肉眼可以清楚地看到，在山顶上的敌人正在频繁地调动兵力。正在这时，陶勇命令山炮开炮，向山上轰击。随着一颗颗炮弹落在山头，腾起烟雾，猝不及防的敌人乱成一团。

天渐渐黑了。三十四团二营和团部特务连，喊着"打下孟良崮，活捉张灵甫"的口号，在炮火的掩护下，朝着山头猛攻。攻击部队就凭借炮弹一闪一闪的爆炸火光攀登山崖，爬到山顶。经过一番拼杀，拿下了五二〇高地西侧无名高地。团长立即向师部、纵队领导报告攻占该高地的消息。陶勇在电话中闻报甚喜，要他们不要松动，继续猛攻，再接再厉拿下五二〇高地。

然而这次却没有开始那样顺利。从无名高地通向五二〇高地的斜坡上尽是奇峰怪石，一座座陡峭的山崖，山崖两面是刀削似的峭壁，通道非常狭窄，山顶是个近二十米高的一个崮，崮的四周是石圩子，地形险要，易守难攻。要攻上去就等于在楼梯上仰面攻击，对进攻一方十分不利。防守五二〇高地的是敌整编第七十四师第五十一旅，它的旅部就设在山上。战斗发起后，敌人顽强抵抗，攻击一次又一次受挫。先头部队距敌人盘踞的石圩子只有二三十米，而敌七十四师就利用这道石圩子架设了一排轻重机枪，还有枪榴弹、火焰喷射器等，组成了立体火网，只要攻击部队一露头，子弹与火焰便席卷而下，许多战士连头都没来得及抬就倒了下去。

情况一时一变，电话铃声不断地响。陶勇起初坐在电话机旁，听到铃声就抓听筒；后来铃声不绝，他索性就把听筒放在耳边，下巴靠在送话器上，不停地听，不停地讲。

战况空前激烈。其他几个部队也遇到了四纵类似的情况，几乎每个山头都要经过几番争夺，整个战场呈现更加紧张、更加猛烈、更加残酷的战斗状态。

陈毅的电话打到了陶勇这里，同时也打给一纵、六纵等部，他也有些激动："蒋介石拼命和我们决战，把我们反包围了，情况十分严重。我们要不惜一切代价和决心，哪怕一、四、六纵打光了，也要把孟良崮拿下来！"

眼见攻击受挫，陶勇不由得火急火燎。他几次派参谋传达他的意思，督促攻击部队尽快拿下五二〇高地。他让参谋务必一字不落地传达："告诉他们，我们迟拿下高地一分钟，敌人的增援部队就前进一大步，我们被敌人大包围的危险就增加一分！全军命运相关，要不惜一切代价！"

三十四团指挥所里的正副团长不时接到陶勇派参谋传达的命令，见攻击部队打不下来，更是忧心如焚，他们向陶勇请求："陶司令，敌人火力太猛，请求上级火力支援！"

陶勇将纵队和师的火炮都调来，对准山头狂轰滥炸，敌人阵地上顿时石片飞迸，火星四溅，浓烟翻滚。蒋新生和秦镜也杀红了眼，两人各自抱起一挺机枪，向着五二〇高地扫射。此时，华野政治部副主任钟期光也到了前沿，进行战场鼓动。他朝着攻击部队大喊：“同志们，谁打下五二〇高地给谁记大功！”

他的鼓动还真灵，本来就急如星火的部队被他一喊，浑身就像着了火，不顾一切地朝山上冲去。

不知不觉，天色微明，山上出现了一层晨雾。攻击部队一鼓作气，跃上石圩，经过一阵短兵相接的战斗后，敌人防线开始动摇。团部适时命令第二梯队加入战斗，敌人终于溃逃。

但整个孟良崮的战事仍很激烈，双方伤亡都十分惨重，阵地上交战双方的尸体横七竖八，纵横交错。指挥员们都到了最前沿，第十师副师长俞炳辉在敌人反扑中身负重伤。

飞到徐州督战的蒋介石，又异想天开地部署了所谓“磨心战术”。他企图一面以整编七十四师为“磨心”，将华野主力紧紧吸住在孟良崮周围，一面紧催第五军、整编十一师、整编六十四师等共十个整编师，从新泰、莱芜、河阳、汤头等地赶来增援，从而合击华野于蒙阴以东、汶河两岸地区。

蒋介石给张灵甫打气：“抓住共军主力，实为难得之良机，务必奏奇功于一役。”

陈诚也跟张灵甫说：“这个战役的结果只有一个，那就是我们的辉煌胜利。我们已经下达了最严格的命令，命令外线部队同你们密切配合，来一个内外夹击，中心开花，尽歼顽敌！”

此时此地的张灵甫，面对华野的重兵包围，仍然以陕西人的倔脾气顽固地相信自己没有问题，他的整编七十四师是个“生铁蛋”，共军想吃也吃不动。得到蒋介石、陈诚的鼓励，胆子更壮了，气更粗了，竟自鸣得意地说：“以我张灵甫为诱饵，把共军吸引在我的周围，有利于四面夹击。我们和外面两下一挤，共军就完了！”

敌七十四师副师长蔡仁杰似乎要比张灵甫清醒得多。他站在战壕里，望着山峰陡峭、怪石耸立、草木稀疏、方圆不过五里的孟良崮，望着处境艰危的近四万人马麇集在山上，饥无食，渴无饮，工事也无法构筑，人马无处隐蔽；所有的汽车、大炮、坦克均在上山时丢给了共军，让共军不花一文捡了个大便宜。再看看山上那些曝晒在太阳下的士兵，敞胸露怀，歪戴帽子，趿拉着鞋，一个个蓬头垢面，饥渴无力，死守这荒山秃岭，分明是一步死棋！更令他担心的是一向孤高自傲的张灵甫，只知一意孤行，万一拼到最后……

“蔡副师长！”张灵甫一声喊，把正在想事的蔡仁杰唤醒。张灵甫让他问问找水的人回来了没有。

蔡仁杰把电话打到三连，问连长魏武能：“水搞到没有？”

魏武能报告：“报告副师长，水还没有搞到。守野猫圩沟那眼山泉的共军凭借着有利地形，对我们进行袭击。我们进攻了25次，现在全连就剩下我和通讯员、副连长3人了。”

蔡仁杰像往常一样的命令着：“我不管你多少人，我要的是水。”

可魏武能一反常态，竟顶起他来：“你急什么，我不知道你要的是水吗？你们要喝水，弟兄们的命都搭进去了，你们还想怎么着？”

蔡仁杰急了，冲着话筒大吼：“你他妈弄不来水，老子毙了你！”

“要杀要剐随你便，反正老子活着也没啥意思了。”

“你、你……”

此时的张灵甫却清醒起来，他接过蔡仁杰手中的电话，把声音放低说：“魏连长，你赶紧回来，我们不要水了。我不知道情况，请快撤回来。”

蔡仁杰很是吃惊，他跟张灵甫这么长时间，见他这样对一个连长说话还是头一次，他反而有些糊涂了。看着一脸疑惑的蔡仁杰，张灵甫对他说：“现在若是引起军中哗变，我们将不战自败。告诉全师官兵，凡是口渴者一律饮马尿、人尿，马死后饮马血。卫士，给我端一碗马尿来！”

蔡仁杰更是吃惊：“师座，这样怕失你的体面吧？”

“有什么体面不体面的，当年韩信甘受胯下之辱，后成大事。作为一个军人，不吃苦，不受辱，能成什么事业？”

张灵甫说完，端起卫士盛来的马尿，一饮而尽。然后，咂咂嘴，笑道：“嘿嘿，怎么还有股老白干的味道？怎么样，仁杰，你也来一碗？”

蔡仁杰直摆手，舔着干裂的嘴唇说：“我不行，我不行。”

张灵甫放下盛着马尿的碗，说道：“不行算了，不为难你，你给委座发电吧，让他空投一些水，以解燃眉之急。”

蒋介石收到张灵甫的电报后，命令空军速去投水。

但是，蒋介石准备给七十四师空投物资的情况，很快让四纵的侦察员发现了，陶勇立即命令道：“敌人设置什么信号，我们也设什么信号。”

敌机驾驶员难以辨别真伪，见了信号就投，结果大批弹药和食物落到华野部队。当发现空投下的橡皮水袋向敌阵地降落时，四纵前沿阵地的战士就开枪，将其击穿。结果，水袋还未落地，袋中的水已流空了。投落到敌阵地内的一些食物，立即引起各部之间的争抢，以至发生火拼。

张灵甫真的慌了

战至 15 日午夜，孟良崮周围的阵地一个个丢失，华野的大部队已聚集在孟良崮主峰山下，张灵甫真的慌了。阵地一寸寸缩小，援兵却未见踪影，再打下去，肯定凶多吉少。他剩下的唯一办法是向蒋介石求援，向已经在增援路上的部队求救。他甚至不得不一反往日睥睨一切的骄横神态，向整编第二十五师师长黄百韬、整编第八十三师师长李天霞苦苦哀求。

那几乎是电影《南征北战》那场令人难忘的一幕的原型：

张灵甫：“李师长，看在你我兄弟一场，在兄弟危难之机，拉兄弟一把吧！”

李天霞：“张师长，这话你就见外了，我李天霞怎么能见你老兄受难而不救呢？请你务必再坚持三个小时，我的部队会给你解围的。”

李天霞的部队是在途中，但速度缓慢。

预感到自己末日来到的张录甫挂了电话，想起黄百韬，于是，他又给黄百韬去了电话，黄的回答，同李的一样。

蒋介石也预感到整编七十四师覆亡的危险，下死命令督促各路援军急进，他的电令充满了胁迫的意味：“如有萎靡犹豫，逡巡不前，或赴援不力……必以纵匪贻误战局论罪，决不宽容。”就是说，如不能及时赶到孟良崮，将以死罪论处。

汤恩伯跟着蒋介石呼号，语气已近于乞求：“亲爱精诚之无上武德与光荣，岂有徘徊不前，见危不救者，绝非我同袍所忍为，亦恩伯所不忍言也。”

可是，任蒋介石如何捶胸顿足，汤恩伯怎样含泪求拜，援军还得一步一步走，还不时受到华野阻击部队的阻拦，援救谈何容易，弄不好自身难保，何必急着去送命？

而此时，陈粟大军加快了向孟良崮高峰挺进的速度。到了16日下午1时，四纵在第一、六、九纵的协同下，分数路向东五四〇高地发起了冲锋。攻击部队的着装很不统一，有灰色的，也有黄色的，有的战士戴上了刚刚缴获的钢盔，也有的战士换上了美式汤姆枪。攻占了东五四〇高地，歼敌五十一旅大部之后，陶勇指挥第十师大部和第十二师由西向东，第十一师及第十师一部由南向北，向六〇〇高地展开猛烈攻击。

战至下午，天空突然乌云密布，紧接着狂风大作，一时间飞沙走石，下起了一阵大暴雨，孟良崮山群顿时锁在雨雾中。华野各路大军从四面八方拥来，敌整编七十四师官兵淋得跟落汤鸡一样，完全丧失了战斗力。炮弹穿过雨雾，铺天盖地，到处是激烈的枪炮声和震耳的冲杀声。连渴带饥的国民党官兵惊恐万状，有的钻到山洞或岩缝里，企图躲过一死。

两个小时之后，枪声渐渐稀落，欢呼声代替了冲杀声。四纵指挥所里电话铃声不断，忽然一个电话吸引着所有人的目光，电话里焦急地喊着：“张灵甫自杀，张灵甫自杀了！”

陶勇也是一阵惊喜，他大声地询问：“是自杀吗？”

“报告司令员，是俘虏兵讲的。”打电话的人回答得比较含糊。

陶勇要的是准确消息，对这种回答他很不满意，把电话一撂，骂了一句。掏出烟来，抽着，在又暗又湿的指挥所里来回踱步。突然他停下脚步，扔掉手里的半截烟，冲警卫员喊了一句："备马！去六〇〇高地，看看张灵甫的尸体！"

"是，集合！"警卫班长一个立正行了个军礼。很快，一支二十多人的警卫队伍站成两排，等候着司令员的命令。

"不要这么多人！"陶勇手一指，"马夫老吴，医生'小白脸'随队出发，再在当地找个熟悉地形的向导。"盛政权急忙回屋拿了急救包跟着陶勇出发了。

从山下的第四纵队指挥所到孟良崮六〇〇高地，直线距离约八公里。雷雨过后，天空依然乌云密布。山坡上到处都是弹坑和死尸死马。陶勇骑马走在队伍中间。他的前后是全副武装的警卫战士，左右也是两名警卫，老吴牵着马，盛政权走在队伍最后面。

行至半山腰，因马受惊，陶勇不慎从马背上摔下来，盛政权急忙赶过去查看伤情，还好，只是扭了一下。盛政权就和警卫员一起扶着陶勇走了一段，仍不能骑马，陶勇就弃马随队一起步行上山。

在向导的指点下，队伍抄小路赶到六〇〇高地。随行人员迅速行动搜寻张灵甫的尸体。约一刻钟后，一个警卫员在一台炸毁的发报机旁发现一具身穿将官制服的尸体，那人手里还死死握着报话筒，看样子是在呼救。当警卫员取下其胸章时，禁不住大叫起来："找到了！找到了！司令员，在这儿哪！"

当他把写有"中将张灵甫"的胸章交给陶勇时，陶勇将胸章反复看了几遍。

又对盛政权说："'小白脸'，你去，给张灵甫验尸！"

验尸？盛政权从未干过这种差事，不免有些紧张。

陶勇早看在眼里，又拿话激他："'小白脸'，死人你怕什么！能为张灵甫验尸是你的荣耀！告诉你，这可责任重大，验尸结果要向世人公布，你不可马虎！"

盛政权哪敢马虎？他只是手脚有点发紧，但嘴还挺硬："首长放心，我保证完成任务！"

四名警卫员用手电打着亮，张灵甫的尸体看得清清楚楚：此人身材高大，四方脸，浓眉毛，面色如土，头朝山上脚朝山下躺在山坡上。那根支撑着他一瘸一拐奔走疆场的手杖静静地躺在他的身边。

盛政权先检查头部，发现除左面颊擦去一块皮外，无其他伤痕。他解开张灵甫胸前的纽扣，发现其前胸有两个枪眼，子弹是直穿心脏从后背飞出的，躯体倒在血泊里。他反复检查枪伤，判断两枪眼均是200米以外远距离射击的致命贯通枪伤。枪眼口径较小，符合我军战士使用的美制“加拿大”冲锋枪口径。按惯例，国民党高级将领自杀，一般都惯用手枪打太阳穴，而张灵甫头部无枪伤。退一步分析，就是张灵甫当胸开枪，也难以连发两枪形成两个枪眼，况且衣服上没有火药烧焦的痕迹，故排除了自杀的可能。验尸结论是，张灵甫为我军乱枪打死。（后查明，同时被击毙的还有副师长蔡仁杰，五十八旅旅长卢醒、副旅长明灿等。仅四纵三十四团三营就从洞中俘虏了一百多名校尉级军官。）

盛政权将验尸结果报告陶勇，并详细说明其理由。陶勇满意地点点头：“我说他不会自杀的，他想突围逃命，才落得这个可悲的下场！”

“报告司令员，发现一本军官证和一张照片！”一个警卫员从张灵甫内衣口袋里搜出两份遗物。

陶勇接过来一看，军官证外部血迹斑斑，但夹在里面的张灵甫的照片完好无损，他又开玩笑地说：“军官证上交，这照片嘛，‘小白脸’验尸有功，就留着‘纪念’吧！”

当天晚上陶勇返回四纵指挥所，将验尸结果上报陈毅，得到认可。数日后，延安《解放日报》报道了张灵甫被我军战士击毙的消息。

陶勇举杯的手在抖

孟良崮战役后，四纵奉命进至沂水以西的东林地区休整。此时部队的装备大大改善，以缴获的美式山炮更换了日式山炮，全纵队基本上成了一支美械化部队了。

7月分兵，华东野战军开始进行外线作战，四纵作为华野的主力部队，首先迅速向敌占区插去。

四纵的第一个目标是沂蒙山区南部的费县。守城的是国民党整编第五十九师第三十八旅。五十九师原是西北军，虽然不是蒋军嫡系，装备较差，但战斗力不算弱。守费县的这个翟紫封旅，是此师的主力，有相当丰富的实战经验，善于守备作战。

这天晚上，下着小雨，部队在泥泞里开始攻城。战斗打响不久，攻城部队就遇到困难。爆破组几次上去都没有把城墙炸开。有的炸药湿了点不着，有的炸响了，但药包小，仅仅炸掉城墙外边的一层砖石。部队堵在城脚下打不上去，有的战士从爆破口向上爬了一半又滑下来了；有的战士好不容易爬上去，又被敌人的火力压下来，难以立足，不得不撤下来。

天渐渐亮了，攻城仍无多大进展。陶勇不甘心地望着高大的城墙，命令道："撤出战斗。"

7月4、5两日，大雨如注，护城河里的水陡增暴涨，更增加了攻城的困难。陶勇、卢胜几个首长分头下到各部队，发动将士们献计献策，针对敌人防守特点，讨论下一步的打法。回想几天来的情况，连战士也有感触地说："我们敲掉了七十四师那颗'硬核桃'，有点自满了，以为打这个杂牌军还费什么劲，忽视了敌人防守特点。"也有的战士说："翟紫封嫌我们药包子小啦，来个大号的他才肯坐'飞机'！"

两天之后，四纵再次发起攻击。

拂晓，在敌三十八旅旅部里，少将旅长翟紫封打了个哈欠，看了看表，对参谋人员说："天快亮了，共军今天不会攻城了。告诉兄弟们，开过饭好好睡一觉，到晚上精神头提得足足的。共军一向善于夜战，夜里是关键！"

话音还没落，"轰隆！轰隆！"人民解放军攻城的大炮声已震天动地地砸了过来。

"怎么？共军白天也要攻城？"翟紫封大惊失色，但很快镇定下来，"他们这是虚张声势，未必会真攻。费县城防，铜墙铁壁，他晚上攻不进，白天更是休想，传令：四门小心防守，不可大意！”

城外，华东野战军四纵十二师指挥所。陶勇司令员、王集成政委和十二师师长彭德清、政委伍洪祥端着望远镜，在观察部队攻城的情况。战士们在城头与敌人拼杀，他们的心也飞到了墙头之上。

陶勇放下望远镜，对彭德清说：“老彭，今天是7月7号，我们外线出击一周了，还没有像样的战果。对敌人打得不痛，就无法调动敌人，无法实现中央军委和华野首长的战略部署！”

彭德清看了看陶勇，蛮有把握地说：“陶司令，你放心，今天坚决拿下费县城。他翟紫封再怎么小气，我也让他无法闭门谢客！”

“好！决心蛮大！”陶勇脸上浮出了笑容，“说说你的根据。”

彭德清：“上次攻城匆忙了一些，准备确实不足，组织也不够严密，经过这几天总结经验教训，部队的劲头鼓得足足的，你就瞧好吧！”

“哈哈！”陶勇乐了，“拿下费县后，我敬你这位老战友三杯！”

仿佛是在呼应这两位首长的谈话，攻城战斗愈加猛烈。一处城墙被炸开了，碎砖块四处溅飞，墙角的碉堡也炸塌了，浓烟四起。在城墙的豁口上，双方展开了肉搏战，喊杀声震天动地。

这时，敌第三十八旅的指挥所已乱成一团，翟紫封像一只热锅上的蚂蚁，又是打电话求救，又是让电台呼救。可电话线已被炸断，无线电话员喊哑了嗓子也叫不通。

翟紫封气得踢桌子摔板凳：“顶住，传我的命令给各团、营、连、排，要坚决顶住，城墙破了守巷子，巷子丢了守房屋，费县不能丢，不能丢啊！……”

但此时，解放军已攻入城内纵深，敌人再也顶不住了。经过激烈的巷战和逐屋争夺，太阳偏西时，国民党军整编第五十九师第三十八旅的5200余人，全部被歼，其中俘3100余人，连翟紫封也当了俘虏。

战斗结束时，天空响起嗡嗡的马达声，国民党空军的十多架飞机在头上盘旋。有的连队举起机枪要射击，有的组织战士隐蔽。不料，飞机上投下来的不是炸弹，却是粮食、弹药、罐头、饼干。原来，因第三十八旅的电台被我军炸坏，空军不知费县已落入我手，按翟紫封昨天的请求，投下了大批的物资。

“蒋介石这个运输大队长真当得不坏，我们刚打了胜仗，就给我们送慰劳品了！”华野战士风趣地说，逗得俘虏兵也忍不住笑了。

华野分兵向敌后出击的行动，给了敌人以重大打击。敌人侦察到华野外线出击的南路叶飞、陶勇所率一纵、四纵势单力薄，便调集了七个整编师，妄图合围一纵、四纵，吃掉华野的这两个主力纵队。

形势非常严峻，叶、陶二人研究决定，把四纵十师（不含三〇团）和一纵三团留下来，担任掩护，主力转兵向西，突出敌人合围，进至济宁地区与三纵、八纵、十纵会合。

谁都知道，这是个危险的任务。

临别那天，陶勇特意把第十师的几个领导找到纵队部。开头，十师的领导以为首长还有什么指示，等到走进陶勇的屋里，才弄明白，桌上早已摆好几盘菜，还有一瓶酒。陶勇和他们是生死与共的老战友。过去，也在一起吃过饭，喝过酒。可是，今天这种气氛却意味深长。大家心里清楚，这顿送行饭，既有鼓励、期望之意，又充满着依依不舍之情。陶勇走过来，紧紧地握住卢胜的手，那双饱含深情的眼睛扫过每个人的脸，屋子里的空气沉闷极了。陶勇端起酒杯来，手都抖动了，杯子里的酒洒了出来。他的喉头哽咽住了，好一会儿，才说出话来：“老卢，老韩，这次留下你们孤军和几十倍的敌人周旋，实事求是地说，凶多吉少。但是，为了大局，咱们必须这样做，你们要多多保重！”

他将酒一饮而尽，眼圈顿时红了。

大家的视线也不知不觉有些模糊了。

正如陶勇所预料，十师掩护主力突围，付出了巨大的代价：原来4600多人的队伍，左突右挡，打到后来只剩下1600人，损失近三分之二。

局部的牺牲，保障了全局的胜利。这是十师的风格，也是陶勇和四纵的风格。

可以说，整个解放战争，乃至中国革命，胜利的天平常常因无数个陶勇式的舍小顾大而倾斜。

黄百韬的最后一枪

1948年春，华东野战军第四纵队进驻河南濮阳地区进行以“三查三整”为中心的新式整军运动。夏季，与兄弟部队一起逐鹿中原，参加了著名的豫东战役。

根据中原战场的敌我态势，粟裕确定豫东战役的作战方针是：先打开封，后歼援敌。

6月17日，华东野战军第三、第八纵队对古城开封发起攻击。22日，全部占领开封城。

在这个阶段，华野四纵的主要任务是打阻击，奉命进至开封以东的焦兰、三义寨、曲星集、大白邱一带占领阵地，以运动防御阻击国民党第五军西援开封。

四纵十二师于孟皎集以南、孙府寨以北构筑第一线防御阵地，23日中午，与敌展开激战。

24日下午2时，敌人集中三个旅的兵力，在飞机、大炮和坦克的支援下，倾全力向十二师三十四团阵地和十师三十团右翼阵地发动了疯狂的攻击。

能征惯战的三十四团，在严峻考验面前，没有后退一步。十二师像一面铜墙铁壁，牢牢地把援敌挡在了开封城外。

纵队的王集成政委上调，陶勇几次向粟裕要个新政委，粟裕对他说政委肯定给你派，而且你一定满意。

10月9日，各纵队的首长在曲阜孔林南面的小楼上会合了。参谋长介绍了前委研究的作战方案后，首长们就热烈地讨论起来。古老的孔林，在这小阳春季节里活跃起来了。白天自然是车马不绝，即使在深夜，也常是轻骑来去，伴和着电台急促的发报声，驱散了孔林惯常的幽静。

会议开完的那天下午，粟裕把四纵的干部留下。他对陶勇说：“你不是老盯着我要政委吗？我给你找了一个，你看认不认识？”

郭化若早就站在粟裕后面，这时朝前站了一步，对着陶勇笑。陶勇也快活起来："嘿，他我能不认识？如雷贯耳，这是读了一肚子兵书的大军事家呀，粟司令真是体谅下情，知道我要什么人！"

20日傍晚，夜色慢慢暗了下来，四纵以猛烈的炮火，不停地向敌人阵地发射，敌人阵地上顿时火光冲天，浓烟滚滚。枪声、炮声、炸药包的爆炸声响成一片。

只剩下碾庄这块最后的阵地了，黄百韬预感到来日无多，事不过三，这次似乎难以再逃脱了。他看到桌上那柄"军人魂"短剑，这是蒋介石亲赐的。受剑者不下成百上千，如今被共产党俘虏去的也不在少数，却未见一个按剑上所刻："不成功，便成仁"。黄百韬觉得这件事应该从自己做起，于是从作战室走到他的卧室，坐到桌前，拿出纸笔，开始写遗嘱。当他写到"国事千钧重，头颅一掷轻"时，好像是要验证他的心诚不诚，一发炮弹正好落在他的屋顶上，而且一块弹片还插进了他的左腿，痛得他倒在地上拼命大叫："来人哪！"

卫兵进来，点起蜡烛，发现黄百韬倒在血泊之中，立即叫来了医官。医官来了，给他包扎一下，安慰他说："还好，没有伤着骨头和主要血管。到了徐州取出弹片，就会好的。"

黄百韬未经死，只经伤便痛得难以忍受，"杀身成仁"的决心很快便动摇了。医官走了后，他立即叫士兵给他找一套士兵服，穿在里面，外面仍套上将军服。在卫兵的扶持下，重新回到作战室。作战室已乱作一团，有些人已悄悄溜走了。他叫人："把刘军长请来！"

镇守碾庄的刘镇湘军长刚进门，黄百韬就主动向他先敬了个礼，说："刘军长，作为兵团司令，我本应亲率决死队向共军冲杀，但我的脚已被炸坏，无力行走，现在只有有劳你了。我委任你为我的副司令，立即率决死队向共军冲击，生死存亡就在此一搏了！"

"请司令长官放心，不打退共军，我刘镇湘决不活着回来！"说完，刘镇湘一挥手，带人冲锋去了。

等刘镇湘走远，黄百韬一枪打死了守着电台的机要参谋，脱下将官服，把"5941"号胸符扯下来，塞进里面的衬衣口袋，对四个贴身卫士说："走！"

也不知走了多久，也不知走了多远，四个卫士只剩下扶他走的一个了。到处都是“缴枪不杀”和“注意，不要放过黄百韬”的喊声。黄百韬走到一棵树下，无力地坐下，对卫兵说：“你去给我弄点水来。”

卫士刚走，黄百韬就掏出了左轮枪，对着太阳穴，砰的开了一枪……

随着这一声枪响，黄百韬的第七兵团全军覆没。

当战役进入第二阶段，以中野为主围歼黄维兵团。陶勇仍到野司请战，和他一起的还有九纵的聂凤智。粟裕摆了摆手：“你们两个纵队在碾庄打得最苦，需要立即进行全面休整。休整之后，再去替换别的纵队。”

陶勇还有些不甘心，拧着眉想着主意，再去打一仗。旁边的政委郭化若拽拽他的衣角，对他说：“部队缺员严重，何不趁此机会多抓些俘虏，扩充队伍呢。”

这是陶勇熟悉的工作，他想了想：“对呀，闲着也是闲着。”

部队根据司令政委的指示，用六〇炮和弓箭，将大批传单抛向敌阵。每天晚上，前沿阵地上就拿铁皮喇叭广播毛泽东主席撰写的广播稿：《敦促杜聿明等投降书》。每逢吃饭时，战士们故意把碗敲得叮当响，对敌方喊道：“开饭啦，过来有饭吃！”

真有过来要饭吃的。有的留下了，也有的又跑了回去。陶勇让他们“来去自由”，等无路可走了“再定终身”。

经过半个月日日夜夜的激战，我军逐步压缩了对黄维兵团的包围圈。11月21日，华野四纵对困守尤家湖之敌二十五军发起了最后攻击。

敌二十五军，曾在皖南事变中充任过最凶恶的打手。在解放军这次对黄维兵团的围歼战中，它始终顽抗着。

在战斗发起之前，陶勇亲临部队视察战斗准备情况。此时，战地并不平静，敌我双方都进行着频繁的枪炮射击，敌人在加固工事，我军正加强近迫作业，可以听到一片锹镐与土石的撞击声。别看陶勇出身苦，却很爱整洁。军装虽已洗得发白，但把皮带束紧了，走起路来仍昂首阔步。此时的他，一脸严肃。他检查着三十四团三营挖出的深壕，和身边的干部说着："敌二十五军虽然已是歼敌，但仍不能稍有轻视。我们应该接受初战时的经验教训。所以，纵队将集中特纵支援的野炮、榴弹炮团和我们纵队和各师的所有炮兵，全力以赴地歼灭这股敌人。在这次攻击战中，我们纵队还首次得到坦克部队的支援，你们三营将在坦克的配合下执行由南向北的主攻任务。你们必须保持荣誉，坚决完成任务！"

陶勇之所以提到"保持荣誉"，是因为三十四团的前身是新四军老四团，陶勇曾是这个团的团长。三十四团三营的七连和八连，前身是方志敏领导的红十军团的部队，后来组成北上抗日先遣支队。这个六千余人的支队，遭到了敌人残酷的重兵围攻，剩下的骨干只有几百人。后由粟裕、刘英率领，在闽浙边界坚持游击战争，保持了红军顽强奋战的传统。在这次围歼黄百韬兵团的第一次战斗中，这个营经过激战，突破了敌占的素家楼阵地，全歼守敌，夺取了初战胜利。陶勇说的保持荣誉，就是鼓励他们发扬光荣传统，打好这次围歼战。

坦克参战，这可是纵队历史上的第一次。

21 日下午 4 时半，陶勇发出命令，炮兵群集中火力，从四面八方向敌尤家湖前沿阵地进行猛烈的破坏性射击。然后，又把炮火转向敌纵深。炮击持续了三十多分钟，使偌大个尤家湖村落，完全笼罩在一片烟尘火海之中。

对新型武器最感兴趣的陶勇，密切注视着坦克的第一次出击。

只见特纵支援的四辆轻型坦克，沿着预定路线自西向东驶去。龟缩在前沿地堡里的敌人，突然钻出来欢呼，以为是他们自己的坦克开来了。他们哪里知道解放军已经武装上坦克了！转瞬间，坦克进到三营的攻击出发地前，掉过头来就对准敌人的工事开炮，几乎每发射一炮，就打毁一个地堡。敌人见过去掩护自己的坦克正对着自己开炮，顿时一片慌乱。此时，夜幕已经降临，擅长夜战的地面部队跃出战壕，向敌人发起最后的冲击……

"打得好！"陶勇抓起电话，直要三营姚营长，"这是我们第一次步兵、坦克、炮兵协同作战，很值得总结，你马上写一篇报道，拿来我看！"

这篇报道后来登在《华东通讯》上，真实地记录了尤家湖步、炮、坦协同作战的过程。

12月1日，敌人放弃徐州向西南逃窜，解放军11个纵队猛烈追击。在刚合围杜聿明集团的第四天，太阳偏西，笑眯着眼的陶勇在参谋长梅嘉生背后捅了一下："走，咱们一起到前边十师看看去。"

"好，你说去哪就去哪。"十师正准备攻击前平庄，梅嘉生本来就想去看看。远处传来密集的枪声和炮声，敌机也不断在头顶上空隆隆作响。他们一行四人，一口气跑了五里路，来到十师野战指挥所。杜屏师长笑呵呵地迎了出来："司令大驾光临！"

陶勇老远就伸出大拇指称赞道："老杜哇，你们的仗是越打越精啦！不论是指挥上还是战术运用上，都很漂亮。"

"哪里哪里，陶司令过奖了……"杜屏真诚地笑着说。

"好，还能进步！我们就是要胜不骄败不馁嘛，这样才能打胜仗呢！"

陶勇说得大家都笑了。

谁也没有想到，在围攻杜聿明集团的关键时刻，第十一师三十二团攻占的魏家楼，被敌人的坦克冲垮，夺过来的村庄又丢掉了。

像这样丢阵地的情况，在第四纵队还是第一次，十一师师长谭知耕深知陶勇的脾气，没有直接向他报告。

但陶勇很快就知道了。指挥所外面寒风刺骨，陶勇光着脑袋，在门口站一会儿，又到凳子上蹲一会儿，使劲地抽着烟，许久才说一句："仗打不好，到上边开会都没脸见首长。"

他两眼喷火，一副吓人的样子。寒气朝开着门的屋里扑着，屋里的烟气翻卷着朝外走，陶勇的脸上像涂了一层霜，一点也不觉得冷。他还在唠叨："当然啦，我们个人的脸面，还在其次，最主要的是给革命带来的损失。多打一个胜仗，革命进程就加快一步；失利一次，就拖革命一次后腿。所以，就是拼上命，也要把仗打好！"

指挥所里一片冷寂。人们在琢磨陶勇的话，也在想着夺回阵地的办法。

十一师没让陶勇失望。第二天夜里，他们重新调整部署，集中了兵力、火力，一鼓作气，终于夺回了丢失的阵地。

活捉杜聿明

12月4日拂晓，四纵和友邻纵队把杜聿明率领的三个兵团包围在陈官庄、青龙集、李石林地区。被围之敌主力转入野战防御。从12月6日起，我军逐渐向里围攻。

当东北野战军进了关，完成了对平津塘之敌的战略包围，封闭了平津之敌由海上南逃的道路以后，淮海战场的最后歼灭战就开始了。

1949年1月6日，华东野战军从四面八方开始向包围圈内的敌人猛烈攻击。

9日夜，敌已溃乱不堪，陶勇即令部队向敌“心脏”猛插。

部队如秋风扫落叶一般，迅速攻下了陈官庄之屏障——罗庄、李庄、黄庄户。10日晨，东方天色微亮，第十一师、十二师同友邻部队一举攻占了敌杜聿明集团总部所在地——陈官庄。不久，又传来十师攻占敌李弥兵团部的捷报。此时，敌杜聿明集团全线崩溃，纷纷缴械投降。数万名俘虏潮水般的被押下了战场。这些家伙大约几天没吃饭了，一个个饿得张着嘴，瞪着眼，在等饭吃。看见送饭的挑子一来，上去就抢。看守俘虏的战士有限，炊事员忙不过来，只好发粮食给他们自己烧饭吃。好在这些尘垢满脸、精神颓丧的俘虏们，差不多每人手里都有一件东西：洗脸盆、去了衬里的美制钢盔、茶缸、熏黑了半截的铝水壶……这些全都变成了“小锅”。一时广漠的雪野上炊烟四起。这大概只有淮海大战后才有这样独特的风景。

清晨，战场上的硝烟还没有散尽，陶勇、郭化若、卢胜、韩念龙、梅嘉生一行十几个人，便来到了陈官庄。庄子里还有一大群帐篷和熄了火的地堡，这些地堡有用迫击炮管盖顶的，也有用汽车翻过来盖顶的。当首长们走近帐篷的时候，俘虏们纷纷起立。有一个还恭恭敬敬地说：“报告长官，这是我们的武器，80发子弹一发也没有放！”旁边还有一个支起的罐子，下面是熄了的柴火。陶勇问："这里烧的什么？"

俘虏答道："报告长官，这是马血，是我们最后一点吃的。还有马皮、驴皮……"说着，俘虏从衣袋里掏出大包小包的东西，摊给陶勇他们看。这些东西生眼人很难认出是什么，有带着毛根的块块，有蜡黄带黑的颗颗。

"你们愿意参加我们的队伍吗？"陶勇问这个表现积极的俘虏。

俘虏敬礼："一百个愿意！"

陶勇招呼通讯员，交代他："弄清他的身份，多给他盛碗饭，没有问题的话，可以让他当副班长！"

那个俘虏眼泪哗的就流了出来。用袖子一擦，跟在通讯员后面走了。走得远了，才怯生生地问："这位小兄弟，敢问这位长官是谁？"

"他你都不认识？"小通讯员很是自豪，头一扬，"我们陶司令！"

这时，十一师师长给陶勇来了电话。

"陶司令，我是谭知耕。"

"老谭，什么事？"

"我把这几天的战果给纵队首长作个汇报，一是我们生擒了杜聿明；二是我师共抓俘虏 1.8 万名……"

"好，老谭真有你的！"陶勇高兴极了。其他几个纵队领导也都面带喜色，都让陶勇问问杜聿明是怎么抓到的，是真的还是假的。

原来，10 日这天，天刚蒙蒙亮，陈官庄和刘集的战斗还在进行，有 14 个手持武器的敌人慌慌张张地跑到刘集南侧的张老庄，但没敢进庄。后来在庄头遇到一个老乡，问老乡庄上有没有队伍。老乡说："有啊，周围几十里都是解放军！"这伙人一听，神色惶恐。问话的那个家伙马上从衣袋里掏出一个金戒指塞给老乡，叫老乡不要告诉解放军，就悄悄地走了。老乡发觉这几个人不对头，警惕起来，连忙向驻在庄上的四纵十一师卫生队报告了。当时全卫生队只有一支枪，可那几个家伙有十几支枪，怎么办？卫生队同志想起了红军白手缴枪的故事，心想：难道连几个残兵败将都对付不了吗？队长决定追。通讯员樊正人和崔小光两人带着一支枪一出村头，就看到一伙穿着官不官、兵不兵的衣服的人正向东走。看到他俩过来，那伙人立即伏在地上准备抵抗。樊正人一个箭步跑上去，崔小光则以预备姿势用枪瞄准着这群人。樊正人大喊一声："什么人？"当时，14人当中一个自称"队长"的人，问樊正人是哪一部分的。樊正人说："四纵十一师，你哪一部分？""我也是四纵十一师，原来和你们是一个师的。"樊正人看出来敌人是在玩诡计，就急中生智，指着他身上的一支快慢机，说："对不起，请把这支快慢机交给我，这是我们上级的命令，假若确实是自己人的话，可以还你。"樊正人顺手夺下枪来，马上把子弹推上膛对准他的胸口，其余的人也在他俩面前乖乖地放下了武器。

可是，接着问题又来了：枪多人多，他俩没法带走。这时樊正人灵机一动，向后面喊："通讯班上来！"驻在200米外的休养连轻伤同志闻声而到，协同把这14个人押回张老庄，转送到师政治部。

政治部主任陈茂辉一眼看穿这是敌军大官，估计是在卫士保护下跑出来的，随即问那凹鼻梁、身穿士兵服的"俘虏官"是干什么的。那个人说他是十三兵团的军需，叫"高文明"。陈茂辉要他把兵团部处长的名字写一写。他从衣袋里拿出一支崭新的派克笔，可是，半天也写不出什么来。在他伸手取笔时，手臂上露出一只防水表。陈茂辉注意到这一细节，又看他神色不定，就一个劲儿追问他："你到底是什么官？还是快说出来好，你隐瞒不了的！黄维、吴绍周不都查出来了吗？"

"高文明"听到这里，连忙问："黄维现在哪里？"

"你们不久就可会面。"

接着，"高文明"语无伦次地连续问："你是不是陈毅司令？"

"不是？"

"是不是纵队司令？"

"也不是。你不要问了，交代你是谁。"

"我确实是个军需，你们以后会调查清楚的。"

"高文明"被看押在一间房子里。他吃完饭后，从口袋里掏出一个小巧精致的打火机，抽了一支烟，唉声叹气很懊丧的样子。乘人不备，捡起房中的一块大砖头，对着自己的头敲了一下，敲破了头皮，把血涂了一额，便倒在地上一声不响地闭上眼睛装起死来。医生替他包扎时，他光是哼哼，一句话也不说。这时，政治部同志拿来杜聿明的照片和这个“高文明”一比较，发现他除比杜聿明少掉一簇小胡子外，其他完全一样。这时，从被俘的副官口中，证实了这个装死的化名“高文明”的就是头等战犯、国民党徐州“剿总”副总司令杜聿明。

太阳斜挂在西天的时候，十一师用担架把杜聿明送到了纵队。他低着头，一副失魂落魄的样子。往昔那个英武干练的名将，如今成了阶下囚。

在一间茅屋里，他们对杜聿明进行了审问。第四纵队的领导人都在场：司令员陶勇、政治委员郭化若、副司令员卢胜、参谋长梅嘉生、政治部主任韩念龙。在淮海战场上这样审问国民党的中将和少将，杜聿明已是第16个了。

杜聿明不知道，在他面前还有一位他的黄埔校友，这就是四纵政治委员郭化若。杜聿明是黄埔一期，郭化若是黄埔四期。

“杜聿明，你谈谈对这次战役和东北战场的看法吧。”郭化若客气地说。

“我本不想参加这次战役。”杜聿明沮丧地回答，“我也是无奈才上了战场。我们这次数十万人马的覆灭，是因为蒋介石听信了蠢猪刘峙的话，而没有采纳我的意见。我们在东北战场上的失败，应归咎于陈诚、卫立煌的无能……”

“这不是蠢不蠢的问题，也不是有能无能的问题，你们发动反人民的内战，本质决定了你们的失败是必然的，而你杜聿明被俘，也绝非偶然。”郭化若说得有理有据。

陶勇上前两步，像是要仔细看看这位国民党的名将，深有感慨地说：“你们国民党军队中，能人并不少。你杜聿明本人也是黄埔军校的高才生，抗日战争时打了不少硬仗。而我们人民解放军里，大多数指挥员是‘泥腿子’出身。‘泥腿子’打败了军校生，军校生当了‘泥腿子’的俘虏，这件事，意味深长啊！”

梅嘉生跟随陶勇多年了，打过的胜仗不少，俘虏的敌人数不胜数，可从未见他像今天抓获杜聿明这样高兴。或许是因为大决战取得了胜利，或许是因为国民党的名将成了他的手下败将，或许是这两者兼而有之吧。陶勇命令人迅速把杜聿明送到野司，然后高喊通讯员："告诉伙房，炒菜，摆酒，今天我要喝个痛快！"

……

"号外！号外！"纵队的《战地报》发出了号外。

"号外！号外！"师团的油印小报发出了号外。活捉杜聿明的捷报，雪片般飞向各个角落。耳闻不如一见，人们纷纷跑来看这个特殊的俘虏。看守所前，人潮涌动，川流不息。但是，能看到杜聿明的人并不多，因为这位俘虏很快就上送野司去了。后来的人，只见到一张收条，上面写道：

收到战犯杜聿明一名

此据

11日10时参四科

第六章　饮马长江

蒋介石南京布防

南京。

中山门外的林荫道两旁，五步一岗，十步一哨，卫兵荷枪实弹，一脸威严。果然，不一会儿，大道上车声隆隆，几辆摩托车开路，后面是一串黑色轿车，其中一辆高级防弹车特别醒目，其两侧有骑摩托的武装宪兵。不用问，只有蒋介石才有这样的排场。车队过后，路上的枯枝败叶在冷风中盘旋。

这里是四方城百米处的蒋介石东郊别墅，又叫美龄宫。别墅的琉璃瓦在灰暗的阳光下没了色彩，有的房间白天也开着灯。黑色防弹车沿着柏油路开上山坡，在美龄宫门前停下。蒋介石披着一件黑斗篷，满面愁容，默默走下轿车。

他在这里召开军事会议，研究部署长江防线作战。其作战方针是："以长江防线为外围，以京沪杭三角地带为重点，以淞沪为核心，采取持久防御方针，最后坚持淞沪，然后待机反攻。"

具体防御部署是：汤恩伯指挥的75个师，约45万人布于湖口至上海800公里的地段上，重点置于南京、上海之间，其中在江防第一线的有54个师，位于浙赣路上担任第二线防御的有21个师；白崇禧指挥的40个师，约25万人，布防于湖口至宜昌近1000公里地段上，其中江防第一线27个师，第二线13个师。另以江防舰队和第二舰队共130余艘舰艇，分别位于长江中、下游，以300余架飞机分置于南京、上海、武汉等地，协同陆军进行防御。蒋介石讲得很激动，有几次差点声泪俱下，对下边的将领说：“如果再守不住，我等将死无葬身之地！”将领们个个低头颔首，大气不敢出，怕一着不慎，招来杀头之祸。他们都知道这会儿“老头子”正要杀鸡给猴看呢。

这是1949年1月的事。蒋介石部署完，于1月21日宣布下野，由李宗仁代理总统。当日凌晨，蒋写信给傅作义说：“余虽下野，政治情事与中央并无甚变易，希所属各将领照常工作，勿变初衷……”

上午，蒋介石去中山陵谒陵，之后去中山陵附近的基督教堂默祷。正午，宴请中枢五院院长。下午2时，蒋介石在黄埔路官邸见国民党中央常委叙谈后即宣布引退。

下午4时10分，蒋介石结束了他在南京作为总统的全部事宜，驱车前往明故宫机场。登机时，发现许多送行的文武官员，旋即改换空军大校场机场。

看着蒋介石的座机消失在天空之中，汤恩伯的心情极为复杂。

蒋介石在几天前告诉他：“恩伯，衢州绥靖公署撤销，由你来出任京沪杭警备司令，希望你能恪尽职守，与白崇禧共防江防。”

汤恩伯知道，蒋介石一生都对桂系存有戒心，对白崇禧不会寄什么希望，重担自然落到自己头上，所以对此次晋升并无半点欣喜，相反更加心事重重。他答应着：“恩伯一定尽力。”

从机场回来之后，汤恩伯就坐在了五十万分之一的军用地图前，注视着他与白崇禧共同防守的两大战区。湖口以西归白崇禧的40个师，防线长达1000多公里，对手是对岸的林彪和刘伯承的一部兵力。湖口以东，直至出海口均属他的防区，75个师、45万人，他的对手并不逊于林彪、刘伯承。内战开始后，粟裕在每一次战役中，都淋漓尽致地发挥了他的军事指挥才能。宿北、莱芜、鲁南、孟良崮、开封、睢县、济南、徐埠等一系列大战，都显示了他超人的智慧。而他手下更是战将如云：许世友、叶飞、宋时轮、王建安、聂凤智、皮定均、陶勇……哪一个也不好对付。他拉开窗帘，遥望天空，默默地祈求老天保佑。

汤恩伯盼望着4月的日子能尽快过去，5月能早点到来。

他所盼望的5月，似乎是他的流年里一个回黄转绿的节令。这倒不是5月会有什么天兵天将从天而降，来巩固那百孔千疮的长江防线；也不是美国政府许诺的第三次世界大战准在5月里爆发，摇摇欲坠的国民党政府得以喘息。使得汤恩伯热切巴望5月的是：一到那个月份，长江的汛期就到了。那时候，江水暴涨，波涛汹涌……他们料定，解放军是不敢选在这个时候渡江的。若待江水平落下去，那就是秋后的事了。如果能获得这样一个间隙，就有指望卷土重来。趁此机会，他们就可以在南方各省抓到几十万壮丁，补充那些被打得焦头烂额的前线部队，还可以组成新的兵团，以便保住半壁河山。

他们派出代表与北平的解放军和谈，就是瞄准这步棋。代表们讨价还价，目的就是一个"拖"。同时，为了拖延解放军渡江的时日，他们把一切能搜罗到手的兵力、武器，都增添到江防上去，他们驱使士兵日夜赶修工事，他们把军用、民用和私商的载重汽车，集中起来，编成了几支摩托快速纵队，驻防在防线纵深里，准备随时运送他们的机动突击部队，去阻止在江南登陆的解放军。这一切，仍由躲在奉化的蒋介石来谋划、操纵……

而共产党方面则完全游刃有余。他们愿意和一切有和平倾向的人和谈，也随时准备着最后一战。于是，一方面是与李宗仁代总统的代表频频会谈，另一方面又在加紧准备渡江。淮海战役时的总前委仍在行使权力。以邓小平为书记，刘伯承、陈毅、粟裕、谭震林为委员的总前委，将第二、第三野战军两股绳拧成一股劲儿，以必胜的信念，将他们苦心琢磨的宏伟计划，一步步地付诸实际。

这的确是一个庞大的计划。当戴眼镜的战神刘伯承向部下布置这个计划时，他那压在地图箭头上的手指也微微有些战栗。过去提到战法，他总爱用他那些四川典故让听者记住精髓，这次他却直逼主题了：

总前委决定：以第二野战军的三个兵团组成西突击集团，以第三野战军的四个兵团组成中突击集团和东突击集团，在东起江阴，西至九江东北之湖口的战线上，实施有重点的多路突击，突破敌人长江防线。渡过长江后，第三野战军主力切断宁沪铁路和宁杭公路，首先歼灭芜湖、南京、镇江地区敌人主力集团，尔后向杭州、上海方向发展进攻。第二野战军除以一部直趋芜湖、南京外，主力直出浙赣铁路待机，准备协同第三野战军粉碎美国等可能的武装干涉。

部署完毕，刘伯承又补充说，中央军委已命令四野之一部，由我们统一指挥，配置于武汉正面，钳制白崇禧集团，策应我们渡江作战。

刘伯承布置完计划就好像已经打完仗，又变得轻松自如。一句四川方言又从他嘴里脱口而出："船载千斤，掌舵一人。一个好舵手，能使八面风。望各位抓紧。"

陶勇接到命令，就开始组织部队进行紧张的登陆作战训练。军党委的口号是：一举登陆，钉住钉子，坚决打垮敌人的反击，站稳脚跟，保证后续部队源源登陆。

部队已按计划开始练习游泳、划船和使用各种自制救生器材，干部在熟悉长江水情，组织演练上下船、航渡、水上射击、滩头爆破、登陆冲击动作。在各处溪流小河里，在纵横交错的沟壑里，战士和民工们赤着脚，光着膀子，站在齐腰深的泥水里，挥动斧锯，忙着架设桥梁，加宽路面，因为一支强大的炮队要开上长江大堤去，原来的小路根本不行。

这时候，各式各样的独轮手推车，在纵横几百里的乡村大路上吱吱扭扭地奔跑。白天，大路上，淡黄色的灰尘卷起一溜烟，小车的响声盖过了河里流水的哗啦声；入夜，车上千万盏小灯，串连成一条金红色的长线，在平川旷野里闪动。这些车上，堆放着军粮、弹药、麻布袋、稻草包……一应前线要用的物资。

最困难的还是船。

陶勇打听到管十兵团船只的是华中一地委长江工作委员会书记俞迺章，粗着嗓门说："这人我认识！"说罢便叫人去请。

船的问题

陶勇派了一个班把俞迺章从上四圩港用马接到军部所在的新丰市，一见面竟激动地拥抱起来。陶勇紧握着俞迺章的手，上下打量着，开玩笑地喊他“县太爷”。俞迺章曾任过澄西县县长。陶勇嘴里不停地叨叨：“好家伙！县太爷，我们北撤在一起，南下又在一起了！”

俞迺章也是满心欢喜：“听说你陶军长要在这里过江，我开心得不得了！天天盼你来呢！”

“真的？是盼我来呢，还是‘怕’我来？”

陶勇一边开着玩笑，一边把军部的领导：梅嘉生副军长兼参谋长、谢云晖主任等介绍给俞迺章，要他们之间多联系。他又忙着把通信营长叫来，让通讯营马上给他和俞迺章之间架上单线电话，开心地说：“我拿这根线拴住你，看你县太爷往哪里逃！”

双方坐定，警卫员端上茶水，两人的话题就转到渡江上。

俞迺章有些担心：“陶军长，二十三军渡江地段的地形是相当复杂的，单是圩塘到扬中南沙头，长江中就有十个沙岛，上面既有土顽又有国民党的江防卫队。”

陶勇问：“你在这一带做了哪些工作？”

俞迺章就把争取敌顽张松山、毛勇清的工作详细说了一遍。

陶勇听得很入神，称赞道：“县太爷，你们真不简单啊！”

“陶军长，中心沙是个关键部位，这条内线至关重要。我们的俞叔度同志还要负责整个第十兵团地段的情报工作，最好请军长派一个忠实可靠、精明强干的营、团级干部去中心沙，直接掌握这条线索，进一步开展工作，你看行不行？”

“行！”说着，陶勇和另外几位军的领导商量一下，决定派一个叫潘其荣的营长跟俞迺章去。当时陶勇就把潘其荣找来，向他交代任务，并给了他几十两金子作为活动经费。陶勇又问起船民、渔民的生活问题，看如何解决船只。

俞迺章皱起眉头：“去年10月份刚把他们召集来时，我们是靠抢割恶霸地主的芦苇维护他们的生活的。以后又分了一些滩田，但冬季不长庄稼，现在他们的肚皮里快唱‘空城计’了。你知道，我们苏中现在是很穷的，这个问题一时还真不好解决呢！”

陶勇认真地说：“过江要靠船，船是命根子。这样吧，你们有困难，粮饷由我来发。”

俞迺章转忧为喜：“军长，你这种气度，真是帮我们解决大问题了！”

钱有了着落，俞迺章办起事来很利索。从第二天起，凡是为二十三军渡江服务的船民、渔民，每人每天两斤米、两斤菜、五钱油、五钱盐，一星期吃一次肉，会喝酒的每人每天半斤泡子酒。缺衣少被的，一律照发补齐。生病的由团卫生队负责看。这样的待遇，对当时苏中人民来说，不算天堂，也算小康了。所以渔民、船民和工委的干部都喜气洋洋，都说二十三军气量大，肚里有油。

其实这只是陶勇到达新丰市的第二天。和俞迺章谈完了，他又把过船港、龙梢港、七圩港、界河与青龙港、夹港到上四圩五个工作组的正副组长、工委的情报站长和渔民中的骨干中坚分子，统统请到军部来。

当俞迺章把这近百人带到军部时，陶勇已把各师、团的领导也都召集来了。大家各自介绍一番后，陶勇宣布了哪些部队与哪个工作组联系，军、政挂上了钩。他在会上说：“长江工委的同志，你们有什么事就直接找驻在你们那里的师长、团长，他们办不了，就找我陶勇！我们部队的同志，你们有什么问题，就直接找你们那里的长江工委的组长和工作同志，他们解决不了，就找他们的书记俞迺章同志。总之，咱们军政一致，军民一心，密切合作，确保顺利渡江！”

陶勇还要各师团请工委的同志去介绍准备情况，谈民情、敌情，开诉苦会，讲为新四军服务的传统，谈长江航运的常识。

这一来，可把工委的同志忙坏了，上午你请，下午他请，其他各军纷纷效仿。工委干部几乎都被抢去作报告，连老渔民、老船工也都登上了部队的讲台。工委积极性也高，他们向陶勇建议，开一个渔民、船民的评功授奖大会。陶勇很赞成，要工委把工作做细，凡是为渡江做出贡献的，船一条不能漏，人一个不能少。

荣誉的力量可不小。这个会一开，船工们像上紧了弦，奖旗映得脸通红，再加上半斤泡子酒，个个如踏青云，捏得骨骼咯咯作响，互相耳语道："共产党、解放军从不亏待有功之臣，这次送大军渡江，把老命搭上也值！"

"是啊。咱要是壮烈了，江边上会给咱立碑呢。咱后代也光荣不是！"

"我是拼命了，你呢？"

战士们也喊："这次渡江做了英雄，就全世界闻名了！"……

在岸上，在港湾，在小酒店里，船老大和战士们厮混在一起，形影不离，称兄道弟，有说有笑。人们的脸上和心上都是暖和和的。这些脸上常喷着微醺的酒气，整天大敞开衣襟的人们，把手掌牢搭住战士的肩膀，喝到半酣时，便狠狠地拍着自己的胸脯，发誓道：

"老弟，你一百个放心。有船在，就有我在，有我在，就准保送你过江。"

"你别把我看作条糊涂虫。你们大军为哪桩来过江的，我还不明白？人都是娘身上掉下的一块肉，命，只有一条，你舍得去，我留着干啥？"

"老弟，人穷志不短，我们都是帮血性汉子，生平恨的就是那些压迫派。从古至今，没见过你们这号好人。要说送你们一船都不干，还算得上是闯江湖的汉子？"

可陶勇还是不放心。他从江岸回来，就一个"直线"把俞迺章请来了。

"县太爷，我到江边转了转，看见一些船都破旧不堪了，现在整个船只的状况如何？"

"大部分船只都很破旧了，有些是敌人破坏的，篙、橹、跳板、挡水板都被敌人抢去了；有的渔民、船民穷，篷、桅杆、索、舵都烂了，坏了，无力修复。这些船不修好，渡江要出危险。你是知道的，我们工委实在拿不出钱来修这些船，向上也报告了，但还没有回复。"

陶勇想了一下，说："这些船一定要抓紧修好，由我出面向地委联系。等原料和工匠到了，我们一起督促检查，把船尽早修好。”

不久，渡江指挥部就和地委一起从苏北各县收集了木材、竹子、桐油、石灰、麻丝、钉子等修船的原材料，集中了许多工匠，日夜突击，到3月底就全部抢修完毕。此时二十三军已有大小船只539条。其中多数是俞迺章搞来的，有一部分是部队自己动员来的江边的渔船，还有一些改造的机帆船和木排。有些船只暂时被隐蔽在藏船场。每天早上，当战士们离开江滩时，要把又高又重又笨的木船拉到江滩后面或者树丛深处藏起来。船随着口令在旱地里慢腾腾地移动着，战士们回营时，身上总是湿漉漉的，衣服用手轻轻一拧，汗水就成滴往下掉。

人一忙，时间就过得快，转眼间就是3月下旬了。二十三军的渡江准备工作已经就绪，只待上级一声令下了。

陶勇、卢胜对自己的部队是心里有数的。他俩扳着指头把这次参加渡江战役的十多个军挨个儿估摸了一遍，觉得自己所率的部队里江南子弟占绝大多数，水战是占优势的。

各个部队的准备工作都差不多了。部队作战前，不管是士兵还是领导，对自己部队的荣誉很在意，那的确是一种看不见却涌在每个人心中的激情，这激情比武器比生命还重要。军长们更是较劲。二十七军军长聂凤智想探探陶勇的底，打来电话问：

“嘿，老兄！我们再来个竞赛怎么样？”

“行啊，老聂，我哪次也没输给你！”陶勇颇有些得意，笑得听筒里声音直颤，“这次比，你那北方旱鸭子可要吃亏，你干脆就在长江边等着，我给你把老蒋捉来吧！”

说着陶勇笑得更响了，还不时向一旁的卢胜挤挤眼，那神情聂凤智看不见，但听得出来。于是话也急了：“好你个老陶，你别高兴得太早，出水才见两腿泥呢，咱们俩还难说谁能捉住老蒋呢！”

“你实在想让你的部下过江就让他们背好救生圈，我的弟兄们看到救生圈就跳下去救人！”

“好，你会说话，我不跟你抬杠，过江咱们再论英雄！”

陶勇说了一番“大话”，心里跟喝了酒一样痛快。卢胜瞟了一眼还沉浸在兴奋中的陶勇，捅了他一下：“老陶，看看部队去。”

“好。”

两人边走边聊，很快来到引以为骄傲的第二〇七团。这里是黄黏土地带，刚下过雨，到团里时，他俩的鞋底粘了一寸厚的土。正当他们用树枝刮鞋底时，听见动静的干部战士呼啦一下都围了上来。

陶勇问：“假如要你们渡江打先锋，大家有什么想法？”

许多人争着说：“军长放心，只要给我们任务，就是打到只剩下一个人，我们也要渡过江去。”

陶勇嗯了一声，对这种回答又赞赏又疑惑，眉头一挑，问道：“只剩下一个人，那怎么渡江啊？”

话语中带着明显的嘲讽意味。

有人被问得低了头，有的脸上已经有了不自然的红润。答话的是个士兵，可这种情绪肯定来自干部。

陶勇是个勇将，但最讨厌有勇无谋；他是个乐将，却不喜欢言过其实。盲目乐观对一个指挥员来说是危险的。“对于一个指挥员来说，既要勇敢不怕伤亡，又要善于出奇制胜，以小的代价争取大的胜利。”他说这话是对着大家，却是说给团长政委听的。这也是陶勇自己的作战原则。

他继续发挥着这个原则：“要取得渡江作战的胜利，一要勇猛，二要快速。勇猛，是进行任何作战不可缺少的，也是我们部队的老传统，而这次渡江作战发扬这种好的战斗作风尤为重要，勇气百倍，猛打猛冲，就能迅速冲垮敌人的江防；快速，对这次渡江作战特别重要，也可以说是取得胜利的先决条件。敌人在岸上，我们在水中，英雄无用武之地，早一分钟登上滩头，我们就可减少一份伤亡。‘旱鸭子’只要一上了岸，抖抖翅膀就能跑，能飞。再把我们的老把戏近战夜战施展开来，只要冲开一个缺口，敌人就是铜墙铁壁也得土崩瓦解！”

卢胜分析着：“现在我们的部队有两种情况，一是部分老一点的同志大都在大江南北转战过，对长江并不陌生，也有一定的渡江经验。但当时是在敌人没有绵亘防御和在地下党协助下利用夜间偷渡的。

现在则不同，是要在国民党军全线严密防守下，实行大规模进攻作战，突破长江防线的。所以不能掉以轻心，要研究新的情况，探索新的战法。另一种是，一些入伍不久的北方同志，就是陶军长刚才所说的‘旱鸭子’。这些同志与江河打交道不多，听说‘长江无风三尺浪’，心里直打鼓，想‘宁过千重山，不过一里江’。这两种情况都是不足取的。我们要让‘旱鸭子’变成‘水鸭子’，功夫就在平时的准备上。”

陶勇又说：部队情绪高涨，准备紧张，为此一时期主要特点。前几天的演习增加了大家不少见识，打破了大家很多顾虑，对长江不再害怕了，过去什么“无风三尺浪”“无边无岸”的夸大说法都被打破了。有风才三尺浪！还没有黄河水急呢！过去担心船小不能过江，现在才知道要用小船才好，小船又小又不易暴露目标，船在江中活动，岸上很难击中目标。还有登陆的问题，只要下船时肃静，从沙滩上去，岸上敌人是不易发觉的。他希望干部们多动脑筋，发扬军事民主，比如每只船要多准备几块跳板，可以分路上下船，动作快；跳板最好宽一些，板上最好用粗绳捆起间隔来，使它不滑；要多准备几根篙子，以便接近岸时集中力量撑过去，迅速登岸；准备小型轻便梯子，以便爬堤岸打敌人；每个组长以上的干部准备一根竹竿，以便测量水的深浅看能否下去；准备长绳以便需要时拉着绳子下水探险，或急救落水人之用；船上可铺点草，以免下船发生大声响；登陆点及船只队形应明确告诉船夫并很好掌握，以免形成拥挤混乱及船与船失去联络……

“乖乖，名堂还不少，真复杂，真要好好抓紧学习才行！”听讲的干部说出声。

卢胜说：“目前存在的两种思想障碍，干部中自满急躁情绪逐渐滋长，特别是经过江中实地演习和像你们这样历史较老的团队，有‘早一天打过去，敌人就少一天准备’‘长江也不过如此！’的想法，不愿耐心做好准备工作。”

“政委说得对，”陶勇插话，“靖泰新参军战士的乡土观念还很严重。你们团三连来了 24 个家属有 22 个哭的，对部队是有影响的，有些单位成立了军属招待所，由营统一招待就较好。”

卢胜接着说："老同志顾虑新战士无实战经验，信心不足，因此，我们目前要加强老战士爱护新战士的观念，加强思想互相活动是当前巩固工作、内部团结重要一环。"

房间一下沉静下来。浓重的旱烟味直冲鼻子，有人忍不住咳嗽起来。从他们的目光里，陶勇知道他们在动脑筋了。这种目光所蕴含的，不再只是宁折不弯，还有声东击西、围魏救赵等好些制胜的法宝。陶勇掂得出这种目光的分量。

同样，也掂得出突击团选择上的分量，他久久没有下决心。一天，他正在军部那幢三进大瓦房的天井思考着，两位团的干部梁竹吉和伍洪祥来军部看望陶勇。他们一进门，陶勇就高声叫喊："你们来了，好！好！"他们跟他进大厅坐下，警卫员把茶、烟放在桌上，梁竹吉抽着烟，看着陶勇高兴的样子，不由得想起刚认识他那一次。那个日子梁竹吉记得很清楚：1940 年 6 月 24 日，他随姬鹏飞到郭村西南杨家桥，迎接陶勇率新四军苏皖支队参加郭村保卫战。陶勇看见欢迎的群众，即从马背上跳下来，高兴地挥手致意。陶勇看上去是个中等个头，但健壮精悍，着装整齐，人字绑带一扎齐。虽然经过一夜行军又过了运河封锁线，可他脸上没有一丝倦意，两只大眼瞪得像铜铃。梁竹吉上前敬礼，手还没放下来，就听得陶勇问："你干什么的？""我当民运科长。"陶勇又问："老百姓很喜欢你吧？长得又红又白，像个大姑娘！"这下梁竹吉满脸通红，心想，这位首长真爱开玩笑。后来他听人说陶勇打起仗来杀气腾腾，常有两句话挂在嘴上："不完成任务，不要回来见我！""怎么搞的，我要杀你的头！"……

思绪拉回来，梁竹吉耳边响起伍洪祥的汇报："部队从鲁南一路南下，情绪很高，没出什么问题，可以按时到达泰州集结待命。"

陶勇一脸的笑："我早说了，打到江南去，解放全中国，哪个不高兴？尤其是江南籍的干部战士，更是想早日解放他们的家乡了，但要注意掌握好这股士气。"

陶勇站起来，朝墙上挂着的大幅地图走去。他在十万分之一的地图上，指着从南京到江阴那段长江，对梁竹吉说："这是我们东线兵团突破的地段。我们的部队过去在这儿渡过江，上级把我们军调到东线来，在泰兴东南的夹港至七圩港段强渡长江，突破圩塘镇至利港段敌人江防，截断京沪铁路。我打算由六十七师和六十九师各以一个团为第一梯队团，担负突破长江防御，占领南岸滩头阵地的任务。一个是二○○团，一个是二○七团，这两个团你都当过政委，你看他们行吗？”

梁竹吉一时语塞，心想这么大的事，军长还征求一个团干部的意见，我怎么好乱说？支吾道：“军长已决定，我没什么意见，行啊！”

“不是这个意思，”陶勇说，“我还在考虑中，并没最后决定，事关大局，不能马虎了事。你有什么意见都可以说。”

伍洪祥听到陶勇的话，也站到地图前面来了。他捅了捅梁竹吉，示意叫他讲。

梁竹吉只好开口，还有些紧张：“报告军长，我在这两个团工作过，但在二○○团的时间不长，了解得少些。这两个团的共同特点是：朝气蓬勃，执行命令坚决，敢打敢拼，机动灵活。二○七团团长杨绍良灵活机动，点子多；政委佘景行工作深入，勇敢坚决，他们担负突破任务是适合的，能完成任务的！”

陶勇点点头：“上岸以后，可能还有硬仗要打，由二○一团和二○五团去发展纵深。”

陶勇回到桌边坐下，掏支烟点上，又说：“这个问题，我还要征求其他人的意见，集思广益，最后好下决心，暂不要外传。”

半帆待渡

4月18日夜。渡江先锋团之一二○七团指挥所。

这是一栋半新的房屋，桌凳门窗都散发着一股桐油味。高大的窗户半开着，烟雾朝外飘散着。虫声蛙叫，在窗外时紧时慢地聒噪不休。

被陶勇问得红过脸的团干部们，再也没人打“一个人也要渡过江”的保票了。几个人围着一张地图打转。他们在冥思苦想，如何才能在战斗发起时以最快的速度第一个到达对岸。点子跟头顶上飘浮的烟雾一样多，也跟烟雾一样最终都被驱散。哪个点子都有合理性，可哪个点子也不中用。眼看夜色渐浓，有人已经哈欠连天了。参谋长袁俊开了腔：“因为我们是乘坐帆船过江，要争取首先突破，又不能把实力过早地暴露在敌人面前，就必须让我们的船比友邻起渡快，而且越快越好。我看，还是要在船上做文章。”

大家一议论：是这个理。起渡主要耽误在解缆、起锚和掉转船头这些麻烦事，倘若出击前一定时间把船隐蔽在河湾港汊里，不系缆，不抛锚，命令一下就放船，岂不就快多了？这法子到底是否可行，最后决定让汪主任亲自找船老大们商量一下再定。因为他负责管理船只，又是对岸谏壁人，从小生活在长江边，对当地风俗、民情了如指掌。

没想到第二天中午，汪主任带着一脸的失望回来了。一问才知那办法根本不成。汪主任喘匀了气，才带着几分怨气说，你们也不想一想：长江无风三尺浪，有风浪滔天。小木帆船一失去锚缆就跟大树拔起根一样，那还不飘到江里去？再说敌机天天在上空盘旋，船飘了出去，将会发现我军意图，招致空袭。

“这是谁的主意？”他磕着鞋窝里的砂粒，提醒着，“不管什么主意，都得想办法固定住船。军长让我们过去的船要像钉子，钉在对岸，你们想清楚没有？”

第一个“想清楚”的干部叫戴本立。下午，他兴冲冲地跑回团指挥所，讲了用人固定的一些办法。团领导们将信将疑，都说还是找船老大问一下吧。

船老大说行。又有人补充了一些，决定在发起冲击前一个小时左右，把所有待渡船隐蔽在江边，船头都朝向对岸。让战士每人拿根木棒，插进船下的泥沙中，用劲撑住，这就把船牢牢地固定住了。再一个措施就是把船帆升到一半，也用人力拉着等待。因这次是隐蔽行动，为了保证行动隐蔽、神速和一致，再用一根粗绳子从团部拉到各营、各连，时间一到，团部绳子一拉，迅速从营传达到连，不用发出任何声响和火光，就能很快起渡。

二〇七团在偷偷地练。

这一切，都只为了赶一个日期，赶一个绝对秘密的日期。

每个身临江岸的人，都分明感到这个日期的临近，却又全然不知它究竟是哪一天。

这个日期，就是4月21日。

只要这天一到，集结在江北岸的百万雄师，就要在一声令下，横渡长江，踏平国民党军在长江南岸的阵地，结束国民党政府的一朝天下。

4月21日，晌午刚过，几个军领导便早早地来到了指挥所，陶勇拿起电话向各师询问情况。六十九师谭知耕师长报告：一切准备就绪，命令一到，就能起航。天不太好，老刮东南风，对帆船南渡不利。

陶勇望了一眼窗外摇曳的垂柳，告诉他们："风向也可能变，不要心急。不管老天刮什么风，都挡不住我们前进的征帆。你告诉突击团的同志们，一定要发扬英勇顽强的战斗作风，努力克服一切困难，坚决完成渡江突出任务。"

"军长，你的表几点了？"谭知耕在电话里问。

"怎么，你连表都没有吗？"

"打仗的时候，总是上级首长的表准嘛！"

两人说着都笑了起来。

虽然一切都做好了准备，但对指挥员们来说，不怕归不怕，从内心讲，还是希望有个好气候、好风向，特别是现有的水上运载工具，能顺风顺水无疑更好一点。谭知耕看看时间还早，走出指挥所。说来也巧，他扬头一看，刚才还在气象台上向北飘动的风向标，静止了一会儿，又向东南方向招手了，东南风渐渐变成了东北风。那徐徐而来的清风，吹得大家喜上眉梢。谭知耕大喜，暗想陶军长何时学会了孔明之道，能掐会算。又感叹：得道多助，连老天也助我！

东北风也吹散了一些船工心头的愁云。起初当着东南风呼呼作响的时候，船工们很是担心，他们在江边燃起香烛，虔心祷告上天助降北风。而今北风阵阵，船工们也是一片喜色。几个老点的还摆起了古："三国时，诸葛亮借东风打败了曹操的水军，他是设坛祭天七天七夜才借得东风。这次毛主席远在千里之外借来了北风，蒋光头是西风落日，气数已尽！”有些船工还在焚香祝祷。一时间江边香火缭绕，一缕缕袅袅而起的淡白色烟柱升向天空。也有人说，这是出现真龙天子了。

总攻即将开始。各级指挥员的注意力全都集中到了不紧不慢走动着的时钟指针上。嘀嘀嗒嗒，这平时十分细微的声音，此刻犹如重鼓敲在人们心头。

一阵难耐的等待之后，晚7时半，东集团发起战斗。二十三军由泰兴以南江港至七圩港段强渡长江。在迷茫的夜色中，满载着突击队的战船，按预定的战斗队形，迅速驶离各启渡点，乘着北风，冲破汹涌的波涛，向南岸疾驶而去。敌人的炮火十分猛烈，炮弹不时在船队周围爆炸，激起一两丈的水柱，水花溅湿了指战员的衣帽。有的船只被打翻了，有的干部、战士中弹牺牲，船队却没有停止前进。篷索被打断不能升帆，就摇橹划桨，甚至用铁锹和双手划水前进。船板被打穿漏水，就用棉衣堵，用身体堵，有的负重伤的同志，用身体堵住漏洞，直至停止呼吸。有的船工负伤后，仍坚持驾船。船工牺牲了，战士们就接过舵把继续摇橹前进。

再说那个担任突击任务的二〇七团。船只沿江岸一线展开，人员全部登船，用竹竿撑稳船体，将篷帆拉开一半，成待命出航的态势。文雅一点说，这叫“半帆待渡”。

总攻就要开始。团指挥所里，人们大气不敢出，团长杨绍良守在电话机旁一动不动，攥着耳机的右手早已沁出汗来。旁边不远，健壮如牛的值班参谋双手捏着拉绳的一端，瞪眼瞅着团长。那可是全团人的生命线啊。四周静得掉根针都听得见响，空气紧张得简直要爆炸了。

这时各营、连都已进入起渡位置，战士们手拉帆绳，一边使木棒用力支撑着船体，成战斗编组队形排在江边。

7时半，突然电话铃声大作，指挥所里的空气陡的一震。杨绍良浓眉一扬，大手一压：“拉！”口音刚落，值班参谋已拉动绳索，那根长绳便迅速牵及到营、连、班。

动作之快已经无法用时间来计算。早已憋足了劲儿的战士们一见信号，一齐动了手，帆篷升到了顶，顿时兜满了风，便箭一般射入江中。霎时间，满江帆影闪动，轻盈如同羽毛。

发船速度之快超过预想。

这种“半帆待渡”的办法还真灵。它比别的船起动快。等几个团领导奔出团指挥所时，由袁俊参谋长带领的第一梯队一、三营离岸好远了，他们急忙朝指挥船奔去，到那里一看，哪里还有指挥船的影子？

面前的情景急得杨绍良发起火来了。第一梯队比兔子跑得还快，他让准备的机帆船还未开到，一、三营的船只已到了江心。指挥员们还在岸上如何指挥？情急之下，他叫第二梯队中警卫连两个班下船，让团指挥所先过去。这等冲锋陷阵、杀敌立功的好机会谁肯坐失？战士们坐在船里，怀里抱着枪，不吭气也不挪窝。杨团长还从未见他的战士如此不听话，最后才狠了心吼着声，下了死命令：“延误战机要杀头的！”那些个兵才抹着泪上了岸。

杨绍良和政委余景行赶快坐上那两条木帆船，拼命朝一、三营赶去。好在船轻便快当，坐着它，耳边呼呼风响，身后江堤急速地朝后退，树木也缩得远远的。

而一、三营因为船开得太急，也吃了一些亏。三连副连长急于航到敌岸，一定要拉满篷，增加速度。船老大再三说明风大船小，不能拉满篷，他就是不听，结果船到江中翻了。全船连船工 20 人，只剩 3 个人没有淹死，漂到江阴外边，第二天被救。

眼看离对岸不远了，忽然敌人盲目打起枪来，红绿曳光弹拖着长长的尾巴，迎面窜来。“糟了！敌人发现我们了！”没见过打仗的船老大惊慌起来，船身紧接着摇晃了几下。小小的木帆船装了满满一船人，如果船老大慌了神把不住船，一船人都得遭殃。一个侦察员急中生智，对船老大说：“前面部队上岸了，你看，正打信号弹与我们联系呢……”船老大立时定下神来，把住舵把，让船走稳些。也就在这时，一颗罪恶的子弹飞过来，射穿了那个侦察员的身子，只见他身子微震了一下，便很快平静下来，随后挪动身子紧贴住了船帮上的弹洞……

当时只有余景行发现了侦察员细微的举动，他想过去替他包扎伤口，可他没敢动一下。他很清楚，要是船老大发现真情，势必影响情绪，后果难以设想。佘景行的目光在侦察员和船老大之间游移，复杂的感情交织在一起，他的血管都要爆炸了！

终于等到前面传来枪声和喊杀声，一、三营上岸了。等指挥船一靠岸，佘景行就奔过去扶起那个侦察员，他已因流血过多昏迷过去了。佘景行迅速替他包扎好伤口，把他放上了担架。“这位同志后来是否活着，我一直未能打听到关于他的消息。”多少年后，佘景行还跟人说起这件事。说的时候，眼圈总是红的。

大约一刻钟的时间，第一梯队就接近敌方岸滩，直到这时才被敌人发现。但已为时过晚，战士们早跳进齐腰深的江水，向岸上跋涉。敌人惊魂未定，炸药包已经抵到他们下巴颏，手榴弹也快塞到裤裆了。敌人的火力点顷刻间飞上了天。他们迅速打开了一个正面两公里的突破口，按规定发出信号，点起篝火标示登岸方位，联络后续部队沿突破口向敌纵深进攻。

放下望远镜，陶勇直拍大腿，连叫：“好，好！”

按上级的规定，各级干部要靠前指挥，过去一个营，师长就要过去，过去一个团，军长就要过去。所以当先头团大部在彼岸登陆后，陶勇和卢胜就上船向南岸进发了。江面上，不时落下敌岸纵深射过来的炮弹，激起一个个巨大的水柱，震得小船直晃悠。不远处，飘荡着几条被打翻的木船，有的还在燃烧。陶勇和卢胜相互问道：不知船上的同志是否已泅渡过江？

船靠岸边，脚下就是江南的土地了。卢胜感慨道：四年前，我苏浙军区三纵不就是从这一带北撤的么？谢云晖清楚地记得，部队在这附近的魏村等地接连打了几个恶仗，才摆脱了敌人的纠缠。故地重返，今非昔比，心里格外欢欣。

当军部各个部门上船时，已是船行几度了。江面已经平静，夜风掠过，明月如钩，浪花滚滚。船工们已经完全融进了战斗。他们高叫着，比战士还急：“快划呀，不然见不到敌人了！”陶勇胸中也如江水一样翻腾。他拍拍船工的肩：“老乡，说得好，明早到我这里来，我请你喝酒。”

内线与豪情

此刻本应是对岸反击之时，可江面如此平静，对岸怎么连炮也不打了？陶勇有些疑惑：难道派过去的人真的起作用了？

3月中旬的时候，俞迺章向陶勇提出，将要渡江了，中心沙上光有一个潘其荣恐怕还不行，最好再派一个团长或副团长、团参谋长过去。陶勇认为很有必要，就又派了一个姓陈的副团长跟俞迺章到了工委。俞迺章叫人在七圩港买了四十多头猪，用船装上，叫陈副团长扮成猪贩子，从七圩港出发，经过魏村到中心沙，仍住在张松山家里。以后，陈就和潘其荣、张松山、张仲华一起做炮营的起义发动工作。他们在渡江前就控制了那个榴弹炮营。到21日晚大军渡江时，三个连都没开炮，但有一个连长临时变卦，突然命令该连射击，可是还没等炮响，就被张仲华营长就地枪毙了。这样，敌防守要地中心沙炮兵阵地在整个渡江战役中一炮未发。

再说东龙港。六十九师一个团的任务是夺利港。东龙港紧靠利港，因为有毛勇清、梁金玉这个内应关系，团里就派了两条船直奔东龙港。毛勇清、梁金玉看见船过来，喜在心头，不但不开炮，还准时接应。此刻，前几天刚派来督战的敌步兵连长裴富周发现情况不妙，立即命令梁金玉开炮。梁拒不执行，裴拔出手枪向梁连开数枪，梁金玉中弹牺牲。炮排的士兵群情激愤，怒火中烧。毛勇清抓住这个时机，发动全排起义，打死了裴富周，接应解放军先头部队上了岸。这样，东龙港就成为二十三军江南登陆的第二个突破口。

此外，敌一〇〇师师长许午言，一看第一道防线被突破，自己就带头逃跑了。当时整个敌军已是众叛亲离、人心惶惶，看见师长跑了，便立即如鸟兽散。路上枪支、弹药、衣服俯首可拾，辎重装备等到处皆是。所以，魏村一带的第二道防线也很快被攻破。

还有一个便是敌驻夏溪镇的团长朱力子，当二十三军打到夏溪时，他一枪未发，全团投降。

二十三军前指随第六十七师后面南渡，当夜，军设指挥所于大青墩。陶勇与兵团的叶飞司令联系，可怎么也找不到。原来，叶司令和韦国清政委遇到些麻烦。这天夜晚，兵团司令政委随二十八军先头师登船后，发现身边只有一个警卫排，连电台也没有带。叶飞有点恼火，千军万马渡江，即使再轻装，电台也不能不带，这是参谋机关起码的常识。可见新建机关工作还没有走上正轨。由于电台没有带上，一度使兵团和野司、总前委的联系中断，只有等与二十八军会合后，借助他们的电台了。登陆后，叶飞和韦国清来到了预定的指挥位置——二十八军登陆后军部占领的一个村子。这时天还未亮，下着牛毛细雨，能见度很低，人在三五米内都难以辨清。为防万一，就索性停在村外路旁小憩，先让人称“小广东”的参谋黄云进村侦察。这个小参谋处事机灵，他一进村，就碰见国民党的哨兵喊话，三言两语一对，他判定这村子驻的是国民党军的一个团，灵机一动，以“师长到”为名把这个哨兵带来见叶飞。叶飞见黄云带了个国民党兵，十分诧异。审问后才知我二十八军还没赶到这个村子，实在是险！于是叶飞带大伙神速向另一个方向疾进，走了约莫里把路，才找到了二十八军的先头部队。

深更半夜的，陶勇又抓起电话，要二十七军聂军长。他没有忘记与聂凤智打过的赌。因为上面说到的麻烦，聂凤智好久才联系上。

“喂，老聂吗？你的部队爬上岸没有？要不要我派援兵过去？”

“老陶同志，我们已胜利踏上江南的土地！”

“嘿，老聂你还会作诗呢，你这诗几个字啊？”

“就 12 个字。不过这不是诗，是我打给党中央、毛主席的电报！”

“老聂真有你的，这次不分高低，咱们进大上海再比！”

陶勇知道这次没赢聂凤智什么，说了一句上级有指示来，赶快压下电话，捂着嘴朝卢胜挤眼。而聂凤智颇为得意。他这个 12 字的电报，是他军事生涯中算得上文字最短、措辞最奇特的一份电报了，它所包含的喜悦与豪情是他终生难忘的。

陶勇没有忘记俞迺章的功劳。部队顺利过江，仍在马不停蹄地追击夺路而逃的敌人。到溧阳后，陶勇得空，立即写了封信，并让人开着两辆刚刚缴获的吉普车，赶到戚墅堰，交给俞迺章，信中说：“下一步你们的工作一定很繁重，你身体又不好，这两部吉普车就送给你用吧。”

俞迺章感激地收下了。他想想地委和专员公署还都没有吉普车呢，哪能自己独用？就把一部车给了地委，另一部给了专员公署。

“紫石英”号事件始末

淮海战役结束后，华东野战军在徐州和海州地区进行整训。在此期间，还遵照中央军委关于统一全军组织及部队番号的指示，对部队进行了整编。华东野战军改为第三野战军，陈毅任司令员兼政治委员，粟裕任副司令员兼第二副政治委员，谭震林任第一副政委，张震任参谋长，唐亮任政治部主任，钟期光任政治部副主任。下辖四个兵团：第七兵团司令员王建安，政委谭启龙；第八兵团司令员陈士榘，政委袁仲贤；第九兵团司令员宋时轮，政委郭化若；第十兵团司令员叶飞，政委韦国清。将纵队改成军，四纵改为二十三军，陶勇成为二十三军军长。每个兵团下辖四个军，二十三军属于第七兵团。

“紫石英”号事件发生之初，与陶勇并无多大的关系，那是发生在第八兵团防区的事。陶勇的第二十三军因多为苏中子弟，对该地区的地形和民情比较熟悉，粟裕在渡江战役发起之前，将二十三军划归第十兵团管辖，到江苏泰州地区集结，参加东路作战集团的渡江任务。第十兵团司令正好是人们熟知的“叶王陶”中的叶飞。

1949 年 4 月 20 日，是中国现代史上一个不同寻常的日子。这一天，国共两党和平谈判破裂，解放军的百万大军雄踞长江北岸，正以弯弓待发之势，准备渡江，直捣国民党老巢；而长江南岸的国民党 75 万守军，困兽犹斗，生死存亡在此一役。

早晨，晨雾刚刚散去，大约 8 点半钟，一艘打着“米”字旗的英国军舰驶进扬州东南 20 公里的三江营水域。这一带是解放军渡江东路大军第八兵团的防区。

东路大军预定的渡江作战时间是 4 月 21 日，此刻正在严阵以待，准备随时投入战斗。可是江面突然出现的这艘英国舰只干扰了这个计划。

以后才知道这艘英舰叫“紫石英”号，是隶属于英国皇家海军远东舰队的护卫驱逐舰。这是一艘刚下水不久的新型战舰，排水量约2000吨，舰上装有102毫米火炮6门，40毫米火炮6门，另外还装有24管的深水炸弹发射器，载有192名官兵。

七连观察所马上向团部报告：“发现敌舰一艘，炮口对向我北岸阵地。”

接到报告时，三团团长李安邦、政委康矛召正在第八兵团司令部开会。副团长当即命令：做好战斗准备，如英舰不向我射击，我亦不向其射击；如英舰向我射击，应坚决还击！

上午9时许，英舰已开到解放军七连三炮位附近，这时下游炮兵对天鸣炮，警告英舰立即离开。

“紫石英”号舰长斯金勒少校，站在指挥台上，朝北岸解放军阵地指指点点，并对他的副舰长威士敦上尉说：“共军开炮是什么意思？”

“少校，我想他们是想让我们离开。”

斯金勒冷笑一声：“他们有什么权力让我们离开，真是天大的笑话，在中国还没有人敢这样命令大英帝国的海军！”

“准备射击！”斯金勒下了命令。

英国水手们懒洋洋地把炮弹送进了炮膛，他们以为只要向人民解放军的炮兵阵地上发射几发炮弹，对方就一定会吓得举手投降的。

“放！”斯金勒没有考虑任何后果，就下达了开炮的命令。

军舰上的炮口转向了北岸，随着火花闪动，几发炮弹落到了沿江的炮兵阵地和村落。“紫石英”号开炮了！

岸上炮三团两个炮兵连立即向“紫石英”号开炮还击，与此同时，相邻的炮一团也主动投入战斗。

在这样的情况下，“紫石英”号的结果可想而知。仅仅3分钟的战斗，“紫石英”号便中弹30余发，指挥台与前主炮直接被炮弹击中，舰身多处洞穿，操纵系统失灵，航向失控，舰首偏斜，勉强坚持着驶向南岸，在一阵断断续续的突突声中，搁浅了。

军舰仍未脱离我军火炮的有效射程，又一发炮弹跟踪而至，落在后甲板，炸毁了后炮，“紫石英”号完全瘫痪。很快，在“紫石英”号上挂起了两面表示投降的白旗，一面挂在主桅上，另一面挂在后桅上。显然，曾经不可一世的大英帝国的舰队没有投降的习惯，不会预先准备白旗。那是两条白色的大床单。

这次战斗中，舰长斯金勒阵亡，副舰长威士敦重伤，全舰共死亡17人，负伤20人。而后来的消息证明，“紫石英”号实际的伤亡人数远远大于这个数字。

英国远东舰队获悉“紫石英”号在长江内受伤的报告后，副总司令梅登海军中将立即乘坐旗舰“伦敦”号，并率驱逐舰“黑天鹅”号全速驰援。4月21日晨，英国舰队驶过了江阴，继续向解放军控制的江面前进。

而长江北岸八圩港一带，正是解放军东路渡江大军第十兵团的防区。

位于八圩港右侧的突出部，有一个简陋的炮兵观察所，它是第二十三军炮六团一营的左观察所。此时正是二连观测员崔汝山的值班时间。小伙子才18岁，典型的山东人模样：黑黑的脸膛，浓浓的胶东口音。因为有点文化，一当兵就在营里当上了文书。1948年5月，他调到华野特种兵纵队特科学校学习炮兵行当，淮海战役结束后分配到炮六团，小小年纪就担任了排级待遇的观测员，令不少同乡同龄人羡慕不已。这个小观察所，下面是泥巴，上面是两块门板，只能容两个人并排站着。最重要的物件有两样：一架望远镜，一部电话机。这架望远镜，专业术语叫炮队镜，也算得上是精密仪器了。透过它一看，不但宽阔的江面尽收眼底，就是相隔3000米的对岸，也看得清清楚楚。这会儿，几个弓着腰戴着钢盔的国民党兵正在搬土袋，看样子是在加固工事，远处有许多民夫正在当官的吆喝下挖土和运土。

崔汝山手握炮队镜，让目光挨次通过江面。晨雾刚刚散去，初春的江面渐渐变得清晰起来。

好像有风声，可是江面上风平浪静，哪来的风？是不是耳鸣？崔汝山拿小拇指使劲在耳朵里旋了几圈，可是风声依然。再一听，轻微的轮机声。崔汝山家在威海，听惯了这种机帆船或是兵舰的轮机声。再往炮队镜里定睛一看，他不由得倒吸凉气：妈呀，这不是兵舰吗？再往舰上看，前后甲板上有几门大口径的火炮正朝着北岸转动。再看舰尾，一面米字旗悬挂在桅杆上。刚发现时大约距离有 1000 米，转眼只有 800 米了。崔汝山知道事情重大，放下炮镜就去摇电话，向连里报告：

“发现一条大兵舰，英国的，距离 800 米，正是榴弹炮最有效的射程。排长，快请示开炮吧！”

电话那头的观通排长，一下子也急了，但比崔汝山稳，熊了他几句：“你老老实实观察，别瞎咋呼！”

“是，好好观察。”

崔汝山放下电话，又伏在镜头前寻找目标。他看见大军舰停在江中不走了，随着巨大的嘎嘎声，一只大铁锚抛进江中。不远处，大约相隔 500 米处，也出现了一条军舰，虽然没有前面的大，但舰甲板上也高耸着几门火炮，黑洞洞的炮口指向江岸。它也抛锚停泊于江中。

崔汝山急忙再次报告。

电话那边的排长不敢拖延，几分钟之后，情况就报告给一营营长王坤廷。王坤廷当即叫通炮六团团长马达卫，向他报告：“发现一大一小两艘兵舰，游动在一营阵地左前方，挂着英国旗，请示怎么处理。”

马达卫不及多想，命令他：“你马上跑步到三连阵地去（三连是一营的主阵地），我随后就到。要不要打，等我们直接观察以后再请示决定。”

团指挥部就在三连阵地不远，马达卫放下电话，来到阵地时，跑得一头大汗的王坤廷也赶到了。两人弓身钻进三连观察所，通过工事的瞭望孔朝外观察。他们用肉眼就能看见横在江心的两条军舰。垂在舰杆上的米字旗不时被风撩动一下，告诉人们它是“光芒四射”的大英帝国。马达卫数着舰上的火炮：1，2，3……好家伙，长长短短足有 30 门！舰体约长 140 米，舰桥大约有 17 米，各式火炮一齐指向天空，炮管在阳光下发出刺目的钢灰色的光。这简直是一座水上城堡。

两位指挥员越看越觉得奇怪：双方交战迫在眉睫，这两艘英国军舰来干什么？参战？又不像：舰炮虽然都脱去了炮衣，挺胸昂首地炫耀着自己，可甲板上水兵并未进入炮位……

官兵们催促着：“团长、营长，快打吧！这肯定是外国鬼子来帮老蒋阻拦我们渡江的！快打吧！”

马达卫没有答话，抓起电话，要“洪湖三〇一”。

“洪湖”是二十三军的代号，“三〇一”则是军长陶勇的代号。

陶勇刚吃过早饭，就接到前沿阵地的报告：七圩港以东江面上开来了两艘敌舰，航速很慢，舰上的人还拿着望远镜不时地向我阵地窥探。

陶勇让他沉住气，看看再说。然后对政委卢胜说：“渡江作战在即，在这个时候突然冒出两艘形迹可疑的军舰，不可等闲视之，走，我们到江边看看。”

江面上，双方僵持了一个多小时：炮口对着炮口，眼睛对着眼睛，说不清在等待什么。

陶勇和卢胜、政治部主任谢云晖已经赶到了八圩港江边。陶勇走得很急，一到阵地就往观察所里钻，观察所的进口又低又窄，他一头碰到掩体的门板上，松动的泥土哗哗往下流，洒到他的军帽上，灌进脖颈里。

他抖着身上的泥土，发现崔汝山站在那里，眉一拧，眼一瞪：“小鬼，这样可不行！你这是兔子窝还是老鼠洞，能防空还是能防炮？告诉你，马上给我重新修过，乱弹琴！”

崔汝山从未见过陶勇，但知道这肯定是个首长，不然后面不会跟着背美式卡宾枪的警卫员，和腰里别着手枪的秘书或是参谋。他站直了，立正回答：“是，首长！”

陶勇说着，已经站到了炮队镜前，将眼凑上去，仔细向江面张望，口中喃喃：“奶奶的，这是在捣什么乱！”

江上的雾气还未散尽，离岸不远的江面上，一大一小两艘军舰依稀可见。透过望远镜，看得就更清楚了：两艘舰艇上高挂着花花绿绿的“米”字旗号，金发碧眼的洋鬼子大大咧咧地在甲板上来回走动。巨大的舰炮张牙舞爪，正虎视眈眈地对着江边阵地。

陶勇寻找着电话机，口中仍在不停地说：“不管它是什么船，挡在我们渡江的路上就不行，得想办法把它赶跑！”

他摇得电话呜呜响，让连总机转团指挥所：“马团长吗？我是陶勇……”

一旁的崔汝山听见了，吓得一缩脖子，涨红了脸。

陶勇问马达卫：“这两条兵舰为何不走啊？”

马达卫说不知为什么。

陶勇命令道：“它妨碍老子渡江，不行！好狗不挡道，你要准备轰走它们。你命令就近的炮兵做好射击准备，先用常规信号发出警告，要它们离开防区，我马上再请示兵团首长，一等批准，你们就开炮！”

当天早晨8时20分，陶勇报告的情况通过兵团领导直达指挥东路渡江的指挥员粟裕和张震，他们立即向军委和总前委发出了请示电报。

当日中午之前，中央军委就有电报来。大意是：对帝国主义斗争的策略要有区别。如果是美帝国主义的军舰来犯，就要坚决消灭；对于英国军舰则采取不打第一炮的原则，方针是“人不犯我，我不犯人；人若犯我，我必犯人”。

陶勇嘴上不说，但那凝聚的眼神告诉人们，他也是在忍受极大的心灵撞击，忍受着干柴烈火的熬煎。他担心的是两条军舰误了发起渡江的大事。因为七圩港距离昨天发生战事的三江营江面有百余里，那里发生的一切，全神贯注于渡江作战的第十兵团的指挥员，并不知晓。

接到陶勇电话的兵团司令员叶飞，心情更是难以言表。东路军渡江的成败，不仅关系到第十兵团十几万人的使命与荣誉，更关系到整个京沪杭战役的得失。作为全兵团的最高领导人，面对这两艘既不打又不走的军舰，实在没有时间可供选择的了。

电话那头的陶勇还在催促：“叶司令啊，它妨碍我们渡江，你看是不是把它打掉？”

叶飞不敢贸然行事，细心地问：“兵舰上挂没挂预定的信号旗？”

“旗不少，花花绿绿的，听说是英国旗。”

“老陶啊，我看还是慢一步。军委有过命令，对帝国主义的武装力量，我们不要打第一炮，不要挑起冲突。如果它敢开炮，我们严惩不贷。我看这样吧，时间紧迫，你先命令炮六团，让他们的前沿观察所用信号联络，如果不是国民党的第二舰队，确实是外国军舰，就得警告他们迅速离开我军防区。”

叶飞特意问到的国民党第二舰队，其司令林遵已与我地下党取得联系，准备趁我军渡江之际率舰队起义，投入人民军队的怀抱。叶飞怀疑这会不会是林遵的舰艇，怕误会起来，双方受损。

叶飞和陶勇的命令很快传到炮六团，要求所属在没有摸清英舰的来意之前，不要轻率开炮，并命令驻守八圩港以西江畔的炮三连，抓紧时间向英舰发出警告信号，敦促他们立即离开我军的防区。

发信号的任务交给了观测员曲天华。他带着几样器材，来到七圩镇附近的江堤上，选了个突出位置，举起信号枪，向“伦敦”号方位，连放了三颗黄色信号弹。信号弹拖着长长的尾烟，在江面上空划着巨大的曲线，消失到江中。曲天华瞪大眼睛，紧盯着“伦敦”号上的反应。可是，“伦敦”号没有一丝动静。等了一会儿，他只好收拾好东西，回连部向领导汇报。

连长和指导员商量了一下，组织几个人，到江堤上搭起三个干柴堆，点上火。火光冲天，映红了江面。这一联络方法原是准备接应国民党第二舰队起义时使用的，现在只好先用上试试，或许这两艘军舰跟起义的舰队有什么联系呢，管它呢，试探一下没什么不好……

可是，军舰仍然平静如初，没有回应。

马达卫再一次将电话摇到“洪湖”指挥部，报告联系情况。接电话的是二十三军政委卢胜。他询问着：“三堆火也没有反应？”

“没有。”马达卫回答后焦急地问，“如果它们向我们开炮，可否还击？”

卢胜说：“我们马上报告兵团，你们等待兵团指示。”

“我跟他说。”陶勇要过电话，大声吼道，“他们开炮你还不打，等死呀？不过你们要随时报告，不要轻率开炮。”

当三堆大火腾起熊熊烈焰，烟柱在空中翻舞之时，“伦敦”号和“黑天鹅”号终于有了反应。随着一声号令，甲板上的和平景象突然消失，水兵们各就各位，两艘舰上的桅杆都升起了一面旗帜，估计是他们舰队内部使用的临战信号旗。随着哗啦哗啦的起锚声，两艘军舰开始移动，并将全部炮口转向解放军阵地。

炮六团一营三连连长肖永福向全连发出命令：“全连注意，准备战斗！瞄准前面的大兵舰，一、二炮用榴弹，三、四炮用穿甲弹，装填！”

就在肖永福下达预备命令时，马达卫又打来电话，叮嘱他们说：上级有新的指示，如果要对外国军舰开炮，必须得到上级批准。原则仍是“人不犯我，我不犯人；人若犯我，我必犯人”，我们不开第一炮。

此时，两艘英舰同时降下桅杆上的旗帜，拉响了火炮。炮口喷出火焰，炮弹呼啸着扑向江岸阵地，把树木和泥土掀到空中。好在三连的工事比较隐蔽，大炮没有挨炸。炮声就是命令。解放军也向军舰开了火。对轰中，江面上布满了烟和火。炮弹落到江里激起的水花到处散开来洒在浪头上。

已近正午。“打起来”的消息传到二十三军指挥部时，陶勇正在吃午饭。参谋处长贾鸿钧放下电话听筒，奔到他面前，报告江上开战的情况。

“我们的人有无伤亡？”陶勇问。

“二〇二团当时正在团部开会，炮弹打过来，团长邓若波和参谋长王保哲当场牺牲，团政委陈坚负伤，还有四十多人受伤，包括老乡。”

陶勇一听，搁下饭碗，猛的一拍桌子，筷子震到地下。这意外的消息使他的情绪变得难以控制。他浑身颤动着，满是突然起来的寒噤。

就在上午，陶勇还接到过马达卫请求开炮轰击的电话，但他考虑到此事涉及与外国关系，认为还是暂不开炮为好，等请示野战军粟裕代司令员再定。

这一刻他抄起电话，直接找叶飞。

叶飞的心思跟陶勇一致，虽然中央军委对是否炮击英舰和如何掌握炮击分寸的指示尚未下达，但英舰已经开炮，便断然下令：“还击！给我狠狠地打！”

当愤怒找到地方发泄的时候，陶勇已经平静下来。他给六十八师师长张云龙打电话，要他迅速赶到二〇二团，重新配备领导班子，振奋士气，化悲痛为力量，必须在当天晚上发起的渡江大战中，让这个具有光荣传统的主力团照样成为主力团，打出威风来。

炮战开始以后，英舰虽利，但毕竟“寡不敌众”，在江岸密集炮火的轰击中，纷纷中弹，舰长卡扎勒海军上校负伤，炮弹的碎片把舰上的最高指挥梅登中将洁白的海军服也撕裂了。几十名水手弃船登岸。“伦敦”号和“黑天鹅”号带着累累弹孔和伤痕溃驶上海。

据英国海军情报部门统计，“伦敦”号死 15 人，伤 13 人；“黑天鹅”号 7 人负伤。

炮战结束后，三野领导怕此事影响到渡江作战，也为了了解真相，以便占据宣传上的主动，让司令部打电话查询事件真相。

4 月 21 日晚上 8 点，三野的电报发到了中共中央军委。毛泽东在给中央军委的指示电报中支持了三野的做法。

“紫石英”号事件并非孤立之事，中国长久以来受到英国为首的西方列强的欺压，上百年无法翻身，而中共强硬的立场，自始至终都受到中国人民的高度赞扬，连蒋介石都不得不对他的爱将汤恩伯说道：“造反的出身，当真是天不怕地不怕。”

“紫石英”号事件由于当时国际国内的复杂局势，在中英之间举行了多次谈判，历时三个多月，毫无结果，最终以“紫石英”号借台风骤起，傍靠一艘客轮逃出长江而不了了之。

这是新中国建立前后第一起外交事件。解放初期，刚刚转入海军的陶勇，多次对部下讲起过这段经历。他颇有感触地说，当时我们不懂海军舰艇的特点，也不熟悉国际信号，派了一名不懂英文的排长，率领一个加强排登上了“紫石英”号，去看押这一大型“战利品”。殊不知，应该封闭其航海室、雷达室、无线电室、弹药库、炮塔、武器装备，让它失去航行操纵能力、机动能力、射击能力，我们的战士仅牢记“一切缴获要归公”，站在甲板上等待上级来接收这艘兵舰。结果，这个步兵排全部被解除武装，反倒成了俘虏的俘虏。最后，被“紫石英”号胁迫一艘民船遣送回来。这是一个深刻的教训。

第七章　进驻杭州

初进杭州的忙乱

从4月24日开始，陶勇带着二十三军三个师向敌展开分路追击。恰逢阴雨连绵，地湿路滑，退敌和追兵都陷在泥泞中。

江南群众支持二十三军作战的情景是感人的。

他们冒着大雨，把喂牛、烧饭用的稻草，铺在泥泞不堪的路面上，防止有人滑倒；在被国民党破坏的桥边，他们用小船、门板搭起浮桥，日夜守卫，保障部队通过；有的地方男女老幼一起出动，捡净路面的大小石块，以防部队夜间行军踢伤脚；还有的主动当向导，设路标。

“军长，我第六十九师已进占金坛，歼敌二百多人。”因为兴奋，谭知耕本来就大的嗓门更响了。他从俘虏口供中获悉敌第五十一军主力已南窜溧阳。

“继续追击！一定要先敌占领溧阳！”陶勇布置着，雨忽大忽小，他吐着流进嘴里的雨水。

谭知耕放下电话，当即率部冒雨紧追。第二〇六团第一营于25日黄昏前进抵溧阳城郊，冒充敌掩护部队突然闯入城内，一举歼敌第五十一军残部800余人，缴获汽车30辆，解放了溧阳城，完全切断了宁杭公路。

26日拂晓，由南京方向东逃之敌蜂拥而来，第六十九师奋勇出击，横扫逃窜之敌，至当日黄昏共俘敌9000余人。27日，第六十七师在张渚附近歼敌一部后，继续南追，28日在洞口歼敌1个团。29日晨，又在张渚东南白岘镇地区，俘敌3000余人。第六十八师在追击中，超越前卫师队形，于 29 日晨进至泗安以北流洞桥地区，配合友邻围歼逃敌，至中午解决战斗，俘敌少将师长以下 5000 余人。至此，由南京、镇江、芜湖南逃之敌，除第五十四军主力先期逃至上海外，其余 5 个军全部或大部为解放军东、西作战集团全歼于郎溪、广德地区。

4 月 30 日，第三野战军命令二十三军进军杭州，并归建第七兵团。副军长兼参谋长梅嘉生命令六十八师作为军先头部队迅速进占杭州，并首先占领广播电台、监狱、法院，保护钱塘江大桥和市内重要工厂、设施。

5 月 3 日，杭州守敌慑于被歼，弃城南逃。友邻二十一军先头部队亦在数小时前占领了钱塘江大桥等重要目标，已经被敌安了炸药导火索的著名的钱塘江大桥幸免于难。

为了不影响市民的正常生活，二十三军将士悄悄地进入了市区。

夜色苍茫之中，第七兵团机关进入杭州近郊。向前望去，整个上空灯火辉煌。不大光景，兵团领导进入了这座以景色秀丽闻名于世的花园城市，兵团部就设在西湖堤畔的湖滨饭店。

5 月 4 日深夜，兵团召集各军首长参加的作战会议，研究了整个攻取浙江的作战计划，明确了各军的任务。二十一军将接管杭州的任务交二十三军，于 5 月 6 日撤出杭州挺进浙南，解放温州及沿海岛屿；二十二军向浙东进军，解放宁波及沿海岛屿；二十三军进驻杭州，负责城市警备治安工作，并宣布陶勇兼警备区司令，卢胜兼警备区政委。

当第一缕朝阳给西湖镀上金黄时，市民们打开房门，惊奇地发现屋檐下、青石板上睡着一排排的解放军战士。他们和衣而卧，怀里抱着枪。看得出，他们有些冷，又很疲惫。5 月初的天气不能算热。

西湖边上也躺着一片一片的解放军战士。这是西湖有史以来从未有过的景观。

“解放军进城了！”

一声吆喝，杭州城醒了！

市民们奔走相告。不一会儿，杭州城里热闹起来。有人组织了腰鼓队，有人打起标语，欢迎解放军进城的人群堵住了街道。

陈茂辉带着警卫员走上大街，穿行在人流之中。

兵团散会时，天已大亮，陶勇牵着心爱的战马静静地在湖边散步。他倒背着手，吸着纸烟。每吸一口，都有些陶醉地嗞出响声。他一生都喜爱战马，但杭州城里不能骑马，那样会踏坏马路的，他已下令将干部所有的马匹留在城郊，牲口一律不准进城。为此有些干部因没了交通工具不满意。他的马很快要由饲养员牵走了，有些依依不舍，连觉也不想睡。他这样慢悠悠地走着，一边遛马，一边想问题。

部队进入杭州市后，担任城市警备任务，人员的思想是有波动的。多数人为胜利所鼓舞，认为革命“到底”，过去总以为这个“底”很渺茫，最后胜利的“最后”两字也很含糊，究竟哪年算“最后”呢，今天是很明朗了，杭州算是见一个“底”了吧，因而兴奋，兴奋得脸上发光。兴奋是一种荷尔蒙，有时会刺激人出格。羡慕奢华，享乐思想抬头，首先表现在入城后的住房上。这个部门看到那个部门住了好房子，就挂脸。军政警卫连住在山上庙里，看见机关都住洋房，就说：“要用起我们来，就把我们掩出去，不用就把我们丢了。”第六十七师作战科长看房子不好，骂了管理员，还打了他三个耳光。二〇七团个别战士反映：“当兵不抵老百姓三分之一好。”这是什么话？

有些部队分散值勤，任务繁重，而纪律严格，感到麻烦，觉得不如住到乡下痛快。二〇四团一个教导员反映：“城市里真难，还没有知道就犯了错误了，算了吧。”为此处处小心，如履薄冰。二〇三团一个营从城中搬到乡下去住，大家觉得很痛快，“这下子到了解放区了！”

看不惯城市。有的战士，甚至干部亦如此，看见一男一女并排走，就看不惯；看见城市女人穿得漂亮，背地就骂是“妓女”；看见西装革履的商人，背地里就骂是“寄生虫”。水是水，油是油，溶不到一起还不甚可怕。可怕的是被城市腐蚀了。一些理发员、运输员，甚至个别油印员，不满意自己的工作分工，人问干什么工作的，迟迟说不出口，怕人家看不起。干部中开始对部队的供应标准不满意，连续行动，伙食确实难搞；进城后开始不准买菜，以后东西天天上涨，猪肉卖到一斤两万元以上，伙食仍旧搞不好；第一套军衣穿破了，第二套还不发，嘴里不说，心里在骂。

陶勇左思右想，最令他不快的是离队思想已逐渐暴露。这些个脓疖子，渡江前后就鼓了出来，只因任务紧张，是潜伏着的。目前由于战役任务已告结束，已有个别干部向组织提出离队做地方工作的要求，此种倾向正继续滋长着。

他看见了陈茂辉，远远地打着招呼："怎么样，还热闹吧？"

"军长，你不困？"看着陶勇悠闲的样子，陈茂辉不禁问道。

"我不疲劳。这么好的美景不看看对不起蒋介石。即使疲劳也睡不着，脑袋里事情太多。"

同为军、师领导，陈茂辉也遇到跟陶勇类似的问题，他又是政工人员，操心的就更多了。因为杭州城内警备任务全部由六十八师担负，该师入城前，即发出城市纪律的通令，入城前几小时各团认真讲，入城时战士在马路上边走边背入城守则，看到工厂，大家就指着说："这是工厂，入城守则上有一条……"二〇三团五连，从长途追击敌人至杭州，十多天没有油吃，仍不在城里买油吃。二〇二团看守中国银行的一个班，他们一去，银行就送出两包香烟、一盒洋火，他们不收，送了回去，可是银行又送了来，他们再送去，如此送来送去几次，他们只好保存住，一支没有抽。吃饭时银行又烧了菜，他们也没有吃，又送还了。到二〇四团来接防，临走时，他们又将两包香烟、一包洋火还给银行。银行里的人望着这支队伍，心里翻腾得很。样样都说到了，还会出纰漏。陈茂辉望着陶勇的马，想起一件事，他告诉陶勇："在武康时，我发现二〇四团卫生队有骡马拴在一间小洋房里，屙了一地屎，可把我气坏了。在入城路上我就批了他们尚政委，尚政委在全团干部大会上检讨了。入城后我看见有个排长在买香烟，我当场说了他，不是有规定吗，你回去在支部检讨。这些个事不管不行。"

陶勇点头："过去城市政策有教育，而对城市常识教育不够。你听说了么，出了不少洋相。"

"一天统计下来，我们六十八师共损坏电灯泡近 40 个。他们对电灯好奇，凑上去点烟，怪，有火点不着！对水龙头也好奇，怎么一拧就出水，洗完了就让它像小河一样淌。二〇三团三连驻膺白路蒋介石公馆，搞坏了 3 个抽水马桶，饭碗也用抽水马桶的水来洗。放哨的哨兵站在马路当中，妨碍了交通，看到汽车走过就拦阻询问。没有通过老百姓就跑到浴室去大便……这些都是缺乏常识而造成的，这几天我们就进行常识教育。”

正说着，听见西湖边上有水声，走近一看，是个战士已脱了上衣在湖里洗澡。陶勇大怒，责问道：“你是哪个师的？学过入城守则没有？”

战士不知是军长，但知道是领导，边往岸上走，边回答：“六十九师。入城守则没不让在水里洗澡……”

“狡辩！八项注意：洗澡避女人你都不知道！”陶勇越说越气。

陈茂辉问他：“你是新解放过来的吧，回去问问你们班的老战士，军人是不能当着妇女脱衣服洗澡的，从有红军就有这一条。”

陶勇命令他：“你回去跟你们师长说，你说我陶勇说的，关你的禁闭，连长、排长做检讨，没有铁的纪律不行！”

战士抱住衣服跑了，跑到一半，想起什么，又回来向两个首长敬了个礼，嘴唇也冻乌了。

陈茂辉被他那个样子逗乐了，笑得一旁的战马直侧耳。

陶勇止住笑，嘱咐他：“可别光顾高兴，一切刚开始，虽然杭州解放了，可是社会治安还是一个难题。”

陈茂辉也在考虑这件事：“是啊，蒋介石逃了，国民党跑了，还有一些地方武装容易搞事，他们肯定不甘心放弃这块风水宝地。”

陶勇止住步，交代陈茂辉：“你把那些杂牌武装司令召集在一起，宣读我们的决定，勒令他们散伙！”

智斗冒牌司令

真是进了“天堂”：六十八师政委陈茂辉的指挥部竟安在一个资本家的洋房里。

小洋房上下两层，坐落在国民党法院的旁边。资本家早已闻风而逃，但还抱着回来的希望，留下一对老年夫妇管理房财。

在老新四军的眼里，这小洋房太奇特，房间里的陈设也很稀罕，尤其那床更是别具一格，底下带着四个轱辘，一推满屋跑。

征战沙场的陈茂辉在“天堂”里可是实实在在开了“洋荤”，睡了几个晚上的舒服觉。

一天，陶勇来到这里，看了看，也很感兴趣，说：“你睡床，我睡沙发，可以吗？”

陈茂辉笑道：“军长要来，哪能不可以。”

陶勇果真搬来了。

可是，他睡到半夜里突然喊起来了：“陈茂辉，你一躺下就睡着了，我咋睡不着？”

陈茂辉迷迷糊糊地听到陶勇又说：“唉，我们这些穷光蛋，享不了资本家这份福。”

第二天早晨，陈茂辉看到军长不知何时睡在地板上了。军长睡地板，陈茂辉有些不好意思，他决定搬出去。

“老先生，我们这位同志要搬走，我住下，请把东西清点清点。”陈茂辉走的时候，陶勇对房东说。

老管家十分惊讶，半晌说不出话来。

这时候隔壁洗盥间里传来孩子气极浓的叫声：“好香，好香啊！”

陶勇急忙进去一看，只觉好笑。原来他的小警卫员看到那里面摆着各式各样的香水，红、黄、蓝、绿，煞是好看，好奇心驱使，拧开一瓶，就情不自禁地叫了起来。

“什么香不香的，快放下。”陶勇瞪了小警卫员一眼，转过头对老人说，“对不起，我的警卫员动了香水，你快收起来吧！”

“长官，你用吧！香水就是用的。”

“这种东西，我们用不着。”

不几天，陶勇也搬走了，住进一间平房。

政委卢胜进来坐，说起他的感受：“部队进入杭州十几天了，对群众的宣传工作几乎完全停止，这是这个时期的主要缺点。”

陶勇同意："这是我们领导上怕犯错误，怕出纰漏所致，杭州的群众对我们是很热情的嘛。"

"是啊，人家越热情，我们一些领导越怕，怕被黏住。许多学生组织要求到部队访问，要求我们派人参加座谈会，举行联欢大会，浙大有些女学生要求替战士洗衣服，都被我们拒绝了。省立医院学生黄行言，我了解过，他是个党员，曾参加过兵团的会师大会，给我反映：同学们碰了几个钉子，觉得部队待他们太冷淡了。我准备在12日下发一个教育提纲，讲一下如何接待工人学生访问，你看好不好？"

"可以，我看从14日起，就要开始接受各学校的访问。不能再晚了，现在社会上打着这个党那个军招牌的冒牌货不少，再不出面，真假难辨了。"

浙江地处祖国东南沿海，是蒋介石等许多国民党党、政、军、警、宪、特要员的老家所在，国民党、三青团、中统、军统等反动党团的组织犹如蛛网遍及城乡。杭州解放前夕，国民党政府开始了一系列的"应变"，在杭州城里有计划地做了"以情报指挥武装，以武装掩护情报"的部署，埋下了许多"定时炸弹"。在国民党最庞大的特务组织军统中，浙江站历来占有重要的地位，是保密局局长毛人凤的胞弟、浙赣铁路局警务处处长毛万里兼任站长。他们以公开的掩护隐蔽的，许多漏网敌特分子，纷纷冒充中共地下党和游击队，以"抓国民党散兵游勇"为名，上街游行和抓人，闹得杭州城乱哄哄的。

捣毁敌特机关的任务是由市军管会公安部完成，而城内那些起哄滋事的队伍则由警备区负责。军里几个领导一商量，决定以陶勇为主，集体找这些冒牌货的"司令"面谈，并要第六十七师师长杜屏、六十八师师长张云龙和第六十九师师长谭知耕参加。

当会议室里摆好桌椅、烟茶后，六七名"司令"陆续到达。陶勇扫视着这些人，并没有什么出众的地方：靠近些的是个光秃头，突出的前额高高隆起；接着是一张会笑的脸，眼角不少鱼尾纹；再就是一个吃废了的大胖子，剪着平头，有一种说不出的蠢相；其他的有狡猾的，有虚伪的，也有可笑的，但这些脸让人笑不出来，只觉得心里厌恶。

陶勇说："你们既然自称什么队伍，就请自报姓名、番号、兵力和驻地。"

这些人交头接耳一番，还真的报了起来，名目真不少，有自称是"民主同盟浙江纵队"的，有什么"天目山游击军钱塘支队"，还有什么"联军"，这些人不但拥有武装，解放军刚进城时，还真的上街游行过，散过传单，贴过布告，说是要配合解放军行动，有的还在收编别的杂牌军，俨然一副正规军的架势。滕海清的二十一军进城时已取缔了一些这类组织，解除了两千多人的非法武装，但残余仍不少。轮到那个眼角有鱼尾纹的，他一抬手，左右摇着肩，煞有介事地说："兄弟是中国人民解放军江南先遣第一纵队第一师突击总队总队长杨必勇。"

杨必勇其实是敌特浙江站杭州社运组组长、老牌军统特务。4月28日，毛万里特意把杨召到寓所，面授机宜。他告诉杨："明天我要走了，以后同你合作的是先遣一师师长魏仲连（原国民党国防部少将部员），如他可靠，就利用他的关系生存立足，如不可靠，则应建立自己的根据地。"杨必勇表示："站长放心，我杨某定为党国尽忠。"打那天起，杨必勇又是布置电台，又是组织武装，紧锣密鼓地忙开了。他在岳王路34号设立了"突击队总队部"，自任总队长，将所拉来的人编成三个支队，委任了正副支队长。他听说国民党浙江军管区的孙某与共产党有关系，便千方百计地拉拢他，以图扩大自己的影响和取得合法地位。5月3日下午，第一支队正副支队长应中兴和陶遵岳从外面急匆匆地回来，向他报告："总队长，解放军已经进城。"杨必勇俨然以"司令"的身份，将派令发给应、陶，并对陶下令说："你速带士兵，到延龄路、湖滨路一带放哨警戒！"傍晚时分，解放军的一个营开到"突击总队部"，将所有武装人员全部缴械，杨必勇、应中兴等被监视起来。后由孙某等人向解放军再三说明他们是"地下军"，他们始获自由。这一来，杨必勇以为瞒过了解放军，主动与进城的第二十一军滕海清军长联系，图谋邀功，争取合法立足。暗中却命令潜伏组的译电员每天和他通气，还给报务员打气："不要怕，等另找房子，开家店做掩护。”5 月 7 日，他竟然又随先遣一师的贾参谋长来到了太平坊巷 22 号市军管会公安部，向王芳副部长汇报了所谓缴械经过及处理“善后”情况，其实是进一步试探解放军对他的态度。王芳早已从情报中掌握了杨必勇的罪恶证据，并把这一情况通知了陶勇。

陶勇真想讽刺他两句，想想人多就忍了，只是问：“你有委任的命令吗？”

杨必勇脖子一梗：“我跟你们的二十一军滕军长接洽过，委任很快就到，很快……”

其余几人也闹将起来，吵吵嚷嚷，这个说是“地下党”的，那个说是“游击队”的，会议室一时乱哄哄的。

陶勇叫他们安静，开始的话也不激烈，只是说：“对一切爱国反蒋、声援我军的正义行动，我们都表示感谢。我们同所有的爱国民主党派、进步人士不仅今天合作推翻国民党政府，而且今后还要共同建设新中国。”

杨必勇带头说：“你给我们委任，划分驻防，我们就支持你们！”

陶勇一拍桌子，目光威逼着每一个人，提高嗓门说：“给你们委任，划分驻防，那根本不可能。中国只有一支军队，那就是中国人民解放军。我是杭州警备司令，你们的军队我们不予承认！”

话音刚落，几个“司令”一齐喊着：“这不公平，这是要我们，我们要名分，要地盘！”杨必勇哼着鼻子，威胁道：“我要找你们王司令！”

陶勇笑笑：“诸位要找王司令也成，找陈司令、粟司令都成。但今天到了我的防区，就要听我的命令！你们今天既然来了，想保留兵力，可以，想保个地盘也可以，我们就采用和平改编的方式吧！”

“和平改编”是什么意思，这些“司令”当然清楚，那就等于失去队伍。几个人面面相觑，张口结舌，一时没了主意。这时陶勇已将他的三位师长分别派往各个杂牌军，让他们去收编。几个“司令”见大势已去，只好悻悻离去。在会后的一天之内，各师分别解除了多股非法武装。

"突击总队"的杨必勇仗着与滕海清军长和王芳副部长接洽过，拒不受降。陶勇就与王芳联系。王芳说，这个事他来办。当杨必勇再次来到军管会公安部时，王芳当即下令将其扣押。起初，杨必勇百般狡赖，只承认军统身份，对潜伏组只字不吐，守口如瓶。王芳亲自审问他，杨才供认了流动潜伏组和醋坊巷 9 号章德耀家隐藏的报务员及电台。第二天晚上，王芳带领人员在醋坊巷出其不意地逮捕了译电员和报务员，缴获了电台。五天内，公安卫士在杭州接连捣毁了军统的三个潜伏组。"突击支队"有个姓张的支队长，当过土匪，有些武功，见总队长被抓，很是不服，还到二十三军军部来要人。

在陶勇的指挥下，十多位精干的战士隐蔽待命，脱去军装的战士在周围担任警戒。会客室内凡能投掷的器皿一概撤去，以防不测，又特意从银行借来几张低矮的沙发，一切布置停当，通知姓张的和另两个匪首入座。看他们衣服里鼓鼓囊囊的，就知道准是带了武器。其他领导怕出危险，都劝陶勇不必出面，上去擒住不就行了？陶勇说这些人都很警惕，硬来反而危险，我们的人会吃亏。他要出面，做最后一次工作，不行再抓。

果然姓张的很警惕，连倒茶的人进去他都要盯住看，手摸到腰里。陶勇布置好，就装作毫不在意的样子，从办公室里出来，走出会议室。他向匪首们再次讲起了政策："我劝你们放下武器，向解放军缴械投降，争取宽大处理。否则，就以武力消灭你们。两条道路，何去何从，赶快做出选择！"

姓张的根本不听，一副杀气腾腾的样子，一个劲儿嚷："放不放武器要我们总队长说了算，我们今天是来要人的，不见总队长，我们愿横着出去，不过你们也别想太平！"

陶勇知道这是些亡命之徒，说什么也没有用，就让秘书到外面摇电话。不一会儿，外屋就有电话响，秘书大声地问："杨必勇送回来没有，正在路上？"

几个匪首很是得意，别在腰里的手都退了出来。陶勇轻轻咳了两声，朝外面说了一句话，顿时有七八个战士一起冲入会客室。匪首们还没反应过来，已被战士强按在沙发上。姓张的力大，又有武功，两手肘左右一支，竟将一个战士支出门外。但由于他体态高大，坐在低矮的沙发上难以迅速起身，两名战士在背后用事先准备好的铁链将他套住，来了个五花大绑。

杭州的社会秩序安定了，可二十三军的干部战士却心里不安起来。因为大家都知道，上海还没解放，渡江战役的第三阶段尚未结束，第三野战军第九、第十兵团的大部队还在浴血奋战。二十三军未能参加上海战役，上上下下心里都不是滋味。

一向爱争打头阵的陶勇，从5月12日上海战役打响时起，就没平静过。一会儿打听战况，一会儿请求任务，坐不稳，睡不安。

5月20日这天，陶勇和卢胜又谈起上海战事来，他一脸惆怅，问："卢政委，你说这仗还有希望参加吗？"

卢胜心里也没底，答道："很难说，这要看战役的发展和上级的安排了。"

陶勇忽然想起了什么："哎，我直接给粟司令打个电话，请示请示怎么样？"

卢胜赞同："这倒是个办法。"

正说着，副军长兼参谋长梅嘉生兴冲冲地走进来，说："军长、政委，好消息！"

"什么好消息？"陶勇望着梅嘉生那喜滋滋的面孔，往好里猜："是不是让我们军参加打上海？"

"不错，就是打上海！"梅嘉生说，"刚才野战军首长来电，命令我们军，还有二十五军，马上开赴上海前线，配属第九、第十兵团，对上海之敌发起全面攻击。"

这下子陶勇高兴极了，一拍大腿，大叫起来："盼到了，我们可盼到了！"

根据上级命令，军部当即召开作战会议，做了具体的行动部署：留下第六十八师二〇四团继续警备杭州，以第六十七师为前卫，军部率第六十八师为本队，第六十九师为后卫，立即向上海开进。

“连升三级”

为了赶时间早日参加战斗，军领导决定首先利用铁路运输。当时沪杭铁路虽然遭到破坏，但还可以局部通车。这样，第六十七师从肖山，军部、第六十八师、六十九师从杭州，先后乘车到了沪杭之间的硖石站。但往前，因铁路完全炸毁，只能徒步行军了。

阴雨连绵，道路泥泞，给部队行动带来了很多困难。战士们滑倒又爬起来，浑身沾满泥浆，有的鞋子陷掉了，干脆打赤脚；有的人脚被砂石磨破，鲜血直流；还有的人由于过度疲劳，走着走着，进入梦乡，一头栽倒在稻田里……部队以平均每小时 12 里的速度向上海疾进。尽管如此，指战员们的斗志都很旺盛，因为参加解放大上海的战斗，是他们无上的光荣。有的人想，打完这一仗，可能就没得仗打了。有一天，从天不亮一直跑到傍黑，水米不曾沾唇。来到一个村边上，部队就地休息，炊事班埋锅做饭。不一会儿，稀饭烧好了，刚端到嘴边，通讯员飞马奔到跟前，传达了上级要大家立刻快速前进的命令。战士们接到命令，把滚烫的稀饭倒回锅里，拔腿就走。炊事班用扁担挑起行军锅，边走边用棍子搅稀饭，让它凉得快些。然后，给每人盛上一碗。战士们边跑边喝，虽说是稀粥淡饭，那味儿甭提有多香！多少年后，那些老战士说起此事，都说那是记忆里最香的稀饭。

5 月 23 日下午，陶勇和卢胜赶到设在松江县城的三野第九兵团指挥部。兵团司令员宋时轮、政委郭化若热情地接待了他们。不久前的搭档郭化若见了陶勇格外高兴，拉着他的手说：“你们是从‘天堂’来的。”随后介绍了战况，给他们下达了具体的作战任务：令他们当晚接替二十七军之虹桥、七宝镇以东至莘庄一线防务，尔后沿沪杭铁路两侧向北攻击前进，扫清西南郊之敌，向市区攻击，夺取核心阵地。

24 日拂晓，二十三军第六十七、第六十八师先后赶到莘庄镇一线。翌日，投入战斗，追击敌人至苏州河边。敌人在北岸凭借河道拼命抵抗，双方成对峙状态。

苏州河的河面不太宽，但堤岸很陡，水深没人。国民党军为了阻止解放军渡河，在河的北岸进行了严密布防。铁丝网一层连着一层，岸边的沙袋工事密密麻麻，桥头堡的射击孔喷出一条条火舌。

为了尽快消灭敌人，战士们冒着枪林弹雨，勇猛冲击，前边的倒下了，后边的接着上。第六十七师从曹家渡强渡成功，第六十八师从敌人薄弱环节突破防线，北岸守敌顿时军心动摇，乱了阵脚。这时，南岸各友邻部队也向敌人发起了猛烈攻击。守河之敌在一片混乱中向吴淞口逃窜。

一九九团七连指导员叫沈明章，只有 25 岁，对陶勇军长崇拜有加，对他勇而有谋的战法深得要领。他率一排战斗到东大名路的转弯处，敌一个警戒班被歼后，大部逃进一幢四层楼房。楼房周围筑有 3 米多高的围墙，铁栅门有火力封锁。原来这里是敌人的一个交通仓库，守敌有 6 个连 500 多人，里面有一个副团长指挥。

虽然敌人比自己多十几倍，沈明章却沉着不慌，想着主意。他决定诈他一诈。

他命令一排用火力封锁大门和窗户，然后向里面高声喊话："国民党军队的弟兄们，现在解放军把上海四面包围了。北平、南京都解放了，上海这座孤城还能挺几天？大家不要再为蒋介石卖命了，快投降吧！我们保证你们的人身安全。"

在子弹和喊话声中，楼里的敌人静了一下，就喊，要解放军派一名团长进行谈判，怕职务低的做不了主。沈明章说："我就是团长！"带着手头能支配的几员"大将"——文教和卫生员进入大楼。敌人将信将疑，仍用枪口顶着沈明章，听他讲道理，讲形势，不说要拼，也不说马上投降，看来是在磨时间。

时间对于沈明章来说同样成了敌人，说不清它是走得太快还是太慢，只是觉得这楼里的紧张空气仿佛就要爆炸了。都一个多小时了，赶来的副营长也纳闷，上了楼。沈明章一见副营长，马上高声喊道："副师长，副师长，您来了！"两个人同时"升了三级"。

副营长也是明白人，马上接过话音，话也重得有了师级干部的味道："你们这是怎么回事？敌人解决了没有？"

沈明章说："报告副师长，这里的敌人愿意投降，请您通知第一九九团和二〇〇团暂时停止攻击。"

副营长心领神会："时间不多了，敌人若再拖延时间，说明他们没有诚意。"

这句话把敌人镇住了。他们知道再也等不到什么，一个个低下脑袋举起双手，从楼里走下来。

就这样，沈明章带领一个排俘敌副团长以下五百多人，缴获了迫击炮、轻重机枪、长短枪等大批武器弹药。

在汤恩伯的警备司令部里

长江防线崩溃，南京失陷。蒋介石披着月色，在儿子的陪同下，向前沿阵地走去，上海的安防在撤离大陆前已经不容有丝毫的疏痹。

南京失陷后，4 月 25 日，他从浙江象山港登上"太康"号兵舰来到上海。

蒋介石来到上海后，立即召集顾祝同、汤恩伯、周至柔、桂永清开军事会议，研究部署兵力。在会上，蒋介石命令汤恩伯 8 个军 20 万人集结上海，以此阻止解放军的前进，争取时间运物资，掩护战略退却。

一条长长的地毯，仿佛是特地为迎接他而铺成的小路。地毯的底子是深红色的，镶着绿边，一直沿着整个长而明亮的走廊伸展过去。蒋介石正沿着这条走廊缓缓地踱着步，陷入冥思苦想之中。蒋介石一生晚 10 点就寝的习惯也被打破了。几个不眠之夜下来，他委实是疲惫不堪了。

汤恩伯等人走了进来，是准备向他汇报淞沪设防情况的。

蒋介石对淞沪设防的情况是比较熟悉的，汤恩伯不讲他也清楚。他说："我仔细地研究过淞沪布防，有人说斯大林格勒是'钢铁堡垒'，而我淞沪防御设施比斯大林格勒更强固，不强过一倍也强过一半，不强过一半也强过三分之一。"

汤恩伯见机说："委座您能否给驻沪军官训一次话？"

和汤恩伯一起进来的陈大庆、石觉从旁帮腔：“学生们很久没有聆听校长训诲了，值此淞沪决战前夕，校长亲临训话，胜过雄师百万。”

蒋介石想了一下，在这多事之时，政局飘摇不定，确实应该给他们讲讲话，振奋一下士气，就同意了。

接到通知的团以上将校军官听到蒋介石要训话，不免有些激动。自从蒋介石引退，各种谣言四起，江防崩溃，风雨飘摇，人心惶惶，无所适从。这回委员长亲自来了，党国往何处必有所交代。

距开会还有半个小时，蒋介石身着长袍马褂，头戴法兰绒礼帽，来到会场。

各位同学，各位同志：

今天在座的，乃是久经战场百炼成钢的优秀将领，国军之骨干，国家之中坚，民族之精华，看到了你们就看到了希望，看到了胜利。

有些鼠目寸光的人，没有战略头脑的人，不懂军事更不懂得政治的人，以为江防撤退就是失败，到处散布悲观情绪，好像天就要塌下来了。庸人自扰，妇孺之见，不足为训。我所期望于大家的，不是急于去驳斥他们的无知与偏见，而是以淞沪决战的胜利，拯救那些可怜的灵魂，使他们变糊涂为聪明。为了打好总反攻之战，迎接新时期的到来，我将留在上海，像当年打孙传芳那样，指挥淞沪之战，我要和国军将士同甘苦，与上海共存亡，愿与诸位共勉之。

蒋介石原以为淞沪之战一打响，美国便不会再袖手旁观了。解放军对此也有过顾虑，但权衡之后，还是开始向上海进军了。十二昼夜的殊死战过去，外围阵地尽失，美国那里仍然没有动静，宋美龄从华盛顿传来的消息越来越令人失望。

不但美国国会不会同意“继续卷入”，连“院外援华集团”也躲到一边去了。

蒋介石大失所望。他对俞济时说："淞沪决战已经没有意义了，留下这20万精兵种子，开到台湾去繁衍生息，来日方长，退为上策。"

淞沪警备司令部是敌人在上海地区的最高指挥机关，是汤恩伯的大本营。就在上海战役开始时，汤恩伯还向蒋介石保证："死守上海没问题，共军休想攻进来！"可是顷刻间，他的大本营正在一步步土崩瓦解。

5月11日，从最新战报上，他看到了不愿看到的消息：

"匪杭州市军事管治委员会成立，主任谭震林"；

"匪苏州军事管理委员会成立"；

"匪无锡军事管理委员会成立"；

"匪二十三军蹿据杭州"……

汤恩伯深陷在沙发里，就像他深陷在战争泥潭里一样，他那硕大的身体难以站起。从戎多年，除了他脸上沉积的杀气，一般人很难察觉他的心理变化。他表面上不动声色，内心却像暴风雨中的黄浦江一样浪花四溅。他已经明显地感觉到了解放军正在向上海逼进。

其实，汤恩伯心里比谁都清楚，上海是守不住的。他无意死守上海，只不过想多延缓解放军进占上海的时间。

汤恩伯曾想效仿蒋介石炸花园口，把奉贤拓林海堤炸毁，水淹浦东，迟滞解放军的行动。无奈工程太多，面积太宽，海水不听指挥，弄不好把自己淹了。他一筹莫展，放下战报，驱车赶去国防部作战会议室，那里正在召开军事会议。他进门的时候，参谋总长顾祝同还在滔滔不绝地训着话：

"我军之所以在徐蚌会战结束之前就筹备京沪杭防务，实则是遵总统期望在此与共军决一死战，望各位精诚团结，使我大上海真正的固若金汤。"其实蒋介石信命，他派汤恩伯退守上海，也是想借"固若金汤"这个吉利话，他哪里知道，此时汤恩伯已毫无斗志，成了'菜汤'了。

守上海的众将领谁也不相信上海真能固若金汤。他们鼓噪起来，接二连三地发问，并把他们的目光投向守城的最高长官汤恩伯，希望他能有高招。

汤恩伯全没了当年少壮派的气势，说话吞吞吐吐：“军人以服从命令为天职。其实，能否守住上海对我们并没有多大意义，因为蒋总裁并不想死守上海。”

会场一片哗然。总司令不是散布谣言动摇军心吗？

“不对吧？这是把你的意旨强加于总裁！”有人开始责问汤恩伯，顾祝同也侧目而视。

汤恩伯有恃无恐。他慢腾腾地展开一幅蒋介石用毛笔写的手谕，念道：

> ……责成上海市秘书长陈良在上海市吴国桢因病请假期间代理市长一职，和汤恩伯一起负责将中央银行所存黄金、白银和积压在上海的大批物资抢运台湾。这批物资、金银未运完之前，汤恩伯应集中兵力死守上海。
>
> ……

将领们听完总裁手谕，都沉默不语。大家好像一下子悟出了真理，既觉得轻松，又觉得震惊。原来如此，何必当真！

不过，汤恩伯给众将领卸了担子，自己并不轻松：就是说要拖延共军进沪的时间也不容易。会后，他匆匆赶到工兵指挥部。他觉得上海的工事不够多，还要构筑大批的工事才行。当工兵参谋长刘伟华走进会议室的时候，工兵指挥官、工兵团长和工区主任们都已到齐了。在部下面前，汤恩伯又恢复了平日里的满脸杀气，他宣布：

“共军已破我京都，正向这里开拔，尔等负责构筑的水泥工事、街垒等，务必在半个月内完成，立功者大大有赏，否则，我的脾气尔等知道，格杀勿论！”

最后，他巡视着会场问：谁还有话说？

刘伟华说：“构工问题就照总座的指示办。会后请各位主任、团长到我办公室，看有何问题要解决，以便更好地落实总座的训示。”

“好吧。”汤恩伯放心地走了，又去关照船只方面的准备。多一条船就能多送一些物资到台湾，以后的日子就会好过一些。搞船的事交给了工兵指挥部总务组长龚一苇。可奇怪了，这个人平时很能干，可这次天天往水运司令部跑，就是一条船也搞不到。后来对龚一向信任的工兵指挥官傅克军发了火，龚一苇才搞到一只，还是空头支票。直到人民解放军攻进了上海，龚一苇也没有把一艘实实在在的船搞到。

27日拂晓前，汤恩伯已率五十四军等部五万人先期登舰逃跑。他登船远去的最初几个钟头，并没有太多的遗憾，一切都是顺理成章，一切都是形势使然，他无能为力，也无大错。可接下来的时日却使他一天天困惑，一天天捶胸顿足。先是他突然得悉蒋总裁交代的贵重物资中竟然有两卡车黄金被解放军截了去，截获者正是增援上海的第二十三军。

后来，留在上海的最高长官，他的警备副司令兼五十一军军长刘昌义（即电影《战上海》中刘义的原型）缴械投诚；汽车团里有个副团长，是共党地下人员，起义了，带走了二百多辆汽车……

再后来，他没有听到他所期待的上海的巨大爆炸声。他曾经为炸毁上海市主要建筑和所有桥梁做了许多准备工作。即使在他登船远去的最后时刻还一再叮咛亲信："实在顶不住就炸，给上海造成毁灭性破坏。"

多年之后，汤恩伯才知道，爆炸计划失败的原因是自己身边隐藏着三个共产党人。他们就是工兵指挥部参谋长刘伟华、工兵指挥部总务组长龚一苇，还有一个不露面却是地下党组长的项本立。他们三个从汤恩伯的亲信那里骗去了炸桥的任务。因而，炸桥的工兵部队先是接到暂缓炸桥的命令，后来接到的命令是护桥。另外，当六十八师在苏州河受阻时，也是由项本立将一张由龚一苇绘制的上海郊区新的兵力部署和永固工事分布情况图，及时送到师长张云龙手里，才使六十八师从敌防薄弱的西站附近发起攻击，战士们还在附近找到了两条小船，相连起来，刚好横跨河面，形成一座"船桥"，部队踏着小船过了河，守敌弃阵而逃……

站在往昔汤恩伯指挥部的大厅里，陶勇高兴得手舞足蹈，开怀大笑："谢天谢地，上海战役，我们到底赶上了！"

第八章　抗美援朝

“老子是天下第一师师长！”

陶勇不想提升。

不想提升？许多人颇为猜疑：不想提升，当兵干吗？不是有句名言叫“不想当元帅的士兵不是好士兵”吗？

这是人们不明白陶勇的心思。他不想提升，是不想升个副司令，与其那样，还不如在老部队当军长。又有句名言叫“宁为鸡头不做凤尾”，这倒对了陶勇的心思。他是个遇事敢做主、爱做主，为了最后胜利可以不惜一切代价的那种人，最怕做那种屁大个事也要层层请示、婆婆妈妈左右受牵制的官。“能叫我打头阵，老子死了也情愿！”陶勇就这么个脾气。

所以，让陶勇到兵团高就副司令，还费了陈毅一番口舌。

1950 年 10 月上旬的一天上午，陶勇一身戎装，来到了上海市人民政府市长办公室门口，他再次整理了一下军装，喊了一声：“报告！”

屋里传来人们熟悉的陈毅的声音：“是陶勇吧，快请进！”

陶勇轻轻地推开门，陈毅站了起来，收拾了一下办公桌上的文件，走到靠窗的沙发前，让陶勇坐下，说道：“陶勇啊，你知道我找你来干什么吗？”

在陈毅面前，陶勇有一种既敬畏又亲近的不可名状的感觉，这种感觉既像是对父母又像是对兄长，这是一种长期领导关系形成的格局，也是长期浴血与共的体验，这种情感一旦形成，将伴随一生，无论地位怎样变化。由于这种关系，陶勇在陈毅面前爱说真话，既不怕撤职，也不怕杀头。他难得有这种低声细语：“还不是为那兵团副司令的事。”

陈毅自己也坐下，吐着长长的烟气，点着指头说：

“陶勇，你这个人真奇怪，你不是要干大事业吗，调你到兵团当副司令，你怎么还不情愿？”

“陈司令，”别看陶勇文化不高，话却很会说，“我哪敢违抗你的军令呀，只是我这个人能力有限，好搞个个人英雄主义，说不定哪天我又会一个人冲到前头，让你挂心，又误了大事。我还是适合在军里待着。”

“你跟二十三军有感情，这我知道，那你就算嫁给二十三军了，永远不离开婆家？乱弹琴！你快收拾收拾，抓紧时间到兵团上任，我告诉你，九兵团有任务！”

“什么任务？是不是打仗？”一听说“有任务”，陶勇为之一震，像是换了个人。其实，他不想离开二十三军还有一点私心就是：他想带着这个军去打台湾。要是当了兵团副司令，可就没这么便当了。他以为从此打不成仗了，那几天，情绪是有些低落，但不会在战士面前流露。他看见警卫员那红扑扑的脸，又开起玩笑：“小家伙，想要媳妇吗？”警卫员被他说得脸更红了，不知所措地扳指头。陶勇拍拍他的肩膀：“以后不会有仗打了，你就可以回家去娶媳妇了。”和平成了战将的另一种遗憾。

“任务我暂时不能跟你说，但肯定合你的胃口，不然调你干吗？”陈毅见陶勇已经接受，心情也开朗许多，自己又说开来，“现在告诉你也没的关系。你知道吗？形势发生了变化，美帝国主义把战火烧到了鸭绿江畔，毛主席命令九兵团赴朝作战。为了保家卫国，你必须立即去九兵团就职，发挥你这个虎将的虎威，打好出国这一仗。”

闻声进来的粟裕也插话说：“陶勇啊，陈总和我知道你在荣誉和待遇面前从不伸手，但是，当兵团副司令也是军队建设的需要，何况九兵团赴朝作战命令已下，希望你协助宋时轮打好出国第一仗，为第三野战军争光，为中国人民争光！”

看来，打仗的瘾头比烟瘾还大，只要有仗打，陶勇没什么不乐意的。他当即表态："我坚决服从命令，到朝鲜一定打好第一仗，向二位首长报捷！"

10月的上海，已显出秋末的肃杀。树叶已经干枯发黄，随风飞扬，城市上空笼罩着一片灰蓝色的雾霭。而在这片天空相连的遥远的北方，一群黑色的鸟儿正在像波浪一样翻腾，那是美国的飞机，正向着北朝鲜狂轰滥炸。战争已经搅乱了刚刚开始的和平生活。在第九兵团，官兵们正在紧张地备战，军营中呈现出一派热气腾腾的景象。从机关到连队，从司令员到炊事员，每一个人都忙。出国作战对这些南征北战、鞍马未卸的军人来说真是既兴奋又渴望。

10月中旬，第九兵团所属的二十、二十六、二十七军，告别刚刚解放的大上海，踏上北上的列车，来到山东曲阜集结待命。

10月30日，人们敬仰的朱老总突然出现在第九兵团团以上干部面前，他是来作出国作战动员的。会场设在曲阜孔林孔子墓的享殿天井里。孔林，是中国儒家创始人孔丘及其后代死后埋葬之地。在这块占地3000亩的地域内，古冢累累，石碑林立，绿树红墙，幽深而雅静。那典雅、古朴的殿道建筑和石碑，依然记述着昔日的繁华之胜，昭示中华民族文明的源远流长。动员大会设在这个历史古地，自然也有着"仁义之师"的意味。当朱德在宋时轮的陪同下，登上主席台时，陶勇一个箭步上前，双脚并拢，行了一个标准的军礼。

朱德紧紧握住陶勇的手，脸上深刻的皱纹里都是笑："嗬，你就是陶勇？久闻大名，我是来给你们送行的！"

陶勇请总司令做指示。

享殿前檐下的主席台上放着几张破旧桌椅。入座后，朱德用他那浓重的四川口音对大家说："同志们，我们又要打仗了！这次打仗不同以往，我们这次不是在国内打，而是要到国外去打，是到朝鲜同美帝国主义较量。你们第九兵团的第二十军、二十六军、二十七军是第三野战军的主力，在华东战线上打过许多漂亮仗。你们的宋时轮司令员，进过黄埔军校，红军时期是第三十军的军长，他骁勇善战，有勇有谋，是解放军中得力的战将。而你们的副司令陶勇，是新四军中的一员虎将，是陈毅开辟苏北根据地的一把斧头。第九兵团在宋、陶二位的指挥下，一定能打出九兵团的雄风来……”

朱德讲完话，向大家告别时，随手将一副望远镜递给陶勇，殷切地说：“你马上去打仗了，把这个送给你，一是物尽其用，提高利用率；二是战友之情，留作纪念。”

陶勇浑身一阵战栗，恭恭敬敬地从朱德手中接过望远镜，向他敬了个军礼。此后，他将这个望远镜视为珍宝，一直带在身边，闲来便拿出来擦一擦，欣赏欣赏。熟悉陶勇的人都知道，他平生最爱三件宝：好马、好枪、望远镜。

11月上旬，陶勇和第九兵团作为中国人民志愿军第二批参战部队，从临江、辑安跨过鸭绿江。兵团指挥部随第二十七军从辑安过江后向预定的江界胜芳洞指挥位置前进。此时朝鲜战场形势出现逆转，美军先头部队进抵鸭绿江边。这里已是隆冬季节，寒风刺骨。沿途目睹朝鲜村庄因遭美机轰炸而呈现出千疮百孔的惨景，许多地方硝烟未散，熊熊烈火仍在燃烧，一些身穿白色衣裙的朝鲜妇女抱着孩子，蹲在残垣断壁旁，悲啼不已。这一切，陶勇看在眼里，恨在心头。当兵团指挥部进抵江界后，陶勇告诉政治部，通知各部队要抓住沿途美军野蛮暴行，作为教材，对部队进行活的教育。他也把发现的问题随时传达给下级。朝鲜的路况不好，加上部队又多，他的吉普车时常被堵住，有一次听说彭总的汽车也被堵住了，气得他下车骂了一通。陶勇也遇到这样的事，他对坐在后座上的参谋处长金冶说了一个故事：

那还是解放战争鲁南战役后，陶勇率领的第一师缴了很多汽车，一次部队行军，陶勇坐的小吉普车随队行动赶往前方，小车喇叭一直鸣叫，要部队让路，可是部队不理不让，陶勇叫驾驶员下车，问是哪个部队的。一个战士神气活现，骄横地说：“老子是天下第一师的！你是哪个部队的？”陶勇火了，下车冲着那战士吼道：“老子是天下第一师的师长，你把你们连长、指导员叫来！”那个战士一听知道坏菜，一溜烟跑去找连长、指导员。陶勇严厉地批评他们：“你们是怎样教育战士的！回去开个会，要整顿纪律！记住了：部队行军碰到汽车，一定要靠边让路，不然耽误了军机，我杀你们的头！”他回头叫司令部通报这个典型事例。他把这个故事说给金冶听，也是让他转达全兵团，行军要有个行军的样子，多有战功的部队也不能横行霸道。

毛泽东：你们完成了巨大的战略任务

第九兵团一到朝鲜，即投入第二次战役的长津湖战斗中。

当时的美国人十分嚣张。“联合国军”总司令麦克阿瑟狂妄地认为中国不会派军队入朝参战，道理很简单：他们自己还没站稳脚跟；而朝鲜人民军已无力抵抗，因此圣诞节前结束朝鲜战争如囊中探物。他的牛皮吹得太大了，事实上不但人民军拼死抵抗，而且隐藏在边界的志愿军一下过了鸭绿江。他探摸袋囊的手一下碰到一只刺猬，但他的那股傲气鼓励了他的军队。他们要迅速结束战争，以便回美国去过圣诞节。于是，在西线以美军第八集团军向北进攻，在东线以美军第十集团军等部向北进攻，企图东西夹击，于江界、惠山会合后，向朝鲜边界推进，达到占领全朝鲜的目的。

美国人像被烟火点着了屁股，野牛似的向前奔进。11 月 14 日，东线美军已进至长津湖地区的新兴里、柳潭里一带；美七师第十七团已到了鸭绿江边的惠山镇。不能让美、伪军这样大踏步地前进了，借着这股士气，美军会变得像疯牛，难以拦住了。但对付他们的办法还是有的，那就是利用他们的麻痹大意，迅速实施有力的反击。

宋时轮、陶勇接到志司关于东线反击的命令后，立即召集军以上干部作战会议，研究作战部署。宋时轮擅长军事理论研究，陶勇思路敏捷，制定作战方案出手快，两人相得益彰。主持会议的宋时轮简单讲了几句开场白后，陶勇便很快拿出具体作战方案，提出根据长津湖的地形，采取分割围歼的战术，以第二十、第二十七军为第一梯队，第二十六军为第二梯队，攻击时间定在 11 月 17 日。

由于第九兵团仓促入朝，大多数部队还都穿着单衣。而此时朝鲜东北部气温已降至零下二十多度，部队除战斗伤亡外，冻死冻伤的很多。而且东线地形山高路险，人烟稀少，后勤保障跟不上。彭德怀也注意到九兵团的困难，要宋时轮、陶勇在歼灭美陆战一师全部或大部后，乘胜进攻咸兴、新兴，迫使美、李军从海道向“三八线”撤退，使九兵团能在较温暖的咸兴、新兴过冬。陶勇要求各级指挥员到第一线去，了解部队实情，鼓励部队不怕一切困难，不畏一切风险，不惜一切代价，勇猛进攻，分割围歼敌人。

作战部署确定后，陶勇感到兵团指挥部在江界距离第一线较远，不便指挥，他向宋时轮提出，到第一线去指挥第二十、第二十七军作战。宋时轮知道陶勇有胃病，入朝以后，天天过着一把炒面一把雪的日子，有时连续几小时行军，连炒面都顾不上吃，常常饿肚子。陶勇的胃病经常发作，疼起来头上直冒虚汗，得用手使劲顶着肚子。宋时轮本想等开完会后，自己到第一线去指挥，没等自己开口，陶勇就提出去第一线，他当然不肯，对陶勇说：“不用争了，你身体不好，还是我去吧！”

打起仗来陶勇不在第一线哪行？他不愿当这个副司令，怕的就是这一条。而且打起仗来他有点“疯”，没人能拦得住。对他这个既是优点又是缺点的问题，粟裕也是既喜又忧。喜的是他这种临危不惧、身先士卒，哪里危险就出现在哪里的作风，很能鼓舞士气，克敌制胜；忧的是他毕竟是个高级指挥员，他从血火中冲出，几经磨难，能活到如今实属不易，怎么能让这么个将才毁于一旦！许多像陶勇这样性格的将领已经随着职务的提升改变了“拼命三郎”的作风，唯独陶勇依旧。而又让粟裕捉摸不透的是，他每次都是火急火燎地冲出去，而每次你以为他已经“光荣”了，他又神奇般地活着回来了。有人说陶勇这种化险为夷的本事是因为他每次打仗腰里都带个护身符。后来才知道，那根本不是什么护身符，而是一个用红布包着的小本。每次打完仗，都由他口述，让会写字的记下他这次战斗的心得体会。他把这个小本视若珍宝，从来不给人看。

陶勇笑了，跟几个参谋挤挤眼，宋时轮说：“你看下象棋，哪有主帅跑出田格子的？哪有主帅过河的呢？”说罢，带上几个参谋出了大门，一会儿就消失在风雪之中。

陶勇赶到前线，将指挥所设在山脚的一个小屋内，他打开地图看了不到十分钟，五架敌机就飞到头顶上轮番轰炸。屋顶上碎土瓦砾直往下倾，陶勇头上、脖子里、身上都是泥土。金冶要他赶快出去，到山谷里避一避。这时候陶勇哪肯走，他对金冶说："你们要走就走，我这人虽然命苦，却生就一副铁骨头，天生的不怕子弹和炮弹。再说，我的革命任务还没完成，马克思哪会收我去呢？"说着，就摇通了电话，与二十七军军长彭德清通了话。据彭德清报告，原来侦察到长津湖地区只有美陆军第一师，美军第七师尚在惠山方向。谁知机械化程度很高的第七师一夜之间就从惠山移到了长津湖，向第一师靠拢了。

陶勇很重视这个情况，沉思片刻，一个新的分割计划在脑子里形成。他对彭德清说："先打弱敌，美第七师比第一师战斗力弱，你们包围第七师，采取数路穿插的战术，先吃掉第七师。"

陶勇布置完毕，又电话命令第二十军围歼美军第一师，要求两支部队协同配合好，先将第一师和第七师割裂开来，而后逐点围歼。

11 月 27 日，第二十军向长津水库东侧发起攻击，第二十七军向长津水库西侧发起攻击。美第七师除第五团少数逃窜外全部被歼，第一师被歼 5 个完整营。第一师在第二次世界大战中曾以能征善战而著名，号称"常胜军"。在长津湖受到如此惨重打击，这在该师 170 年的历史上尚属首次。

俗话说，骄兵必败，而兵败如山倒。美陆战第一师和第七师受到重创后，一下子乱了套，纷纷丢弃重型装备，狼狈向咸兴逃窜。陶勇指挥部队乘胜追击。他还是那一套：有车不坐，有马不骑，拄着木棍，同战士一样爬山越岭，随时向战士们鼓动几句。战士见状，不冲到首长前面岂不羞死？他和战士一样，饿了，抓一把炒面塞在嘴里，再吃上几口雪。所谓炒面，是用 70%的小麦，30%的大豆、高粱米或玉米等粮食，经炒熟、磨碎加 0.5%的食盐，混合制成的一种易于运输、储存和食用的方便食品。所不同的是，打仗时战士们都随身背着一条炒面口袋，陶勇的炒面袋子是警卫员背着，都是一样的料，一样的吃法。

但这样一来，战士饿了随时可以抓两口，而陶勇一闻到战士吃的豆香，便嘴里冒酸水，他暗自咽下，只好忍着。因为他还得指挥部队追击。

再一个敌人就是冷，它像野兽似的噬咬着那些穿单衣单裤的士兵。

当时正值严冬，又来了寒流，许多来自南方的指战员，缺乏御寒经验，在脸部冻得发麻，耳、鼻失掉知觉变得非常脆硬的情况下，乱摸乱擦，使鼻子、耳朵掉了，手指折了。陶勇看了心里很疼。他安慰伤员别怕，嘱咐医生护士小心点治伤，想办法治好。在指挥所进到第一线时，一时找不到合适地点，参谋人员提议，让附近伤病员腾出一些猫儿洞作指挥所用。陶勇眼一瞪："不行！伤病员移动不便，我们可在山沟里找个地方设置指挥所嘛！"

南逃的敌人倒是体现出"王者风范"。组织得很严密：天上有大量飞机，实施空中掩护，地面有大量坦克、大炮。突围部队以坦克为先导，以装甲车、坦克殿后，形成以坦克、装甲车为主体的突围队形。当时我军不少指战员两足冻伤，但仍顽强地紧紧追击逃敌。而对敌坦克感到棘手，难以制服。陶勇就近找了第一线各师长研究打坦克战法。他认为："对付敌人坦克不能靠死打硬拼，我们反坦克武器少，硬碰硬是不行的，要发动群众，采取破路，以小分队突击结合火力袭击的多种战法；要集中力量打击敌之摩托化步兵与坦克。"他想起过去解放战争时期的办法："那时的鲁南战役歼灭敌快速纵队，用的就是破路的办法，用土洋结合的方法获得胜利的。"

这都是些从解放战争打过来的师长，灯一拨就亮，立即分头行动。果然，路被破坏之后，敌人的坦克、装甲车就开不动了，成了一堆废铁。

九兵团从长津湖打起，一直打到东部沿海城市咸兴、兴南地区。会集在那里的美军在第七舰队的掩护下，准备从海上撤退。陶勇指挥部队实施攻击，命令炮兵集中火力扫清障碍，并利用大雾天气，向陆战第一师防御薄弱点的西侧进攻。此时，大雾刚过又降大雪，陶勇命令部队把衣裤翻过来穿，这样穿着白色衣裤在雪天里行走，敌人很难发现。

兴南是一座较大的工业城市，又是重要的海港。麦克阿瑟要求美军坚持十天，以便把集结在此的十余万部队和兴南城机器设备、技术人员一起撤走。因此，担任防御任务的敌第十军，凭借海岸附近的有利地形，运用舰炮、坦克、大炮，组成层层交叉火力网，封锁志愿军。志愿军开始一批接着一批的冲锋，伤亡很大。陶勇冒着弹雨，在兴南四周仔细观察，他根据敌人活动规律，制止了部队的贸然冲锋，命令部队利用有利地形重点打好夜战、近战，部队的伤亡开始下降。24 日，我军占领了兴南，第二次战役胜利结束。

第二战役扭转了朝鲜战局。第九兵团在那样艰苦的条件下，坚持了将近一个月的时间，把美十军赶下了海，陶勇功不可没。志司和毛泽东都给九兵团发了嘉奖令，毛泽东在嘉奖令中说："你们在极其困难的条件下，完成了巨大的战略任务。"

不几天，饱尝失败之苦的美第八集团军司令沃克将军乘坐吉普车时被撞身亡。他的继任者是后来的"联合国军"总司令李奇微。当还没下台的"联合国军"总司令麦克阿瑟以西点军校校长和总司令的双重身份向李奇微训话时，特别提醒他的下级："不要小看了中国人，他们是很危险的敌人。沃克曾报告，中国军队常常避开大路，利用山岭、丘陵作为接近路。他们总是插入我纵深发起攻击。其步兵手中的武器运用得比我们充分。敌军惯于在夜间运动和作战。中国的整个军事机器都投入了这场战争。"

狡猾的李奇微

美陆军副参谋长李奇微中将的到来，给志愿军带来了巨大的困难。这个强硬的家伙一上任就下令美、伪军各部死守，不许后退，而且表示一旦实力允许，即恢复攻势。他还发明一种所谓磁性战术，就是在大规模交战之前，组织机械化小部队，始终同志愿军保持接触，以消耗战的方式制约，防止志愿军对其发起进攻、穿插分割、包抄。他还了解到由于运输线长，志愿军已不能有效地作战。第九兵团没有向前推进，估计志愿军第一线番号与兵力均没得到补充，兵力不足，短时期内不可能发动大的进攻。因此，李奇微觉得在朝鲜尚可打下去，还不致遭到严重的危险。于是加紧反扑准备，企图乘志愿军疲劳和补充困难之机，全力北犯，将战线压回“三八线”以北，重占汉城，实施他新的进攻计划。

当时，志愿军总部的人们都没有想到李奇微会这样快地把第八集团军恢复起来，会这么快地向我发起攻击。1951 年 1 月 8 日志愿军停止进攻，1 月 15 日，仅隔一个礼拜，李奇微的部队就开始进攻了。彭德怀对此很是担心，入朝的部队十分疲劳，准备入朝的部队尚未到达。对志愿军来说，这个第四次战役便带有很大的勉强性。第九兵团还在元山、咸兴一带休整，一时难以投入战斗。彭德怀命令九兵团第二十、第二十七军兼顾东海岸的防御任务。

许多军在梯次撤退，边阻边退。彭德怀说：退是要退的，但我们不能退得太远了，只能退到“三八线”。退得太远了，第一不利于我们后面几个兵团向朝鲜开进，第二也影响士气，第三是最重要的，政治上对我们也不利，不好向民主阵营、向朝鲜同志交代。人家会责问：你们是怎么回事？上一仗打得那么好，一下子打到了“三七线”，怎么这一仗又一下子撤得这么远，撤到了“三八线”以北了呢？

如此，彭德怀的压力很大，心情自然不好。一天，志愿军副司令员洪学智正在自己住的矿洞里看前方和军委来的电报，忽然秘书气喘吁吁跑来说：“洪副司令，你快去看看吧，彭总又大发雷霆了！”

洪学智问：“怎么回事？”

秘书说：“钟羽一（后勤第四分部部长），他没有把给九兵团的粮食送到。”

洪学智急匆匆赶到彭德怀那里。还没等他说话，彭德怀就说：“战役即将开始，第九兵团（二十六军）急着要出发，让钟羽一给送粮食物资，他没有送，误了军机，我要严肃处理他。”

洪学智说：“老总，不要这样急，查清问题再处理也不迟。”

彭德怀呼呼地喘着粗气，不说话。洪学智又说：“这事肯定是出了什么岔子，老总让我处理吧，我一定会处理清楚的。”

说完，洪学智马上赶回司令部，对东北军区后勤部前指负责人杜者蘅说："你马上去四分部把这件事了解清楚。"

很快，杜者蘅把情况弄清楚了。九兵团二十六军要出动，让钟羽一从阳德这边往元山送粮食，交代的是送 40 汽车，昨天晚上送到。昨晚 7 点多，他们就送到指定地点。可是到了 9 点钟，也没找到人。部队尚未到达地点，找不到部队。送粮车走以前，钟羽一也有交代清楚，找不到人怎么办。司机们一见没人，怕把粮食放在那儿丢失，又把粮食拉回去了。九兵团到达地点的第二天早上，没找到粮食，补充不了，无法出发，便打电话问志司怎么回事。彭德怀一听部队要出发了，粮食还没送到，误了大事，一下子就火了。

洪学智立即把这一情况汇报给彭德怀。他听完，火气消了一点，瞪着眼问："问题怎么解决？"

此时已到了这天晚上，洪学智说："作战计划照常执行，九兵团照常前进，第二天晚上保证给他们补充上，补充不上，你拿我是问。"

彭德怀高声说："军中无戏言。"

洪学智保证："自然。"

回到自己的住所，洪学智马上给二分部部长、政委打电话，给他们下了死命令，要他们今天晚上组织 60 至 70 台汽车给九兵团送粮食和物资，其他的车一律停运，一定要在明天晚上以前送到九兵团指定的地点。接着他又给钟羽一下了命令："你昨天送的东西，明天一定得给我送到，你亲自带着车去。这次再送不到，可就要拿你是问了！"

二分部用了很大的力量，连夜组织 70 台车，第二天，还下了大雪，路上的雪很深，他们还是给送去了。除了在路上给敌机打掉了 6 台车，剩下的晚上都送到了。钟羽一的那些车也在第二天晚上送到部队集结的地点。可是部队又转移了，这次他们没敢回来，在雪地里等了一夜，第三天上午总算找到了队伍。粮食和物资完全补充了。宋时轮很快给志司发了电报说："所有我们需要的东西，全部补齐。"

这时彭德怀脸上才有了笑容，对身边的人说："洪学智这个人，说话有点准头儿，还是信得着的。"

这时李奇微已经发现志愿军后续部队上来了，不敢再攻了。

1951 年 4 月，美、伪军大举向北进攻，志愿军投入了四个兵团进行反击，第五次战役打响了。

陶勇的任务是协助宋时轮指挥左翼集团的第二十、第二十六、第二十七军和第三十九、第四十军以炮兵第一、第二、第七师各一部，担负“三八线”以北的金化、健川一带反击与出击任务。

4 月 21 日下午，宋时轮收到志愿军司令部下达的作战命令后，让陶勇立即拟定作战方案。陶勇二话没说，拉上参谋长覃健、参谋处长金冶，关上门。一个小时以后，门开了，作战方案也拿出来了。对战法颇有研究的宋时轮看过方案后，很是惊讶，赞曰：陶勇指挥打仗真有两下子，制定作战方案善于从敌人的弱点开刀。利用敌人的弱点，就能给敌人以致命的打击。

第五次战役第一阶段作战是 4 月 22 日晚打响的。志愿军攻势凌厉，至 24 日晨，已突入敌人防御纵深 30 余公里，歼灭美军第二十四师、南朝鲜第六师各一部，完成了打开战役缺口的任务，将敌军分成东西两块，为第二阶段作战创造了有利条件。

5 月 6 日，志愿军司令部下达了第五次战役第二阶段的作战任务。要求宋时轮、陶勇除指挥第二十、第二十六、第二十七军外，还指挥第三兵团的第十二军，以及朝鲜人民军的金集团，以打击李承晚的六个师为作战目标。任务要求首先集中力量歼灭伪第三、第八、第九师，而后再歼伪首都师、第十一师。在中朝军队的强力进攻下，美、伪军节节败退。

就在我军准备全歼敌人之时，意料之外的事情发生了，狡猾的李奇微自从接替麦克阿瑟职务后，专门研究了志愿军的后勤供应系统，寻找出弱点：基本保障只有七天，七天以后部队的弹药即供应不上了。李奇微在美军退到“三八线”附近时即命令不再撤退，而是集中了坦克、装甲车在大量航空兵的支援下进行反击，并在我军后方部分地域实施空降。

情况变得异常紧张。

陶勇见美军要抄我军后尾，连续打了四次电话给第二十军第五十八师师长黄朝天，要他把美军挡在华川地区，不得向北移动一步。在最后一次电话中，他问黄朝天有什么困难。黄朝天说，炮兵少了一点，能不能增加一点炮？陶勇应诺，立即调拨一个炮团给他指挥。

曾经是陈毅警卫员的黄朝天，此时十分清楚自己肩上的担子，他在陶勇的直接指挥下，迅速率领全师将敌人顶在“三八线”上，与敌人打起阵地战。白天他们坚守在工事里，晚上就出来打击敌人。战斗打得十分残酷和顽强，方圆 30 里的树木、房屋给都给美军炸光了，山头炸平了，但美军却无法向北移动一步。五十八师硬是顶了一个星期，掩护了大部队的转移。

与此同时，陶勇挂心的另一件事就是第二十七军的转移。因为二十七军转移路上已有美军空降兵着陆，若是硬闯，将会陷入敌人合围之中。陶勇对二十七军军长彭德清说：“切实掌握敌情变化，可以绕路北移。”二十七军经过艰苦的绕路行军，最后终于全部安全地撤回到我军控制地域内。而当时另一个兵团的一八〇师却因指挥错误，大部溃散被俘，留下惨痛教训。

移防元山

第五次战役结束后，毛泽东给彭德怀发来电报，指示对美军作战的口子不能张得太大，必须采取“敲牛皮糖”的办法，多打小歼灭战，积小胜为大胜。后来，毛泽东根据朝鲜形势提出持久作战、积极防御的战略方针。志愿军总部为贯彻这一指示，提出在东西海岸构筑防御工事的意见。第九兵团从 1951 年 9 月起，在元山地区构筑防御工事，随时粉碎敌人的登陆计划。他们原来的阵地交给第二十兵团。二十兵团司令杨成武率领师以上干部到第九兵团研究防务交接。

移交之后，九兵团便到了元山。元山，位于朝鲜的中部，是一个重要港口，美军曾多次从此处登陆，战略地位十分重要。陶勇在军以上干部会议上，要求部队尽一切力量，增强海岸及纵深防御工事，要人在阵地在。这种工作是不能坐在家里指挥的，他带上几名干部，来到了前沿阵地。当时敌我双方都经常派特工和游击队到对方刺探情报，或捉“舌头”，我方战士失踪和干部被谋害的事时有发生，大家都很担心陶勇的安全。有的师长对陶勇说：“我们向你保证，一定按质按量完成任务，你就不必三番五次来检查了。”

陶勇赞赏他们的“保证”，也说着自己的道理：“你向我保证，是你师长的职责，我要来检查，是我的职责，我们是各行其责，不能互相替代，否则就是失职。”

他和彭德清军长一直走到前沿第七十九师第二三六团二营的阵地。王营长和粘教导员一路小跑过来向军长报告，军长示意向陶勇副司令员报告。陶勇和他们握手，并把身旁的朝鲜人民军第七军团长介绍过来。陶勇拍着王营长的肩膀说：“你们快到前边带路吧。”他听出王营长的口音：“你也是胶东人吧？我原来的老部队第四纵第十师参加过胶东保卫战，许多伤员就是在胶东养好伤重返前线的，你们胶东子弟兵打仗很勇敢，是许世友司令员亲手培养训练的老部队，政治觉悟高……”

王营长已经不拘束了，高兴地回答：“是的，我的家乡在胶东荣成县，靠着黄海边，第四纵队第十师参加过胶河战役。”

彭德清接着说：“胶东一千多万人口，参军青年二三十万人，先后组建了四个军，有二十七军、三十一军、三十二军、四十一军，对革命战争贡献很大。”

陶勇背着手，学起胶东话，说：“你们都是胶东人，只有彭军长是福建人。”胶东话的人说成“印”，陶勇把这个“印”字咬得格外响，若得大家都笑起来。

说着，他们来到了核心阵地。陶勇站在掩蔽部前，用望远镜眺望元山港，蔚蓝色的广阔海面一望无际，波浪滔滔，那里在前些日子曾经是美国海军战列舰、重巡洋舰射击元山港和海岸防御阵地的海域。松峰德山的松峰秀丽，气势磅礴，公路上弹坑累累，被炸毁的汽车东倒西歪，倾斜在沟壑里，还有未爆炸的定时炸弹和汽油弹的残骸。陶勇放下望远镜，走进掩蔽部里，用 1 米长的树枝测量着 3 米以上的覆土，敲打着 20 厘米粗的支柱和顶盖圆木，检查坚固程度和稳定性，又检查了战士的地铺，察看到蓬松的铺草，比较满意，说："这不错，既防潮湿又保暖。"

几个人沿着交通壕走到重机枪掩体旁。陶勇站在射击孔后侧，以立射姿势检查射击角度，瞄了几眼，他对王营长说："把重机枪架设起来试试。"

王营长面有难色："可以，就是首长来时重机枪已全部进入防空阵地了。"

陶勇摇手说："那就不必了。"

说完，他通过重机枪露天预备阵地，又来到轻机枪掩体和单兵射击掩体，边走边看，连阵地厕所、堑壕的排水沟都细细地观察。然后手一撑，跳上交通壕，拍拍手上的泥土，嘴角露出笑，对王营长说："你这个核心阵地基本上构成了，你阵地前还有什么设施？你们营指挥所在哪个位置？"

王营长指着松峰德山向元山方向伸展的几条山腰报告："就在那几个山腰上构筑简易工事，作为我营的前沿触角阵地。它的任务是侦察敌情，提早发现敌人，迫使敌人过早地展开，我以火力阻滞、杀伤、消耗敌人，使敌人进攻前在航空兵和炮兵火力准备结束时，失去步兵的有力配合，这样，我营主阵地能抓紧这个间隙做好战斗准备，并为冲击与反冲击造成有利条件。"

陶勇一边听，一边举着望远镜，按王营长手指方位观察，对一起来的人说："彭军长曾向我说过，在金城坚守防御作战中，采取这种触角阵地的防御手段，是行之有效的，但是，这次坚守海岸防御，是抗登陆作战。敌人可能实施三军协同作战的进攻方式，夺取滩头阵地，巩固登陆场，然后向我海岸纵深发展进攻，其航空兵、舰炮火力及陆军火炮支援将是连续而猛烈的，要准备打恶仗！"

"是，首长，我们有这个思想准备！"王营长回答。

山上的树林浓郁，能见度受限。有时难于辨别准确的方位、距离，陶勇让王营长在军用地图上指明方位、地点，然后，他与彭德清地图上对照着，交谈着，思考着。有时向王营长、粘教导员询问：“你们在密林的中间，不但观察受限，而且影响火力，还要防备敌人空军投掷凝固汽油燃烧弹，树林一旦起火，威胁整个防御阵地的安全，将丧失战斗力！”

王营长说着自己的考虑：“树林是自然伪装，我们所需的圆木绝大部分是在前沿间隔砍伐的，扫清了主要射界。这些树上的毛栗子快要熟了，尽量给朝鲜老乡保留下来，但是一旦战斗打响了，这也是敌空军扔汽油弹的目标，我们已有思想准备和防护措施。”

朝鲜人民军第七军团长笑着点头说：“很好，很好！”

陶勇检查完了，比较满意，对大家说：“是啊，咱们志愿军要遵照毛主席的指示，爱护朝鲜的一山一水，一草一木，在正常防御作战中，要趋利避害，扬长补短，利用地形地物，充分发扬火力，加强防空、防炮，保存有生力量，在适当时机进行反冲击……”

陶勇和营里的干部握手后，又到别的阵地上去了。

十天后，陶勇再次检查了王营长的阵地，才真的放心。

1951 年底，宋时轮离开九兵团回国，陶勇代理兵团司令员兼政委的职务。

1952 年 10 月，陶勇迎来了他的老部队二十三军入朝，并坚守“三八线”达五年之久，他自己却奉调任华东军区海军司令员，即将回国。

第九章　出任舰队司令

毛泽东记住了陶勇

陶勇站在军舰甲板上。

现在正是春天，江水平静。周围一切寂然。“南昌”号军舰长啸一声，缓缓地向南岸驶去，从山坡上可以看到被它扬起的浪花。

陶勇不及细想，军舰就要靠近南京下关码头。那里到处都洋溢着节日的气氛，因为毛泽东主席要登舰检阅人民海军。

当毛泽东出现在码头上的时候，人群便海洋般沸腾起来。

他身穿黄呢子大衣，脚穿棕色皮鞋，更显得身材高大。

陶勇同样的激动，因为他第一次，要面对面地站在毛主席面前。这跟打仗不一样，难免有些紧张。当毛泽东出现在面前的时候，他快步上前，立正敬礼，大声报告：“报告毛主席，我率领舰队到南京，接受您的检阅，华东军区海军司令员陶勇。”

毛泽东轻轻挥了挥手，拉住陶勇的手，很仔细地打量着，笑道：“你就是陶勇同志，我久仰你的大名。你在新四军、三野打了不少漂亮仗。‘叶王陶’如雷贯耳啊！”

陶勇脸上一红，反倒不好意思了：“主席过奖了，在战争年代是中央军委的英明领导，是陈司令员、粟副司令员的正确指挥，一切归功于党中央和毛主席……”

陈毅又介绍袁也烈政委和其他领导。

毛泽东指着袁也烈连呼了两遍：“你就是袁也烈？”看来毛泽东对他也是早有耳闻：“你也到海军来了。啊，你原来是在山东部队工作的，你是长沙第一师范的，记得你是湖南武冈人吧？”

袁也烈答道：“是的，主席记性真好。”

陈毅和陶勇等人陪同毛泽东在舰上走着。这时毛泽东看到两艘鱼雷快艇泊在“长江”舰外舷，就想上去。陈毅急忙制止，担心地说：“主席，快艇晃得太厉害，您别上去。”

毛泽东一转脸，对着陈毅，问道：“你坐过么？”

陈毅点点头。

毛泽东便说：“你能坐我就不能坐？”

陈毅仍想劝毛泽东，于是灵机一动想了个主意：“主席，让快艇在江面跑跑，您看一看吧。”

陶勇立即命令快艇起航，先后组成纵队、横队、梯队 3 种双艇编队，以 36 节的航速，在江面上跑了 3 个来回。望着小艇在江面上飞驰，犁出雪白的浪花，毛泽东高兴地称赞道：“快艇不错，又比较便宜，发展这个好。”

“我们要搞一个快艇支队，到时请主席再来检阅。”（两年后，东海舰队组成了一支鱼雷快艇支队。支队驻地及快艇基地，是陶勇亲自带领支队领导选定的。那里四面环山，包着一个海湾，利于快艇隐蔽和出击。那里有两个出海口，舰艇出入机动方便，是个理想的天然军港。）

“好，好。”毛泽东说着，来到“南昌”舰的会议室。

这时，“南昌”、“广州”、“黄河”舰已离开码头，在江面上航行。

陈毅、张爱萍、王宏坤、陶勇、袁也烈等三十多名高级干部跟随毛泽东进了会议室。

毛泽东坐下，环视四周，喝了口茶，点燃了香烟，心情舒畅地对陈毅说：“这个军舰比较大。”

陈毅说：“这艘舰比您从武汉乘坐的‘长江’号、‘洛阳’号大多了。”

毛泽东点点头，又转脸询问陶勇：“现在你这个华东海军有多少人？”

陶勇站起来答道：“华东海军在张爱萍同志的领导下，建立了第五、第六、第七舰队和淞沪基地、舟山基地，共有指战员四万余人。”

毛泽东以往对陶勇并不熟悉，他真正开始注意陶勇就是在“紫石英”号事件以后。

毛泽东的目光扫过在座的海军指挥员，问道：“你们都出过海没有？”

袁也烈答：“出过海了。”

而陶勇和副政委康志强因为刚到海军，据实答道：“还没有呢。”

毛泽东满意地点了一下头：“你们是海军了，干海军就要不怕风浪，一定要到大海里锻炼！”又问：“大家都习惯吗？”

袁也烈说：“开始不大习惯，现在习惯了。”

“南昌”舰副政委陈友仁补充说：“从陆军来的同志现在都愿意当海军了。因为陆军人员感到大陆都解放了，没有仗打了，海军还要参加解放沿海敌占岛屿，有仗打！”

毛泽东考虑得更远：“有仗打，还有帝国主义呢！现在美帝国主义霸占台湾，人民解放军要解放台湾，美帝国主义一定要插手，我们还要准备同美帝国主义打，太平洋还不太平。我们的海岸线很长，应该有一支强大的海军。目前，我们国家还很穷，钢铁很少，经过两个、三个五年计划建设，我们的情况就会有所改变。那时候，我们就可以自己造军舰了。”

“有些军舰的技术装备还不能自给，要靠进口。”王宏坤说。

毛泽东说：“要进口一些，主要的还是靠自己建造。海军建设要靠国家经济建设发展，靠国家工业化，靠国家科学技术进步。海军建设要放在自力更生的基础上。”

毛泽东又问：“你们技术学得如何？”

王宏坤回答说：“下面同志学得好些，基本上掌握了技术。我们主要学苏联，全面学习苏联海军经验。”

当时全军向苏联专家学习也是毛泽东提倡的，既然是大的运动，就难免有偏差。毛泽东提醒将领们注意另一种倾向：“我们是要把苏联的先进经验学到手，但是学习先进的东西，要结合实际，为我所用。我们军队打了几十年仗，有许多宝贵经验，还是有用的。我们有我们的传统，要继续发扬，不能丢。”

陶勇有强记的本事，毛泽东的话他自然一个字都不会忘，而且进了脑子，变成尺子，他会用毛泽东的教导去衡量面对的人和事。

正当陶勇在努力记住毛泽东的话时，毛泽东问他：“水兵每天的伙食费是多少？”

陶勇答：“七千多元。”

毛泽东说：“军舰上很辛苦，体力消耗大，一定要保证部队有足够的营养，保证同志们健康。要认真调查，计算一下，现在的伙食费够不够用，如果不够，要考虑增加。”

在会议室坐了几十分钟后，陈毅请毛泽东到上面去看看。毛泽东欣然同意，站起来说：“好好。”

外面仍是细雨蒙蒙。

甲板像活的一样，在脚下轻轻晃动。毛泽东在将领们的陪同下，沿着军舰长长的通道走去。

在前甲板，毛泽东看完前主炮，便问：“这门炮是哪一国造的？”

枪炮兵回答说：“是苏联造的。”

毛泽东又问：“炮弹呢？”

“也是苏联造的。”

“炮弹打完了怎么办？”

大家一时答不上来。毛泽东说：“可以自己造么！过去抗日战争、解放战争自己都可以造，现在更可以造了，光靠人家是不行的。”自力更生是毛泽东的一贯思想，他过去不想后来也不想依赖任何人。

看到毛泽东走出来，一群水兵也跟着来到甲板上。毛泽东看着战士们企盼的目光，招呼记者说：“记者同志，麻烦你给我们一起照张相吧。”

水兵们兴高采烈地挤到毛泽东身边。这时江面上水气氤氲，雨滴越来越大。毛泽东身上的大衣和头上的八角呢帽都湿了，脸上也洒了雨点。照完相，陈毅赶快请毛泽东顺着扶梯，登上了驾驶台。

江上检阅开始了。

列队的舰艇依次通过旗舰侧面，被激起的层层江波带着银色的浪花掠过船舷，然后在艇尾汇合成汹涌的波涛，留下一条闪光的水带，水带扩大到远处海面上，泛起万顷波光。毛泽东既是在检阅水兵、炮舰，也是在检阅自己的领海江山，因为远处还有许多帆船、江鸥，装点出一幅美丽的图画。作为诗人和爱江爱海的毛泽东，他的心中自然早已激情澎湃。

就在这次视察华东海军时，毛泽东挥毫写下了几个大字："为了反对帝国主义的侵略，我们一定要建立强大的海军。"

陶勇把这几个字记了一辈子，也为此奋斗了一辈子。

送走毛泽东以后，陈毅又回到"南昌"舰，把华东军区和军区海军的领导叫到一起，对他们说："毛主席叫我转告，视察了海军部队，很高兴。看到海军掌握在可靠的年轻的干部手中，放心了！"

这是 1953 年 2 月 24 日的事。

在二十多年的战斗生涯中，陶勇身经百战，功勋卓著，威名远扬。在陆军时，他指挥部队打仗得心应手，手到擒来；到了海军，他面对这样一个复杂而陌生的技术军种，一开始也感到有点惶惑和不安。他曾经同舰队机关的一些同志谈起当时的心情："我刚到海军，一窍不通，东西南北都还没有摸着，就奉命去南京接受毛主席检阅，心里真有点紧张，生怕主席问起我时，一问三不知。检阅后，主席给了我极大鼓励，我下决心尽快学会海军业务。"

陶勇是个才智非凡的人，他的一套学习方法也与众不同。

苏联专家自然是他的老师。专家定期给机关干部上海军业务大课时，陶勇只要有空，就去听课，更多的，则是请苏联首席顾问给他一个人讲课，每周两个半天，坚持了很长一段时间。他在内容上删繁就简，属于参谋范畴的战术计算细节不学，他觉得这些用不着舰队司令去亲自计算。另外，有真才实学的原国民党海军人员也是他的老师。原国民党海军起义的戴熙愉，航海业务较好，陶勇把他调到舰队司令部担任航海业务长。他每次率舰队出海训练，都把这个业务长带在身边，凡是航海业务方面的事情，都听他的。他要戴熙愉尽快写一本《礁区窄水道航行经验》供各舰艇长和航海长参考，还不止一次对他说，要出一部反映过去海军在礁区窄水道航行、作战的电影就好了。陶勇挂在嘴头上的一句话是："疑人不用，用人不疑嘛！"每逢重大战事，戴熙愉总是跟在陶勇身边，出现在旗舰上。攻打一江山岛、炮击金门等重大战斗，戴熙愉都奉调参加前指工作，具体负责制定绝密的舰艇和航空兵协同作战计划表，出席各种严格保密的作战会议。

小炮艇打跑了胡宗南

许多同陶勇一样，抱着到海军来搞现代化建设心情的陆军官兵，到任不久，就感到困难重重。特别是海军专业技术比较复杂，而大部分人在这方面都是一窍不通，许多人打起了退堂鼓。登陆舰五舰队（后改称登陆舰五支队）司令员王清川便是其中之一。当他第一次见到陶勇时，陶勇并没批评他的畏难情绪，而是说起自己的感受：

"我原来也没有到海军来工作的思想准备，但是党把这个任务交给我，我不能讲价钱。目前海军初建，急需干部，特别是需要从陆军调一批干部来做骨干。现在，我们只能安下心来干下去，而且还要保证干好。至于海军专业技术复杂，我也有同感。唯一的办法就是加紧学习，尽快使自己由外行变成内行。世界上没有学不会的东西，何况你还有一定的文化基础，学起来是很快的。过去我们谁也不会打仗，后来不是也学会了吗？"

王清川觉得陶勇说得有道理。"我一定抓紧时间多学点东西。"他表态说。

陶勇又说："你是领导，不仅自己要安心，而且还要做好他人的思想工作。只有干部的思想稳定了，部队才能稳定，其他工作才能开展起来。"

一提这件事，王清川又皱起眉头："不少干部嫌我们五支队是登陆舰，不如战斗艇光荣，打不了仗，也立不了功。"

陶勇说："海军打仗，不能单搞哪一家，既不能单靠你们，也不能单靠六支队，要靠诸兵种合同行动。搞事业，哪项工作都不能缺，哪项工作都要有人去做，登陆运输也是一项重要的工作，如果进行登陆作战，离开了登陆舰行吗？”

王清川按陶勇的话对部队进行了教育，以后就再没听到有人讲运输船上不光荣了。

然而，五支队的舰长大多数都是原海军人员，这些人懂业务，会操船，但思想水平和工作作风还是国民党的那一套。可一些刚从陆军调来的干部，政治素养好，文化水平又比较低，不懂海军专业技术，工作比较困难。王清川把这种情况一说，陶勇好像早考虑过这件事：“海军战斗力的基础在单舰，一艘舰就是一个基础单位，要提高部队的战斗力，首先就要把单舰这个基层建设好，而关键又是要把舰长、政委配好。我们应当抓紧培养一批新的德才兼备的干部来担任舰长、政委。”

按陶勇的办法，五支队找了一些海校毕业的干部和一些具有实际经验的原海军人员当教员，采取“母鸡下蛋”的办法培训干部。1953年上半年，他们先试办了一期航海干部集训班，接着又办了一期枪炮干部集训班。两个集训班办下来，部队反映很好。于是支队写了总结上报给舰队。不久，舰队司令部的训练处长对王清川说：“陶司令看了你们的报告很高兴，认为你们的办法很好，说这是当前提高舰艇干部军事素质的一个重要途径，要推广你们的经验。”

后来，王清川又调到护卫舰（又叫炮舰）六支队当支队长。临去前，陶勇对他说：“你到六支队后，要注意教育部队不要翘尾巴。”

就这一句话，王清川一直记在心里，以后部队带得很好。陶勇的话从不啰嗦，三言两语，有时是说几句笑话，甚至讽刺挖苦两句，但话都敲到脑壳上，常使被说的人豁然开朗。

王清川到护卫六支队后，对舰长人选也作了一些调整。陶勇对此积极支持。当时司令部训练处有个科长，文化高，懂业务，工作比较老练。王清川提出要这个科长去担任“昆明”舰的舰长。陶勇二话没说就同意了，尽管机关舍不得放，陶勇还是坚决把他调给六支队。但陶勇特别叮嘱王清川：“对调整下来的干部，一定要妥善安排，要使他们各得其所，把他们分配到能充分发挥其各自专长的适当岗位上去。”

1953年春天，浙东沿海的对敌斗争进入了一个新的阶段，华东海军担负着协同陆军夺取敌占岛的任务，主要作战对象已不再是零星海匪，而是国民党海军的大中型作战舰艇。

为了落实毛泽东自力更生自己造船的指示，陶勇几次到江南造船厂，和那里的技术人员研究。经过努力，很快生产出8艘50吨位的炮艇送到海军。这种新型炮艇不但速度快，火炮的口径也比老炮艇大，并很快派上了用场。

华东军区决定联合作战，解放沿海的五个岛屿。这五个岛屿是大鹿岛、小鹿岛、鸡冠山、羊屿和积谷山。分两步走：第一步先攻占大小鹿山、鸡冠山和羊屿四岛，得手后立即转入第二步：攻占积谷山岛。

这四岛，位于大陆和国民党占领的披山岛中间，一直是敌我双方争夺的对象。1950年，我二十五军曾解放了四岛，不久，因经常受到敌舰袭击而不得不放弃。1951年，胡宗南到大陈岛后，在舰艇的掩护下，二百多敌人重占了四岛。

敌人占领四岛后，控制了近岸航道，抢劫过往船只，杀害渔民，还时常袭击大陆沿岸村镇。这是首先要解放这四岛的主要原因。

5月29日晚上6时，天空刚暗下来，陆军的五个炮兵连首先进行猛烈、连续的轰击。随后，陶勇指挥炮艇出击。装备了新式自产炮艇的两个中队，掩护陆军一个营登上了羊屿和鸡冠山，并进至大、小鹿山东北和东南海域，实施抵近射击，支援陆军另一个营登陆该两岛。大、小鹿岛上的敌人还没摸清是怎么回事，就被我八艘炮艇包围，陆军部队迅速登陆。此次战斗，毙敌53名，俘敌“反共突击队”第四十二纵队司令何卓权以下186名，击沉敌机帆船2艘。而我炮艇除消耗1590发炮弹外，无一伤亡。

人民解放军有了自己造的威力不小的炮艇，并迅速占领了四岛，不仅让大陈岛上的胡宗南大吃一惊，也让台湾岛上的蒋介石大为恼火。5月30日，蒋介石给胡宗南发来特急电报，报文中说：连丢四岛，实为耻辱，切实追查，立即报我。

胡宗南一遍遍地读着电文，又急又气。他把部下召到他的指挥所，检讨教训，寻找原因，以便好给“老头子”回话。

丢了四岛，会议的气氛变得肃杀紧张，很久无人说话。

海匪头子、“海上突击纵队”司令黄八妹实在忍受不了沉寂，开了头：“我认为要夺回四岛，关键在于加强海上力量；只有打掉共产党的炮艇，夺回四岛才有希望。”

总算有人说话了，胡宗南鼓着的胸脯总算平伏下来，他称赞黄八妹：“说得好！这的确是关键，对此，诸位都有何具体高见？”

军官们见胡长官同意黄八妹的见解，便顺着他的思路，七嘴八舌地发表“高见”。最后由胡宗南总结：“好，我现在决定，由海军组成一支由九艘驱逐舰、护卫舰和炮舰参加的海上编队；由包括黄司令率领的海上突击纵队在内的陆军组成登陆部队。各部都要做好准备，等候进攻命令。”

胡宗南不敢有丝毫马虎，在行动之前，又采取多种手段，对四岛进行了周密侦察并很快得出结论：共军四岛防守单薄，周围没有共军炮艇活动……

这个情报是基本准确的：华东海军的炮艇部队已撤回海门港休整，准备配合六十师解放积谷山岛。

6月19日夜，胡宗南亲率舰9艘，运兵船50艘，载运步兵1600余人向四岛猛扑。我守岛部队浴血奋战，坚守羊屿、小鹿山，情况十分危急。陆军两次渡海增援，均遭敌舰封锁阻击。

四岛告急，守军危在旦夕。

胡宗南连得二岛，趾高气扬，竟用明码呼喊起来：“天亮以前，给我拿下大鹿山和鸡冠山！”

再说负责炮艇的温台大队长陈雪江检查完配合六十师解放积谷山的准备工作，一直忙到深夜，倒在床上就呼呼睡着了。20日凌晨，突然，浙江军区参谋长赵俊的电话叫醒了他，赵俊在电话里焦急地说：“几次打电话都打不通，胡宗南调了好几艘军舰向我们进攻，四岛危急，请你请示陶司令，最好能马上增援！”

请示后，陈雪江马上把炮艇两个中队长和指导员叫到作战指挥室，向他们交代了任务："现在时间紧迫，来不及讨论了。你们的任务是，把胡宗南的九艘军舰赶跑，掩护六十师部队登上四岛歼敌，并从海上截住已经登上四岛的敌人退路，协同陆军歼灭逃敌。"

关于战机，陈雪江说，艇队到了寨头角，就立即隐蔽起来，待到黄昏时，再突然出击，打入敌舰群，进行近距离袭击。他鼓励干部们："他军舰多也没有什么可怕，他们最怕我们的夜战、近战！只要你们按照计划，灵活处置，准能胜利！好了，你们走吧，我不送了！"

于是，温台大队在张家麟中队长的指挥下，迅速出动，通过了敌积谷山的炮火封锁区，又冲过石圹和寨头之间的海面，于当天黄昏到达寨头，向步兵第六十师首长报到。入夜，我艇队向位于羊屿东北之敌舰艇逼进，在夜幕掩护下勇猛向敌舰射击，打得敌人措手不及，慌忙逃窜。此时，陆军增援部队在海军支援下安全航渡，先后登上羊屿和小鹿山，与岛上守军一道冲击敌人，至21日拂晓胜利结束战斗。这次抗登陆作战，共歼敌700余人，击沉敌机帆船2艘，帆船10艘，击伤敌舰艇5艘。

接着解放军又乘胜挥戈北上。6月24日16时，陆军一个营在8艘炮舰的掩护下，背水攻坚突破敌占积谷山岛前沿，于22时攻占该岛，歼灭敌"军官战斗团"一个连110余人。战后，俘虏们胆怯地说："你们小兵舰好厉害，打得我们抬不起头来！"

陆军第六十师参谋长王坤高兴地对陈雪江说："要给炮艇大队请功！"

陶勇也打电话来鼓励他："老陈啊，小炮艇打出了威风，既打败了敌舰，也打跑了胡宗南，是很了不起的！"

据说胡宗南感到夺回积谷山无望，只好给台湾发了一份电报，称五岛失利，乃麻痹大意所致，恳请总裁给予立功赎罪机会，改过自新……

胡宗南不甘心失败，还没等蒋介石回电，又指挥军舰频频出动，前去炮击五岛，一连数天，都遭到岛上炮兵和海上炮艇的还击；他又命令黄八妹部三次偷渡登岛，但在航渡中就遭到解放军艇队的堵截。

胡宗南感到解放军已经巩固了五岛阵地，加强了海上力量，要想夺回五岛已困难，只有另找“立功赎罪”机会。

这次连战皆捷后，陶勇来到海门港视察，亲自在码头上给温台大队指战员讲话。他说：“我们配合陆军解放敌占岛屿的实战证明，不是我们怕敌人，而是敌人怕我们。你们看，敌人的军舰不是被我们的小炮艇打跑了吗！”他的话是有针对性的，当时不少刚到海军的人在我海上力量大大低于敌方时，是有不小的顾虑的，陶勇想通过这件事增强他们的信心。

陈雪江对陶勇说：“我们的炮艇一出海门口，敌舰就掉头返航，不敢与我们硬拼，水兵们都感到骄傲和自豪！”

陶勇眼睛斜睨了一下，他的目光里明显有一种警惕，脸色也变得严肃起来：“战士骄傲点没关系，因为他们不怯战、不怕敌舰，但是干部不能骄傲轻敌，搞不好要吃亏、要打败仗的，不要头脑发热啊！”

临走时，他特地叮嘱了一句：“打仗要从实际出发，不能照搬苏联的战斗教令和战术原则，一定要重视总结自己的经验，依托岛岸，充分发挥夜战、近战的威力，以小打大，以少胜多。”

再说胡宗南出山的两年间，遭解放军接二连三的沉重打击后，他反攻大陆的雄心和“复国平天下”的报复像肥皂泡一样破灭了，自感羞愧，写了一份辞呈发给蒋介石。蒋介石气得破口大骂，随手抓起一支毛笔，在胡宗南的辞呈上写下了“同意”两个大字。

蒋介石撂下毛笔，转念一想，胡宗南虽然在指挥浙东诸岛反共上吃了败仗，但他毕竟追随自己多年，也是一个反共的功臣。于是，蒋介石派他的长子蒋经国到大陈岛，把灰溜溜的胡宗南迎回台湾，算是给了他一点面子。

胡宗南此刻对蒋的恩赐感激涕零，于是又拿出一副党国利益高于一切的大度胸襟，斗胆向蒋介石建议，让金门建功的胡琏出力，挑起反攻大陆的重任。

自胡琏在金门保卫战中重创登陆的解放军之后，在台湾已成家喻户晓的传奇式人物。只是他的资历尚浅，不便于委以重任。胡宗南自己“忍辱负重”，在蒋面前大胆举荐，蒋介石十分赞赏。

“好吧，在党国处于危急关头的紧要时刻，一切都要从党国的生存大计出发，我们就不能太拘泥于资历和职务了，我就把胡琏调来，给他个建功立业的机会……”

毛泽东发来的电报

1954年深秋，爽朗的秋风吹进中南海菊香书屋。

毛泽东在书房办公，两堆文件都垒得有一尺高。他左手夹烟，右手抓笔，阅读文件时眉头稍稍聚拢，全神贯注，容不得别人打搅，否则，也要发脾气的。烟灰缸里已经堆出尖来，卫士进来给他加了水，倒了烟灰，并把烟掰断几支，半支半支地插入烟嘴。毛泽东在稍事休息之后，拿起总参送来的敌情通报。

毛泽东起身踱步，仰着脸，像在思索。

人民海军自组建以来，虽然有了很大发展，并在台湾海峡护渔护航、近海作战方面有一定的突破，但也只是利用有限的海上力量，对台湾海军的骚扰和进犯给予回击，并未重创或击沉他们的大型舰只，更未主动出击，给台湾海军以致命打击。相反，蒋介石虽然不停地撤帅换将，却并未停止对大陆沿海诸岛的进犯，而且出击的大多是大型战舰，令我方无奈。

从不信邪，富于挑战精神的毛泽东，早就想寻机敲打一下蒋介石，让其不要跟美国主子走得太远。

思绪落定，毛泽东快步回到办公椅上坐下，猛抽了两口烟，在纸笺上疾书起来。

而深秋的上海，已有一些凉意，天空时雨时阴。陶勇在他的办公室里，对着眼前的海图，已凝视多时。随着敲门声，作战部刘参谋走了进来，双手将一份文件递上：“司令员，海司转总参来电。”

陶勇顺着电报看去，一眼瞥到下面写着的“毛泽东”三个字，又从头看起。他知道这肯定是份重要文件。果然，毛泽东的每一句话都敲击着他的心扉：

> 时机不可不抓，军威不可不振，务安排近期于大陈至渔山列岛之间对蒋舰实施打击，并力求击沉中型以上军舰一至两艘。不打则已，打则必歼，以证明我海军之实力。
>
> 毛泽东

正对自己的心思！陶勇也掏出烟来吸着，为的是更好地集中精力，把这个重要指示落实。像是暴雨要来之前的沉闷，他突然觉得浑身燥热起来，于是干脆脱了外面的军服，在屋里踱起步来。

抽烟，踱步，沉思——几乎成了高级将领们大战前的一种固定程序。

像陶勇这样的战将哪有不渴望打仗的？尤其是到了海军以后，真还没打过大仗。当然，跟国民党海军硬拼还没有资本，只能用打鬼子时的办法——伏击，在海上伏击。

这一段，他也了解了敌方的情况。台湾海军总司令叫梁序昭，是今年 7 月刚刚接替马壮谋的家伙。当然不能小看他：他是 1934 年毕业于烟台海军学校，1944 年赴美国佛罗里达的迈阿密受训。蒋介石起用他主要是因为梁序昭十分重视军事理论研究，曾创办、协办《海军内部战时通讯》《海军整建月刊》等军事刊物，擅长写战术论文，并能用英文撰写作战计划。估计用他对付共军那些“文盲”将领绰绰有余。特别是梁序昭舶来的那一套纯美国式的战法，要控制大陆沿海的制海权不在话下。美国海军经营多少年了，与之相比，中共海军还在婴儿期呢！

夜已深，秋雨不知何时淅淅沥沥地飘洒下来，空气里顿时充满凉意。陶勇的头脑格外清醒。看来今夜是无法入睡了，干脆拟个作战计划吧。他又伏在巨大的海图上，苦思冥想起来。当他一拳砸在海图上时，他的嘴角出现了一丝细密的微笑，那笑，很有些轻蔑嘲讽的意味。

10 月的最后一天深夜，一支人民海军的护卫舰编队出现在东海海面，直向高岛海域驶去。

国民党军雷达站已观测到这支编队。荧光屏上显示，午夜过后，该编队在高岛海域绕了一圈便折返了，没有留下什么疑点。值班的国民党军雷达兵又仔细观察了两个小时，还是没有发现什么异常，就打着哈欠进了休息室。

但是，国民党军做梦也没有想到，解放军的六艘鱼雷艇已经进入了高岛锚地。原来，护卫舰的体积巨大，用它的舷侧拖带鱼雷艇，不但肉眼看不出，连雷达也别想测出来。这么绝妙的主意，大约只有像陶勇这样熟知兵无定形的人才想得出。况且，高岛锚地距离战区近，这里既没有可供舰船停靠的码头，也没有对舰船提供弹药、油料、器材等物资的设备，国民党军也认为此地不利于舰艇待机，就更不重点设防了。军语有句常言叫做“兵不厌诈”。正因为这里不具备鱼雷快艇生存的条件，就更容易使敌人麻痹大意。

陶勇特别钟情鱼雷艇这种小巧快捷的海上武器。刚组建鱼雷快艇部队时，艇只还是从苏联买来的。自 1951 年开始，人民海军开始自行设计制造快艇。小型鱼雷快艇排水量仅 22 吨，主要武器装备是两座 450 毫米的鱼雷发射管和两挺 12.7 毫米高射机枪。四个大功率推进器足以使它的航速达到 52 节。遗憾的是它还没经过实战的检验。

这是鱼雷快艇首次出击，陶勇自然要打出威风，打出战果。

担任这次伏击任务的是快艇三十一大队一中队，他们已在舟山海域练了多日。当时正值炎热的夏季，机舱温度经常达到 40℃以上。练一夜回来，艇员就跟从水里捞出来似的，不知道流了多少汗。往往一练就是一个通宵，有的同志疲劳得连操纵机器时都忍不住打瞌睡，而晕船的同志有时连苦胆水都吐出来。知道有仗要打了，再苦再累大家都能忍受。鱼雷艇进入高岛锚地后，就与停泊在这里的登陆艇紧紧地靠在一起，一艘挨一艘，然后又在艇只上面做了伪装。这样无论从天空往下看，还是从海上往艇群里看，都难以发现这里的鱼雷艇。国民党飞机经常在待机点巡逻也没有侦察到。与此同时，岸上指挥所也转移到了高岛。

11 月 3 日，陶勇得到情报，说有一艘敌大型军舰向我军预定的战区驶来，他立即命令出击。接到命令，六艘鱼雷快艇像离弦之箭射了出去。大家瞪大双眼，有的握紧拳头，兴奋得浑身直打战。真是天有不测风云，最令人担忧的情况出现了：海上气象变坏，海情已经满足不了鱼雷艇作战的要求。无奈，陶勇只好放弃作战计划，命令艇队退出战区。幸运的是，行踪未被发现。

快艇随后在海上待机。这时已进入初冬季节，天气逐渐变冷。因为鱼雷艇没有住舱而且空间小，睡觉成了问题。艇上没有床铺，战士们只好和衣蜷曲在战位上过夜。空间不够，就在甲板上搭起一层板做床铺，战士称自己的铺是“楼上楼”。天下起雨来，艇员没有地方躲避，只好穿着雨衣在艇上挨淋。寒风吹来，身上又结了一层霜，一个个冻得脸发紫，牙打战，浑身冰冷，用战士们的话说，“除了一颗心是热的，其他都好像泡在冰水里”。

一等就是 14 天。

因为限定的待机时间最长也就 15 天，如果在这个时限里还没有战机，那么编队就要撤离锚地，在别处休整以后，再等下一次战机。通俗地说，就是白等了。

11 月 13 日，也就是待机时间结束的前一天晚上，一中队的队长和指导员焦急地守候在电话机旁，战士们也都围了过来。大家屏息静气，没有一点声响，都盼望着奇迹能够发生。

奇迹真的出现了。

一阵急促的电话铃声响起，立刻把大家的心给揪紧了。岸上指挥所通报说敌舰已经从大陈岛出来，要求一中队立即做好战斗准备。消息传开，指战员们个个欢欣鼓舞。为了确有把握，中队先派一艘快艇出去观察海面实际气象情况。侦察艇不一会儿回来报告说：“海面气象良好，符合快艇作战要求。”

“太好了！”

“太平”号从此不太平

14 日凌晨 1 时许，指挥所命令一中队四艘快艇进入一级战备。这一声命令抖落了艇员们苦苦等待 14 个昼夜的疲劳，他们敏捷地奔向自己的战位。顿时主机轰鸣，4 艘战艇像脱缰的战马，昂首冲出港湾。

4 艘战艇成单纵队首尾相随，等速前进。大海在沉睡中被搅醒，平静的海面犁出一条白色的浪带。0 时 50 分进至五棚屿以东一海里处待机。

这时岸上指挥所也紧张有序地工作着。自从敌舰从大陈岛出来被我海军雷达发现后，雷达兵的眼睛就没离开过荧光屏上那微小的亮点；记录员不断报告敌舰的方位和距离；绘图员紧接着标画在海图上；通讯业务长及时准确地把敌舰活动情况通报给鱼雷快艇。

在岸上担任指挥员的纪智良副大队长听了记录员的报告后，发现敌舰这次活动的航线有些异常。平时敌舰出来活动总是先由南向北巡逻一遍，然后再回到大陈岛。这次却不是这样，而是一直向东北方向的鱼山列岛开去。纪智良判定敌人的意图：过去敌舰都是 18 时至 19 时出来，天亮返回大陈岛，而今天 0 点以后才出来，要赶在天亮前返回去，必然抄近路，赶时间，走直线返回大陈岛。他果断命令："抓住机会，就在它去渔山列岛的路上干掉它！"

战艇在岸上雷达引导下继续航行。为了快速接敌，1 时许，岸指命令艇队增速至 18 节，随后再增速至 23 节。这时的海面，浪比较大，由于鱼雷艇小而且速度快，一会儿被推上波峰，一会儿又掉进浪谷，被快艇冲击起的浪花溅满整个甲板，打在人们的脸上冰冷发痛。可谁还顾这些？战士们一个个双眼瞪得滚圆，死死地盯住前方。

1 时 25 分，敌舰进入我雷达盲区，岸指命艇队自行搜索目标，鱼雷快艇上没有雷达，艇队在茫茫的夜海里，只能凭肉眼仔细搜索着，辨认着。1 时 28 分，突然，站在艇首的前炮兵王景春报告："右前方发现灯光！"其他人按他手指的方向凝神一看，果然在右前方有一闪一闪的灯光出现。这时在海图室作业的葛绵绵也报告：在距离 37 海里右弦 45 度处发现敌舰。

"继续加强瞭望，发战斗警报，按原航向加速前进！"艇长发出命令。

消息很快传到华东海军作战室。陶勇拿起话筒，沉着地命令："按照第一作战方案行动，开始攻击！"

“明白！”前方岸上指挥员纪智良答道。同时即令155艇、156艇担任主攻，157艇、158艇担任阻击，艇队以左梯队接敌。

离敌舰越来越近了。在月光下，从它的外形特征上看，它的上层建筑分散低平，舰桥位于全舰长度三分之一处，前桅单柱式，后桅三角架式，有一个护盖和烟囱。有个同志突然惊喜地大声说：“‘太’字号！是敌人的‘太’字号军舰！”

人们都为之兴奋不已。国民党的“太”字号即“太平”号军舰，是一艘美制护航舰，标准排水量为1520吨，设计航速为21.5节，有官兵220名。它的火力配备也比较强，有76毫米火炮4门，40毫米高射机关炮4门，20毫米高射机关炮10门，还有两组48发火箭炮。如果能把它干掉，确实是件又过瘾又解气的事儿。

这时，海上四艘快艇已距敌舰不远。指导员朱洪禧和副中队长铁江海率领的155号快艇在编队的最前面，朱洪禧拿起望远镜把敌舰仔细看了看，一点不错，正是敌人的“太平”舰。又把望远镜递给铁江海，他看了看，点点头也高兴地说：“是它，正是它！”

铁江海一面命令电讯手向岸上指挥所报告发现敌舰，一面向艇队下达了“向左展开，准备战斗”的命令。紧接着，话筒里又传来纪智良的命令：“陶司令命令我们，按第一作战方案，开始攻击！”

这时敌舰已距快艇只有六七海里了。敌舰的舰桥、炮位和雷达都可以看得清清楚楚。

而敌舰似乎仍在梦中，根本不知周围发生的情况，还在不紧不慢地向东航行。155艇为了占领有利的发射阵位，即向右转向，扩大敌舷角；而156艇却误认为敌舷角已适合我攻击条件，则按预定的提前角接敌，造成前两艇距离增大，后两艇中间插入，打乱了原来的队形，无法按预案实施攻击。

此时，“太平”号上也响起了警报。指挥此次航行的是“太平”号副舰长宋季晃。他从睡梦中被警报惊醒之后，看到海面上漆黑一片，他第一个反应就是：是不是弄错了？他三步并作两步跑到了雷达室，从屏幕上看到了几个小白点。

“报告舰长，右舷发现共军鱼雷快艇！”

因为在此之前还没发生共军鱼雷快艇攻击大型战舰的先例，所以宋季晃放心地一摆手：“知道了，共军小艇不足为惧。”

但后来他发现情况有些不妙，因为四艘快艇正全速向其逼近，宋季晃下令加大马力，向东北方的渔山列岛开去。

快艇上的指挥员也看出了敌舰的意图。

1时35分，当快艇距敌舰只有10链、在敌舷角120度的时候，铁江海命令各艇施放鱼雷。155艇随着艇长一声口令，艇身猛的一震，两发鱼雷呼啸而出。鱼雷攻击以后，155艇马上灵活地转了一个弯，退出了发射位置。接着，157艇以距敌5链提前角5度发射鱼雷，156、158艇以距敌5链提前角10度先后发射鱼雷。各艇发射后立即撤出战斗。敌舰盲目射击。一中队从施放第一条鱼雷到全部撤出战斗，仅用了1分30秒。

8发鱼雷像8条大鲨鱼，狂奔而去。水面上清晰地划出8道暗乌色的晕道，向敌舰围拢而去。这种鱼雷长3米，自重1000公斤，发射后依惯性制导寻觅目标。它的战斗部分内装500多公斤高能炸药，即使是大型军舰被一枚鱼雷击中，也是致命的。这次连射8枚，主要是为了确保一次命中目标。

突然间，传来一声沉闷的巨响，艇员们回头望去，只见“太平”号右舷腾起了一个巨大的水柱，驾驶台前升起一股又高又黑的浓烟。“打中了！打中了！”大家欢呼跳跃，相互拥抱庆贺。直到这时，敌人才如梦初醒，以为是被飞机打中了，一个劲向空中乱放枪炮。

艇队指挥员向岸上指挥所报告：“命中敌舰，我艇队无一伤亡！”

喜讯很快传到华东军区海军作战室，陶勇手握话筒，兴奋得声音有些发抖。要知道，他打过无数个胜仗，都没有如此兴奋过，是因为这是我军第一次击沉敌人大型舰船，也是因为他从来还没有指挥“小蚂蚁”把“大象”给咬翻，看来主席前两年视察时钟情鱼雷快艇真是有先见之明。他对着话筒大声喊道：“同志们，打得好，人民感谢你们！返航！”

被击中的“太平”号上浓烟滚滚，官兵乱作一团。宋季晃走出驾驶室，到甲板上一看，心凉了一截：舰体已被炸开了个一米见方的大洞，凭他的经验，护卫舰受到了致命打击，已经丧失了机动能力。开始他命令轮机手再试一次，看能否动一下。轮机手连试了几次，军舰毫不反应，像一条死鱼在水面上打转，而且已经开始下沉。

宋季晃惊出一身冷汗，颤抖的心忽的悬到半空。他一边挥舞着手枪，阻止来回乱窜准备逃生的水兵，一边向发报员大呼：“快发报，快发报！叫基地速来救援！”

正是半夜，台湾仍在梦中。

基地的紧急电话一直打到海军司令官梁序昭家里。

梁序昭气呼呼地拧开灯，一看手表：2 时 30 分。他努力压住心火，朝听筒里喊着：“谁？有什么事？”

“报告司令官！有重要情况！”电话那头声音急促。

“你说吧！”梁序昭闭着眼听着，希望事情不大，听完后能倒头再睡。

“50 分钟以前，我‘太平’号被共军鱼雷击中，现在高岛海区，请求救援！”

梁序昭像被冷水浇了一下，睡意全无，从床上一跃而起，赤脚站在地板上，朝着电话里狂喊：“现在舰艇怎么样，有没有危险？”

“情况很严重。据宋副舰长报告，舰体严重受伤，已无动力。我们的救援船队已经出发，特向司令长官禀报此情。”

“我马上就到司令部。”梁序昭一面叫车，一面穿衣。车在门口鸣喇叭时，他已匆匆跨出了家门。

受了重创的“太平”号静卧在海面上，任海浪拍打，都没有醒来的迹象。它已完全失去了机动能力，在海面漂泊了近两个小时，舰尾翘起，舰首低着头沉在水里，随着潮水慢慢向西漂去。3 时 30 分，国民党军派出的扫雷舰、护卫舰和护卫艇各一艘到达。它们围着被击中的“太平”号，转来转去，不知从何救助。大约一个小时以后，这三艘舰艇靠上了“太平”号，其中一艘护卫舰慌忙系上缆绳，拖着“太平”号就往回走。

这时天已经大亮，火红的太阳从海天相连处冉冉升起，朝霞把海面染得血一样通红。海面上三艘垂头丧气的敌舰，拖着冒着浓烈黑烟的“太平”号，缓缓地向大陈岛方向挪动。

由于“太平”号严重受损，炸开的大洞不停地进水，舰身越来越矮，被拖动的速度越来越慢。

到7时15分，“太平”号像一个灌饱了水的醉汉，再也支撑不住，摇晃了一下，开始急剧下沉。那艘拖带它的护卫舰见势不妙，马上把拖带缆砍断。“太平”号的舰首立即埋入海里，舰尾高高翘起，海水浸过了舰体的大部分。

7时24分，“太平”号这艘庞大的、火力和吨位都在台湾海军中占据第七的大型军舰已经注定沉没。海水慢慢地浸过驾驶台，漫上舰桥。很快，连它那高高的桅杆也沉到了海底。中校副舰长宋季晃和227名国民党军官兵也一起滑入水中，海面上只留下一个巨大的漩涡。来救援的3艘舰艇上的官兵都摘下军帽，向沉舰致哀。

正当华东海军举行庆功大会，陶勇司令员、彭德清副司令员等为人民海军鱼雷快艇部队首次出击就击沉敌军大型战舰而举杯庆贺之际，台湾蒋介石“总统府”已于14日上午7时多收到报告：“太平”号沉没于高岛方位140度，距离18海里处。

蒋介石坐在太师椅上，两眼圆睁，瘪瘪的嘴巴嗫嚅着，半天不说话。从他身边走过的人都小心翼翼，生怕脚底弄出声响，招来训斥或辱骂。几名副官站在那里，不敢说话，也不敢离开。谁都知道，如今海军是蒋介石的命脉，只要海军不被打破，台湾就不会落入共军手里。只要海战方面一让共军占了便宜，今后的日子就不好过了：“太平”号的沉没就意味着海上不再太平了。

怒视了一遭，蒋介石的呼吸渐渐均匀，副官们也都暗自松了一口气，急忙把等候多时要呈报的文件递上去，蒋介石翻了一下，刚才消去的怒火又蹿了上来：“又是‘太平’号！快让海军查一查，把详情报上来！”

副官答应着向电讯室跑去。

“把梁序昭找来！”蒋介石大吼着。

“是！”

蒋介石抄起水杯，咚咚的灌了几口白开水，第二次拿起那份有关“太平”号沉没的报告，扫了一眼，生气地扔在了写字台的一角。

不一会儿，神色慌乱的梁序昭赶来了，被指令坐到作训会议室，等候“总统”训示。

蒋介石低眉锁眼地走进来，跟谁也不打招呼，甚至不看一眼，径直向最北面单独的椅子走去，那是他的固定座位。其他的将领坐成左右两排。

蒋介石自然高兴不起来，但还是努力说些鼓励的话：“胜败乃兵家常事。可是近期共军海空力量加强，我失东矶列岛，今又痛失‘太平’舰，不是好兆头啊。”

说着，蒋介石把目光对准梁序昭，问：“梁司令，你可是向我保证过，共军的海军是绝对过不了海峡的，你的情报怎么搞的？共军的快艇在眼皮底下出没，竟一无所知？”

梁序昭起立回答：“校长，‘太平’号殉国，学生痛心疾首，也负有不可宽恕的责任。可是此次的确是给共军钻了空子，这不能说共军的海军已发达到与我同日而语，他们还是那些躲在暗处的小艇。我又与美国顾问磋商，近期将重新部署海面防务，决不再发生‘太平’号这样的事！”

蒋介石说：“不可大意。不可以敌小我大听之任之。不要忘掉我们是怎样失去大陆的！”他站了起来，向全体官员发出号令：“诸位回去以后，要按照此次会议议定之策，全面部署紧急防务计划，不得有误！”

众将领一齐答是。

下午，蒋介石又在他的官邸内，与空军司令周至柔、海军司令梁序昭等召开紧急军务会议至深夜。

“太平”号的覆灭，大大震惊了美国，一向好哗众取宠的美国新闻界大惊小呼：“共产党中国拥有很大的海军力量！”白宫也显出少有的不安，将又一批美国海军顾问派到台湾。

“太平”号被击沉后，人民海军航空兵开始对盘踞大陈、一江山等岛屿的国民党舰实施攻击，为解放这些海岛创造条件。

梁序昭当然明白，他们占据的这些岛屿，如果没有军舰的保驾，共产党的海军随时都会发起登台岛作战。别看共军的飞机不怎么高级，可是从空中打击，还是如同老鹰捉小鸡一样容易。梁序昭绞尽脑汁，终于签署了一道命令：大陈岛的军舰白天可行至外海停泊而在夜间则返回大陈岛，这样既可以避开共军飞机的袭击，又能顾及各个岛屿的安全。

海上确实“太平”了一阵，而梁序昭也着实喜了一阵，认为自己这一招实在高明。

单艇独雷打“洞庭”

东海舰队司令部。

陶勇笑着对彭德清说：“最近，大陈岛上的蒋军可真够忙的，白天开出去，晚上驶回来。”

彭德清递给陶勇一支烟，自己也点燃一根，附和着说：“是啊，我看是‘太平’号被我军击沉后，梁序昭被老蒋训破了胆，这位美战专家出手不高哇。”

陶勇走到海图前，用手在图上比画着，又拿起笔在纸上计算起来。

彭德清站陶勇身边，静静地看着他。

陶勇抬起头：“老彭，我想，该给梁序昭做下一盘菜了。”

彭德清会意地一笑：“对！”

彭德清是陶勇多年的老部下，在陶勇的一再要求下，于9月8日，由陆军第二十七军军长之职调到华东海军任副司令。陶勇深知他的为人和果敢，是他割舍不去的得力助手。而彭德清多年在陶勇身边，对他的每一道命令和每一句话，甚至一个眼神，一个暗示，都领会得准确无误，贯彻得十分得体。他知道，又一个成熟的作战意图在陶勇的脑海里形成了。

陶勇指点着海图说："老彭，你看，敌舰每天频繁地进出，形成了一定的规律，看起来，敌人对诸岛的防卫力量加强了，但是，他们舰船的这种规律，也正是他们致命的破绽。"

彭德清点点头，听陶勇继续讲。

"我们应该在蒋舰往返的途中设伏，打它一个措手不及，这样主动权就在我们手里了。"

彭德清一把抓住陶勇的袖子："咱们俩想到一起了。跟从前伏击日本兵一个样！"

"好，马上召开作战会议，我们统一一下看法。"陶勇向作战参谋布置着。

在作战会议上，陶勇先总结了击沉"太平"号敌舰的经验："此次战斗，情况判断、处置、下达决心正确，发现情况后，快艇大队指挥员能正确地判断，估计情况，迅速采取正确的决心，和适当的措施，使快艇及时展开攻击。战前准备工作比较充分……"他特别表扬了鱼雷艇第三十一大队纪智良副大队长、中队指导员朱洪禧、副中队长铁江海，"在此次海战中，指挥果断，正确引导，勇敢向敌舰实施鱼雷攻击，对取得此次海战胜利起到了重要作用。"

当然，陶勇也没有放过战斗中暴露的问题："主要是，部队的急躁、麻痹情绪较严重，中队指挥员在指挥上不能掌握自己的部队，没有规定各艇施放鱼雷的时间，以致形成各艇自行施放。部队的技术水平低，鱼雷命中率小，发射 8 发只命中 1 发，多悬啊！更可惜的是，没有控制预备队，如果在敌舰受伤后，来援敌舰拖救时，我们再放几发就好了。可惜啊，这一良好的战机却无法继续攻击！当时我在作战室真是急得能上房，但没有办法！"

"不过大家不要后悔，现在又有了新的战机！"陶勇讲到精彩处，突然停顿下来，他把这几天考虑的方案提供给大家讨论。

在陶勇的积极倡议下，鱼雷快艇装上了雷达，更容易发现敌舰和瞄准。陶勇强调，使用新的武器参加作战必须保持突然性，此次再战，快艇战前要隐蔽好，突然出现，致使敌舰不知所措。另外，快艇夜间进行战斗，必须严格灯火管制。击沉“太平”号战斗中，我们的快艇虽然进入雷达盲区，就是因为敌舰灯光暴露，为我快艇攻击指示了目标。“这次还是出动四五艘艇，一个中队，多了我们也出不起呀，我们还是老办法，以小打大，攻其不备。”

苏联专家不同意他这种以奇制胜、以少胜多的战术，说：“要打至少要一个大队，以便给敌舰造成密集火力，使其无法漏网！这是兵书上的法则，也是我们海战的经验。”

陶勇笑了一下，“我何尝不想以多胜少，可我们没有，只能蚂蚁啃骨头。”

苏联专家坚持说：“与其如此，等造好更多的艇再说，这是冒险。”

两人争执起来，陶勇一拍桌子：“我不可能被你们的公式给框死，你们动辄就是一个大队齐射几十条鱼雷，我们可消耗不起。”

1954 年 12 月 18 日夜间，华东军区海军鱼雷艇第一大队 101 至 106 六艘快艇由护卫舰拖带，自定海隐蔽出航，于 21 日到达白岩山停泊待命。指挥部设在白岩山观通站。

转眼到了 1955 年，元旦过后，1 月 10 日，大陈岛港内的国民党军舰艇，仍是白天驶离锚地，到外海漂泊，直到天黑才偷偷摸摸地返回大陈岛。尽管行动诡秘，还是让我机警的观通站发现了。

22 时 23 分，夜色茫茫，海风阵阵，涛声响成一片。

国民党军“太湖”号护卫舰趁夜幕偷偷返航时，我白岩山观通站的雷达就牢牢地套住了它的踪影。

“出击！”指挥部发出命令。

已在白岩山待命多日的四艘鱼雷快艇奉命驶出潜伏地，乘风破浪向战地疾驰。

途中有两艘艇故障抛锚。而全速前进的另两艘快艇 101 和 102 艇，已经发现前方“太湖”号的灯光。

此时海风大作，波涛汹涌。为了确保准确打击，陶勇的电话打到指挥所，要求快艇尽量接近敌舰。说话间，101 艇和 102 艇已经追上了“太湖”号，两艇艇长同时命令：“发射鱼雷！”

“嗖——嗖——”101艇一左一右两颗鱼雷，如鱼入水，在艇舷一闪不见了。

而102艇只响了嗖的一声，另一边一点动静都没有。

“早不坏，晚不坏，一到要害就拉稀！”艇长张逸民生气地骂了起来。

更令人伤心的是，由于风大浪急，4颗鱼雷发射了3颗，都没有命中目标，划到一边去了。但快艇仍未减速，照艇长的意思，不是艇上还有一颗鱼雷吗，我撞你的军舰，与你同归于尽也值！而敌舰“太湖”号也不知深浅，自“太平”号被击沉后，敌人都知道共军的那个小玩意儿厉害，被它叮一下说不定就没命了，于是拼命地朝大陈岛加速前进。

岛上指挥所急了：“为什么102只发一颗鱼雷？”

张逸民报告：“我艇左发射管的送药盒没有燃烧，鱼雷没有发出去！”

“怎么搞的，赶快排除故障！”

102艇停车片刻，在敌舰眼皮底下快速排除故障后，马上提速追赶“太湖”号。眼看越追越近，已经可以看到大陈岛长长的岛影了。

此时传来指挥所的命令：“马上返航，立刻撤离！”他们离大陈岛太近了。

张逸民憋了一肚子气：要是这一发鱼雷放出去了，说不定早把“太湖”号送上西天了！现在只好命令快艇返航。全艇都笼罩着一种丧气的情绪，脚下的艇只好像也感染了这种情绪，往回走时竟慢了起来。

也真是凑巧：就在102艇闷闷不乐地往回开时，雷达站报告，海面上又出现了一艘军舰，是“永”字号。岸上指挥员都很清楚，“永”字号是一艘海上扫雷舰，满载是945吨，按陶勇的要求，这是必打的舰船。

但岸上指挥员犹豫了一下，因为刚过寒潮，海面上正刮着六七级大风，中浪到大浪。在这样的风浪中航行，对鱼雷快艇来说十分危险，很容易造成翻艇事故，而大陈岛以南的作战区域，正是东海有名的大浪区，是名副其实的“无风三尺浪”。

可战机不可失！指挥员决心已定，马上命令故障已排除的105、106艇出击！

102 艇的张逸民可坐不住了，急得满脸青筋紧绷，大叫：“我 102 艇请求出击！”

岸上指挥员张聆为难了。102 艇只有右舷一发鱼雷，已经造成两翼偏重 1000 多公斤，在如此的狂风巨浪中航行，弄不好会艇翻人亡。

听筒里又传来张逸民急迫的喊声：“102 艇请求出击！”

“好，你们可以出击！注意艇体平衡！”

真是皇天不负有心人。当 105、106 艇接近敌舰，看见上面的“永”字时，发射了鱼雷，可是这四发鱼雷全都射空了。指挥部只好命令他们返航。跟在他们后面的 102 艇，这时还没进入战区，只是从电台中得知 105、106 艇攻击失败。于是 102 艇继续接近目标。

海上的风越刮越大，小艇被吹得歪歪斜斜，只得放慢速度。水兵们两手死死地抓住艇舷，以防被海水吞掉。寒流骤降，扑上甲板的海水结成了冰壳，桅杆上的旗子被海水浸透，冻得像一张硬硬的牛皮纸。张逸民命令全艇人员靠在右舷，以防艇体过于倾斜。

102 艇在海浪中艰难地向前航行着。而“永”字号已渐远离视线。

23 时 18 分，前甲板有人高喊：“看，一艘大军舰！”

张逸民定睛一看：“好家伙，与‘洞庭’号不期而遇了！”

“洞庭”号，是国民党军的一艘炮舰，排水量 1030 吨，舰上官兵 170 人。此舰早已为张逸民所熟悉，因为它经常对大陆渔民和商船进行袭扰，是横行海上的一害，我舰艇部队多次想击沉它，但每次都被它逃脱了。

“今天你别想再跑了，我炸不沉你也要撞沉你！”张逸民眼里冒火。他命令全体人员进入战位，准备发射鱼雷。因为是孤艇、单雷作战，一旦击不中，自身便极有危险。他不顾一切地命令：“以 35 节的高速前进！”小艇像发了疯一样向敌舰扑去。

“艇长，快放鱼雷，再不发射，就要撞上敌舰了！”水手长张德玉急得直喊。

“进入 200 米以内再发射！”张逸民抹着脸上的海水，命令着。

“200 米了！”

张逸民猛的用力扳动了鱼雷发射把，鱼雷嗖的跃入水中。

此时巨大的惯性使102艇继续向前冲击，掉头已来不及了。如果再冲一步就可能与“洞庭”号同归于尽了。

“全速倒车！”张逸民大声命令。

102艇猛的一沉，刹车后又向前冲了几十米，然后一个360度大倒弯，转过头来。

就是这时，传来一声巨响，海面上顿时腾起几丈高的水柱，大海剧烈地抖动起来。“洞庭”号中弹！

张逸民心里一下也像爆炸似的，乐开了花。但他没有忘记自己的危险处境，赶紧命令全速退出战区。由于快艇离炸区太近，巨大的冲击波已把小艇上所有的玻璃和安全灯罩都震得粉碎。

这最后一发鱼雷炸得太准了，竟将“洞庭”号这个上千吨的家伙拦腰炸成两段。

消息很快传到华东海军作战室，作战参谋记录下这个时刻：1955年1月10日23时，我102艇孤艇、单雷击中敌海军炮舰“洞庭”号。这次他们记住陶勇的话，再次给敌人以打击：我炮艇中队以猛烈的炮火抵近射击，11日凌晨2时许，此舰已在格屿东南4海里沉入海底。

陶勇接到捷报大喜，立即指示给102艇马上发去贺电，祝贺他们击沉“洞庭”号，陶勇签署的嘉奖令随后也到了，艇长张逸民等立二等功。

一江山岛成了人民的江山

海空作战，重要的是天气。1955年1月17日，海上还有六七级大风，但不长时间便逐渐减弱。张爱萍还不太放心，不等开饭，就带着前指的参谋人员搭乘一艘海军炮艇向头门山岛驰去。一上岸，他立即派一位参谋带了测风仪，坐到头门山最高的山头上，随时向他报告海上风情变化。

18日凌晨，海边上出现了晴朗的天气。

7时30分，天气比预报的还要好。此时，金灿灿的太阳，照耀着湛蓝的大海，海面上波光如镜，能见度很高。

上午8时，聂凤智向机组发出命令："出击！"

顿时，隆隆的机声掠过海空，人民空军三个轰炸机大队和两个强击机大队，在歼击机的掩护下，昂首冲入云霄，向一江山岛上空飞去。机群投下的炸弹，暴雨似的落到了预定的目标上。大陈岛上的雷达及无线电通讯设施被炸毁，断绝了大陈岛与台湾的通讯联络。一江山岛上的各个重要设施，大半被平为废墟。

下午2时，港湾的指挥台上，扬起了一面蓝旗，陶勇一声令下："起航！"

刹那间，港湾内所有的登陆艇和护卫舰一起发动起来，一片马达声掩浪遮岛，把山那边传来的大炮声都压盖下去。

在飞机和大炮的掩护下，载着5000多名陆军部队的70多艘登陆艇和作战舰只排着严整的防空队形，迅速分路冲向一江山岛。

前线司令员张爱萍此时也步出观察所，用望远镜巡视和检查着海上整个战斗序列。他望着这壮丽的海上奇观，激动地对站在一旁的参谋长王德和登陆指挥所司令员黄朝天说："这哪像在海上进军，简直是在西湖里划船。"

炮艇和护卫舰、火箭炮船已经抵近一江山岛，从各个角度向敌军阵地进行直接轰击。

刚刚还是清晰可见的一江山岛，顷刻间，已经辨认不出它的真面目了。炸弹和炮弹轰起的黑色和白色烟土，将一江山岛变成了一座"雾岛"。但是，对于"雾岛"上的一切，我飞行员、炮手和水兵还是看得清清楚楚。他们对敌人的几个主要阵地，又开始了重点摧毁。北江是一江山岛敌军防守的重点，而它的一个炮阵地，又是北江的主要火力。为了摧毁这个炮兵阵地，我航空兵轰炸机和强击机轮番轰炸了两次，海岸炮兵又依次清扫了一遍，最后由军舰开到最近距离，来了一个急速射。转眼间，敌炮阵地出现了一个个深坑，一门门大炮被炸成了碎片。这个炮阵地连一炮也没有发射，就被击毁了。

下午4点多钟，我军胜利解放了一江山岛。捷报很快传到北京中南海。毛泽东看了电报，有些意外，对周恩来说：“这么快电报就来了，好，打得好！三军将士辛苦了！”

第二天，台湾的广播报道了一江山岛战役的情况：“一江山岛720名忠义守军流血奋战，全部壮烈殉国。”

美国合众社援引台湾报纸刊登的消息说：“中国第一次陆海空联合作战，是经过周密策划，而且执行得很好的。”18天之后，美第七舰队掩护国民党军从大陈岛等岛屿全部撤走，龟缩到台湾孤岛。

这年9月，中国人民解放军实行军衔制，陶勇被授予海军中将军衔。年底，华东海军改编为海军东海舰队，陶勇仍任司令员。

一着妙棋保渔场

50年代的台湾海峡，是硝烟弥漫、战火不断的世界热点之一。盘踞在台湾的国民党军在美国海军第七舰队的支持下，依仗其海空军在武器装备上的优势，派出大批舰艇、特务船和飞机，对我闽、浙、粤沿海进行各种方式的骚扰和破坏，封锁我沿海港口，炮击我渔船商船，这样一来，东海舰队的领导们又难于安眠。

当时，在福建中部平潭岛附近海面，有一艘特务船经常出没，有时离海岸很近，站在岸上就能看清这艘炮艇上的“63号”字样，估计有200吨重。该艇火力强，航速快，由国民党特务少校副队长高建武率领。高建武是平潭县苏嵛人，仗着对当地地形熟悉和特务船性能好的优势，以白犬岛为依托，经常到附近海域抢劫破坏，有时公开在海潭口外抛锚，等大陆的渔船一出来就抢劫，害得这一带渔民不敢出海打鱼，商船不敢航行。平潭岛的渔民一提起敌63号炮艇，没有人不切齿痛恨的，都称它是“海上恶霸”。

世世代代以打鱼为生的人们，三天不打鱼就揭不开锅了。县政府的官员也着急上火，不得已，于1958年开春派县长杨玉洪到东海舰队求援。

陶勇和彭德清亲自接见了杨玉洪。

杨玉洪的闽南话虽然不好懂，单是他那副着急的样子已经让人同情几分。陶勇请他吃饭，安慰他：“杨县长，你放心，我们一定向平潭岛派部队。在部队进驻前，我们先派人去平潭实地调查一下，看军港建在什么地方好。”

杨玉洪大喜，不知是酒的作用还是内心的激动，瘦削的面颊突然出现了两团红润。陶勇忙问：“还能顶得住吗？不行了说话！”

“行，行，只要你陶司令发兵，我喝死了也值呀！”他把那“值”字是从牙缝里挤出来了，听起来像个“记”字。

杨玉洪要返回的时候，陶勇把从舰艇上调换下来的20挺火炮、轻重机枪和一部分步枪、冲锋枪、手榴弹等武器弹药给了他，让他带回去先武装渔民，搞海上军民联防。杨玉洪拍拍这批枪支，喜上眉梢，连说陶司令想得周到。

陶勇对他说：“渔民可以一面搞生产，一面武装自卫，侦察敌情，配合海军部队打击敌人的骚扰破坏，搞劳武结合。目前，我们还没有搞海上军民联防、劳武结合的经验。你们可以先搞起来，创造经验再推广嘛！”

后来的事实证明，陶勇这一着棋，是大胆而富有远见的一步好棋。他当时除了与渔民兄弟的根深蒂固的感情之外，一个更为深远的考虑是：平潭岛位于闽中沿海突出部，距离台湾最近，距敌占白犬岛只有二十多海里，是敌人对我进行骚扰破坏的重点海域。在那里进驻我舰艇部队，等于是在国民党军眼皮底下插了一把尖刀。而武装渔民，既可暂时弥补我海军力量之不足，又可为进一步建立和发展海上民兵打下基础。

根据陶勇的指示，1958年5月，护卫艇第三十一大队一中队四艘艇进驻平潭岛娘宫港。同年12月，大队全部进驻平潭。平潭岛立即热闹起来。除了部队自身的训练，熟悉海情，出海巡逻护渔外，还派人协助海上民兵的训练，规定了艇队和海上民兵船之间通讯识别的简易信号，研究了互相配合作战的方案。这样一来，渔民的胆子大了，又装上渔网，出海捕鱼去了。

在海上称霸多日的63号炮艇上的高建武，眼见着他鼻子底下又是千帆竞渡，渔网纷张，渔民们饱经风霜的脸上又有了笑容，牙根恨得痒痒。终于耐不住性子，于1959年2月2日又露面了。

这次63号炮艇仍是先隐蔽，然后从白犬岛出航绕道外海，伪装成渔船混入牛山渔场，计划用它的老办法，突然扑向正在作业的渔船，登船抢掠，如渔船胆敢违抗，不是开炮就是把船撞翻。

高建武在炮艇驾驶室拿着望远镜朝渔船张望。

渔民的船外表看起来没什么变化，只是不像以前那么慌张，是不是没发现自己的船？那说明自己伪装得好。高建武吆喝炮艇加速，向最近一艘渔船冲击。炮艇的高速度立即把渔场搅得浪花四溅，高建武又得意又兴奋。得意之余，他也有些纳闷：以前这些船见到“63号”总是望风而逃，唯恐避之不及，而这一天奇了怪了，那些船不但不逃，还朝自己开来。正在他疑惑不解时，渔船上还挂起了莫名其妙的一些信号旗。

这些信号正是向岸上报警。那些主动向敌艇靠近的船上都已架设了机关炮。

大队指挥所接到海上民兵的敌情报告后，立即命令四中队三艘炮艇出击，从海潭海峡经海潭石礁区向63号炮艇侧背运动，以便截断其退路，由外往里打。此时，63号炮艇已与武装民兵船接近。民兵们迅速扯下炮身的伪装，对着敌艇就打开了炮。高建武大惊失色，他万万没想到渔船上装了炮，匆匆对开了两炮就要往回撤。但为时已晚。四中队的三艘炮艇虽然个头稍小，只有75吨级，但小巧灵活，从63号侧翼突然出现，围着63号同时开火，63号这只破鼓禁不住众锤敲，几分钟后，这个恶贯满盈的“海上霸王”，就在军民猛烈的炮火下葬身海底了。

此次战斗，活捉敌少校副队长高建武以下12人，击毙敌中尉艇长以下11人，打胜了平潭海区第一仗。此后人们议论起这次战斗，都说军民联防真是陶司令的一着好棋。

第二年底，陶勇亲临平潭岛视察。他一上岛，就对大队领导说：“你们最辛苦，也最光荣！”他看到山边、海边、路边许多地方用石块围垦的地上长着大包菜时，就问：“这是谁种的菜？”

大队长魏垣武回答：“是我们大队种的，准备支援山东灾区人民的。”

陶勇为之感动，说：“你们自己这样艰苦，还种菜支援灾区人民，精神可嘉。”他回头对随行的舰队后勤部申部长说：“我看三十一大队支援灾区的任务就免了吧？他们的任务由我们舰队机关分担好了。”申部长当即表示同意。

陶勇又问：“你们平时吃菜怎么办？”

魏垣武说：“原来是由基地派汽车到平潭城买，现在汽油紧张，我们是雇马车到平潭城去买。”

陶勇思索了一下，说：“三十一大队很艰苦，我看别的地方可以多节约一点，三十一大队还是派汽车买菜吧。”

因为陶勇每次外出多是带着后勤部长或是工程部长，总是就地解决问题，这就促成了下级都爱讲真话，因为假话只能骗自己，得不到实惠。

汇报中，魏垣武把什么问题都倒出来了。海潭海峡是有名的涌浪区，风大浪高，不是下雨，就是刮风，舰队出海时，干部、战士的衣服常常全部被海水打湿，特别是冬天，身体弱的同志经常冻出病来。魏垣武希望能给舱面人员每人发一套出海服。陶勇当场作出决定：“给高速炮艇舱面人员每人发一套出海服。50吨的炮艇每艇发15套，大队部也发15套，谁跟艇出海谁就穿，不能丢失。”他当场交代由申部长办理此事。大队干部一听，都情不自禁地鼓起掌来。

那天晚上，陶勇又对大队干部们说：“你们对部队要求很严，这很好。但是，关心部队，为部队解决实际问题，也是提高战斗力的一个方面，严格与爱护是统一的，现在，你们一切工作的着眼点，都要围绕着尽快在这里站稳脚跟，适应环境，像个钉子牢牢地钉在这里，让敌人头疼，明白吗？”

其实这也是陶勇自己的原则。

可有些事并不是下了命令就能实现的。

一年多以后，陶勇再次来到平潭岛。他发现出海服的问题还没有落实，他心里很气，但没声张。他叫仍然跟随他的申部长跟炮艇出一次海，说："你什么事也不要做，权当到海上看看风景吧。"

一个航次回来，申部长从上到下湿了个透。他把湿乎乎的军服拎起，一下艇就对陶勇一个劲念叨："的确该发，的确该发！"

陶勇明知故问："该发什么呀？"

"的确需要出海服，我回去亲自办这件事，不管怎样一定要解决！"

陶勇戳戳申部长湿衣服与皮肤间的气泡，笑着说："你也知道海水咬人哪！"

鱼雷艇秘密大迁徙

1958年夏天，东海舰队副司令员彭德清打点行装，准备到南京海军学院学习，正在交代工作去南京的时候，陶勇找他来了。

陶勇说："老伙计，你先别走，我有重要的事情和你商量。"

陶勇向他传达了毛泽东主席关于要炮击金门，惩罚蒋介石，打击金门、马祖地区国民党军队的气焰的指示，随后说："海军把任务交给我们舰队，我的意见，你对这些地区、海域情况熟悉，由你去指挥，你看怎样？"

"这有什么说的？我服从。"彭德清爽快地回答。

"好。任务很紧，你准备一下，立即搭乘飞机去北京接受任务。"

去北京海军司令部接受任务后第二天，彭德清又乘专机返回上海。到达上海时已是下午1点多钟。来机场接他的车直接把他送到陶勇的办公室。

一见面，陶勇便急切地问："接受任务的情况怎样？"

"你让我喘口气，我的肚子饿得直提意见呢！"彭德清半开玩笑地说。

"呵，你看，急得连饭都忘了。我也没吃，一直在办公室等你呢。"陶勇说着，叫警卫员把饭菜送到办公室，两人边吃边谈。

吃完饭，陶勇又同彭德清一起去上海市委书记柯庆施处汇报。在回舰队司令部的路上，陶勇要彭德清立即动身去福州参加作战会议，而且关心地对他说："海军福建前指，是在福建总前指统一指挥下，执行协同作战任务的，我们海军要坚决服从命令听指挥，打好仗。战时情况复杂，要注意蒋舰、美舰混在一起，仗一打起来，美舰可能会吓跑，如果美舰胆敢向我们开火，那就蒋舰、美舰一齐打。你知道美国佬没有什么了不起，在朝鲜战场上，我们不是同他较量过吗？"

就这样，彭德清抽空回家匆忙拿了几件换洗衣服，连爱人、小孩的面都没见，就赶火车去了。由于几天疲劳奔波，一上车倒下就睡，一觉睡到福建邵武……

在厦门海域，海军只部署了少量岸炮和炮艇，从未进驻过鱼雷快艇部队。现在，怎样把一大队 12 条鱼雷艇从上海锚地鬼神莫测地弄到厦门去，这是送走了彭德清之后，陶勇开始劳心费神的头等大事。

有两条路线可选。

一条是海路，自己开过去。海路航程约 700 海里，温州以北无大碍，白天亦可航行，洞头岛以南便进入马祖、金门等敌占岛封锁线了，白天难以顺利通过，即便夜晚，要想躲开敌人各种手段的观测也有困难。

一条是陆路，用火车运过去。火车速度快、保密系数高，无疑比海路优越。但每条鱼雷艇长约 20 米，而火车平板车每节才十几米，鹰厦铁路又依山傍水，道路弯曲，隧道有 100 多座，鱼雷艇能不能装上火车，装上了能不能运过去，运过去了能不能卸载下水都是问题。

南京军区军运处、东海舰队军运处和上海铁路局集中群众智慧，提出了以 3 节火车平板车运载 2 艘鱼雷艇的方案。为了解决转弯不受影响，有人又提出可以将两艇首相对，使艇首伸到中间一节平板车上，而艇的重心则落于前后两节平板车，当火车运行转弯时，艇首可在中间一节平板车上左右摆动，自由调节。上海有了办法，厦门积极呼应，彭德清在和平码头，几天内抢建出 250 米长双轨铁路，使鹰厦铁路终端可直达岸边，并调来大吊车一部，以确保 22.5 吨重的鱼雷艇平稳入水。

鱼雷艇车南运难题终获解决。上海张华浜车站岗哨林立严密警戒，陶勇亲临现场，指挥鱼雷艇装车和伪装。是夜，张华浜内无“海军”，鱼雷艇一大队官兵全部着黄绿色陆军服。这也是陶勇的主意，并亲自打电话向上海警备区借来一批陆军服装，为的是鱼目混珠，以假乱真，扰乱敌特视听。鱼雷艇们也穿上了“衣服”，掩盖上大篷布，一列车鱼雷艇变成了一列车大米、苹果或你猜什么都成的普通货物。

运载快艇的专列是铁道部从锦州机务段专门调拨的。这辆机车是抗美援朝的功臣车，机车组 14 名成员大都是共产党员，工作认真负责，一丝不苟。

专列经过的每一车站，都是站长亲自值班，不管在哪个站停，专列都夹在中间，两边有货车挡着，车站把饭菜送上车。沿途所有桥梁、涵洞都有民兵站岗。

8 月 1 日凌晨，专列到达厦门，开进山洞，在山洞里待了一个白天，夜间开到码头卸载。卸载用的铁路吊车，是陶勇亲自打电话请求铁道部门调运的当时全国唯一一台 30 吨铁路吊车。整个车运行动周密细致，万无一失。

在地方各级政府部门的全力支持下，12 艘鱼雷艇被陶勇他们神不知鬼不觉地搬到了厦门前线。

8 月 22 日夜，6 艘鱼雷艇离开虎屿，沿海岸线采取最低速度航渡，一进入敌雷达工作范围，就编成并列方阵形的密集梯队，一艘紧挨一艘。

这样，在敌方雷达荧光屏上，6 艘鱼雷艇组成的反光信号和 1 艘 75 吨护卫艇的反光信号差不多。因为，鱼雷艇是铝合金壳，回波信号弱；护卫艇是铁壳，回波信号强。雷达显示的 6 艘鱼雷艇就成了 1 艘护卫艇，达到了隐蔽的目的。

快艇进驻待机点镇海角定台湾的前一天，厦门港航运公司的 12 艘大型机帆船就到定台湾分散抛锚，2 艘帆船夹 1 艘快艇，并预留下鱼雷艇锚的位置。快艇在天亮前进驻定台湾，分别靠上机帆船，放倒雷达天线，用防空网遮住艇体。帆船升起风帆，挂满渔网，把紧靠在内侧的小快艇遮掩得严严实实。

上午，海军福建前线指挥部彭德清到定台湾看望快艇部队，大队参谋长张逸民从指挥艇下来，乘舢舨到陆地迎接。彭德清说："我看了半天，以为你们没到。"

为防止暴露目标，隐蔽期间部队规定：白天人员不得在外面走动；夜间严格灯火管制；不准往海面抛物品；不准煮饭冒烟；不准发出大的响声。

当地政府组织也很严密。机帆船上有党支部，快艇部队的食宿均由帆船负责；厦门航运公司的领导，亲自在现场督战，民兵对通往港湾的陆路和水路，实行严密封锁。

快艇进驻定台湾的当天，国民党空军飞机两次从上空飞过都没有发现鱼雷艇。国民党海军向台湾当局及美军顾问团保证：金门前线共军没有海上进攻性武器。一直到战斗打响，国民党军始终没有发现鱼雷艇到福建前线。我军侦察部门截获金门防卫部向台湾报告："我前沿阵地加强日夜观察，没有发现共军有任何调动兵力的迹象，那种共军要袭击我军的说法，纯属谣传，不要轻信，把自己搞得神经过分紧张。"

战前出色的隐蔽措施以及国民党军的毫无防备，为人民海军首战突袭成功创造了条件。

8 月 23 日下午，炮击金门开始，惊天动地的炮声震撼大地。隐蔽在定台湾内的快艇部队，战斗情绪高昂，看不见密集的炮弹带着曳光飞掠海空的壮观场面，但听见隆隆的炮声似雷声滚滚，经久不息。指挥所赋予快艇部队的作战任务是夜间出击攻击敌舰。当夜没有情况。

8 月 24 日 2 时 05 分，指挥所通报敌情：国民党海军 4 艘军舰组成的运输船队从马公来金门，其中"中"字号 1 艘（"中海"号坦克登陆舰）。运输船队大约 16 时抵料罗湾。16 时 30 分，"中海"号等 4 艘舰船抵达金门海面。

17 时 15 分前指首长决定：岸炮先打新来的"中"字号，当敌逃窜时，快艇则坚决把它消灭。

18 时 07 分又强调：快艇大队在"中"字号出料罗湾后要包下来。此时，指挥所赋予快艇大队的任务很明确，要击沉刚从台湾来的"中海”号，击沉进出料罗湾的“中”字号坦克登陆舰！

这时，金门海域有2艘“中”字号，一艘是“中”字号改装的“台生”号运输船，一艘就是“中海”号坦克登陆舰。满载排水量均为4080吨，装备有8门40炮和14门20炮（“台生”号火炮已拆除），是当时国民党海军吨位最大的舰船。8月23日炮击开始时，“台生”轮正在金门料罗湾双打街卸货，连中5发炮弹，甲板冒烟起火，但损伤不大。舰长紧急倒车驶离岸滩，在料罗湾东南岸炮射程之外的海面抛锚观望。

24日17时18分，金门国民党军炮群经过比较充分的准备，抢先开炮，集中轰击莲河、围头解放军炮兵阵地，发弹3500余发，凶狠而猛烈。目的很明确：掩护料罗湾内的卸载。

乘此机会，“中海”和“台生”号迅速抢滩卸载。“台生”号装载的主要是弹药，卸载较慢；“中海”号运送的主要是人员，输送较快。这样，前线指挥部计划阻止“中海”号进入料罗湾，在海上用岸炮和快艇将其击沉的方案未能实现。

17时30分，带伤的“台生”号和“中海”号开始外逃。彭德清当即命令镇海指挥所，出动6艘鱼雷艇，将敌舰击沉。

鱼雷艇编队指挥员是张逸民。他在1955年1月10日单艇独雷击沉敌舰“洞庭”号以后提升为大队参谋长。张逸民正要组织出击，彭德清又打来电话。

“我向军区叶政委、舰队陶司令打了保票，一定要击沉一艘大型登陆舰的。”彭德清交代了任务，又问，“你有把握吗？”

“请首长放心，”张逸民信心百倍地说，“有把握击沉一艘，争取两艘都击沉！”

彭德清提醒他：“你要先集中兵力干掉一条，有把握时，再打另一条，你们是代表海军参战的，一定要为海军争光！”彭德清继续叮咛着：“你们干掉一条，就算圆满完成任务，干掉两条，就算超额完成任务，回来就给你们记功！”

18时10分，鱼雷艇闪电般出击，并顺利通过敌人的炮火阻拦。近

19时，指挥艇雷达发现敌舰艇群正向我艇队方向移动。鱼雷艇指挥员决定以一中队、二中队分别向“台生”轮、“中海”号登陆舰攻击，并放烟幕伪装，迷惑敌人。19时25分，我鱼雷艇二中队占领有利阵位，距敌舰很近，中队长下令施放鱼雷，当即命中“中海”号。与此同时，二中队向“台生”轮施放鱼雷，连放数枚，只见“台生”轮冒起两柱巨大的火光，爆炸声大作，“台生”轮沉没了。“中海”号带伤逃匿。我175艇施放烟幕掩护其他艇只返航，这时主机舱中弹起火，因大量进水而沉没。艇长以下七人失踪，其余人员被救护回来……

炮击金门期间，首战告捷，但第二战由于海上风浪大，超过鱼雷艇抗风性能，结果出击不利，一艘快艇沉没。事情发生后，部队不少人议论纷纷，互相埋怨，还有的怪军区前指指挥不利。陶勇告诫他们：不准说三道四，注意友邻团结，多从自己身上找原因。前指的一位同志过去是陶勇的老部下，此时更是感动，对海军的同志说：“请给陶司令带个好。我以前是他的老部下，那时就知道陶司令是好样的，他的纵队是好样的，现在他的舰队也是好样的。他的兵都是好样的！”

杨成武急了：“南昌舰上还有个姓陶的！”

1965年3月中旬，陶勇由厦门转道福州回舰队开会，路经莆田时，在二十八军军部住了一夜。他打电话给魏垣武，叫魏过去汇报情况。当时，魏垣武已由三十一大队大队长调任海潭水警区副司令员，仍驻在平潭岛。魏垣武接电话后，立即与水警区叶参谋长一道赶到莆田。陶勇向他们询问了水警区与平潭的建设情况，特别是部队枪炮武装渔民后的反映，魏垣武都一一作了回答。当谈到新成立的水警区驻地几经周折，暂时仍选在平潭岛时，陶勇对他们说：“闽中没有合适的港口给你们建舰艇停泊点，你们还要继续吃苦。要教育部队发扬艰苦奋斗的老传统，培养部队吃大苦耐大劳，英勇顽强的战斗作风。”

陶勇分析了国民党海军近几年来的动向，认为其连续几次派遣武装特务登陆失败后，有可能采取报复行动，部队要随时做好一切战斗准备，不能给敌人以可乘之机。他又具体向魏垣武交代任务说：“闽中是福建沿海的突出部，离金门、马祖、白犬、乌丘、台湾最近，敌人的海空军一出动，就到了你们的头顶，你们的战备任务很重，打仗的机会也很多，只要有战机，你们一定要打好仗，争取打掉它一两条军舰。”

魏垣武一面点头，一面赶紧把陶勇的指示记在本子上。陶勇边说边招呼他们与他一同吃晚饭。席间，陶勇很高兴，多次对魏垣武说：“记着啊，要设法打几个胜仗！”

4 月，陶勇专门到三十一大队蹲点一个多月，亲自抓“夜老虎”训练。他把“南昌”舰调到沙埕港，为第三十一大队担任目标舰。部队每次夜间出海训练，他都通宵坐镇“南昌”舰，发现问题，马上提醒。在他的严格要求下，三十一大队的夜战能力大为提高。

在蹲点期间，国民党“东江”号舰闯入我海区。陶勇得到报告，决心打击敌舰。他一边向上报告，一边亲率“南昌”舰接敌，并命令福建基地护卫艇第二十九大队出击。陶勇骁勇善战的战将本色不减当年，几次走出舰舱站在指挥台上，舰领导怕出危险，把他往舱里拉，他不干。最后舰长说：“司令你在这里太危险，这样吧，你先下去，一有情况我们再叫你！”

陶勇这才顺从：“好吧，一定要叫我啊！”

这时，福州军区的电报来了，要“南昌”舰立即返航。陶勇没作答复，指挥军舰继续前进；途中，李作鹏又发来了电报，催陶勇返航，陶勇付之一笑，按照自己的决心仍在奋力追击。

当“南昌”舰进入战区，快接近敌舰时，总部杨成武副总长获知此事，也是急得直跺脚：这么一个小仗，哪里需要舰队司令亲自出击，要是出了危险怎么交代！于是大喊：“南昌舰上还有个姓陶的！”亲自拟了一份电报，十万火急，命令“南昌”舰立即返航！

看了电报只得作罢的陶勇，直叫可惜：“电报晚来了一会儿我就打下‘东江’号啦！”

等了半年多，机会又来了。1965 年 11 月 13 日下午 4 时，水警区收到上级的敌情通报：蒋军大型炮舰“永昌”号和大型猎潜舰“永泰”

号 13 时由台湾起航，于当晚 21—23 时抵乌丘屿执行特殊任务。

舰队、基地发出了准备出击的命令。16 时 40 分，又传来了福州军区和东海舰队的指示："要集中兵力打歼灭战，先打掉一条再打另一条。"陶勇在电话里具体指示说："情况要掌握好，准备工作要抓细一点，动员搞充分一点，打好这一仗在国内外都有影响，要向南海'八六'海战的英雄们学习，要集中兵力，打近战、夜战，要打得坚决勇敢。"

陶勇特别强调"八六"海战，是因为这个歼灭战打得好，还出了个全国闻名的英雄麦贤得；全国都在学习他。而且"剑门""章江"那两艘敌舰本来是东海舰队金刚山观通站先发现的，东海也准备要把敌舰吃掉，可是敌舰偏偏向南海舰队作战海域跑，眼巴巴望着南海吃掉"肥肉"，"好战分子"陶勇心里能不着急嘛！

他的情绪无形中也感染着部队，部队听说要打仗了，顿时群情振奋，在不到一小时的时间内，就做好了出击的一切准备。21 时 10 分，参战护卫艇第二十九、第三十一大队和鱼雷艇大队分别到达娘宫集结。21 时 25 分，编队按战斗序列准时起航。

月夜，乌丘屿海面东北风 3 到 4 级，轻浪，中涌，视距为 1 至 2 海里，正是炮艇和鱼雷艇海上打仗的好天气。

23 点 14 分，指挥艇上的雷达兵刘启明，突然在荧光屏上发现两个针尖似的亮点一闪，他刷的把扫描线往上一压，亮度增强，两个目标一前一后，有节奏地跳动着。他的神经骤然绷紧，大声喊着："发现敌舰！"并立即向指挥台报告了两艘敌舰的位置。

"咬住它，别丢了！"

魏垣武此刻已经抓住目标，右舷 10 度，距离 10.5 海里。而敌舰对我编队一无所知，两艘敌舰成近似右梯队，航速 12 节，间隔 7 至 8 链，正向敌占乌丘屿航行。

23 时 20 分，魏垣武下令第一突击群展开右梯队，准备右舷攻击。

艇队瞬间高速启动。魏垣武所在的 588 指挥艇冲在最前，紧随其后的是 579、576、577 艇。海面上顿时划开白花花一道犁沟。

13 分钟后，艇队第一突击群，突然出现在敌舰跟前，588 指挥艇离敌舰只有 500 米时，魏垣武挥着拳头喊着：“打！”

顷刻间，4 艘炮艇的全部火力，向前导敌舰齐射。几分钟内就把 2000 多发炮弹倾泻到敌舰上。我编队从右舷 60 度进入，一直打到 150 米，敌舰被打得晕头转向，一下子失去还击能力，慌忙向北偏东逃窜，连一枪一炮都未打出来。

然后形势的逆转也发生在这一刻。本来我编队第一回合就把敌舰分割，为鱼雷艇攻击创造了有利条件。但我分工钳制的兵力没有及时展开，机械地执行“先打沉一舰”，对以后制敌舰没有及时盯住，结果使后制敌舰腾出手来，对我编队进行反击。

咣的一声巨响，敌舰飞来的炮弹命中魏垣武的指挥艇和预备指挥艇，驾驶台上许多同志倒在血泊里。副大队长李铧和中队政委苏同锦当场牺牲了。魏垣武和其他六位同志也受了重伤。

艇长也倒下了，战艇失去指挥。魏垣武上半身全是鲜血，他艰难地看看艇上，对作训参谋刘松涛说：“你来操艇！”刘松涛也是重伤，不仅头部、臀部多处流血，连右臂骨头也被打断了。他点点头，努力地挪到了艇长的位置，抹了一把遮住视线的血水，操起艇来。一排巨浪打来，身子一歪，他觉得右手指也被打断，只连着一点皮。没法操艇，他就忍着钻心的痛，用牙齿咬下食指，用手腕把住艇……

魏垣武被弹片击中右眼，右胸锁骨被打断，骨尖刺破动脉血管，顿时血流如注。他昏迷在罗经盘上。激烈的炮火将他震醒。“敌舰呢？还没打沉啊？”他下令用信号弹和超短波机同时命令鱼雷艇实施攻击。信号兵王树生咬着牙发出了信号，把命令传给张逸民。

正在鱼雷艇上的张逸民，突然接到攻击的命令，先是一愣：仗刚打起来，双方炮火如此激烈，怎么就命令鱼雷艇出击呢？但他马上意识到，肯定是炮艇编队遇到特殊情况。

雷达兵报告：“敌舰正向南逃窜！”

张逸民怕丢失战机，立即命令第二突击组出击。

海战仍在激烈进行，炮弹在两舷炸响，激起的水柱此起彼落。炮弹在海空间飞来飞去，照得夜幕下的大海一片火红。

鱼雷快艇131、152号向敌舰“永昌”号攻击。

张逸民是个有经验的指挥员。在第二组攻击的同时，他就在琢磨，如果敌舰已经瘫痪，第二突击组完全有把握击沉它；假如敌舰还能机动，并有火力阻击，那第二突击组就很难攻上去，必须组织更多的艇队强攻。

果然，第二突击组向敌舰逼近时，它的火力仍然很猛。看见鱼雷艇飞漂过来，拼命还击。受过训练的敌舰长对付鱼雷艇很有一套：他总是用舰首对准鱼雷艇，避开最大舷角，使鱼雷很难命中。当鱼雷艇企图向左右两舷夹击时，敌舰及时转向，使快艇徒劳。

23时52分，131艇占领敌舰左舷40至50度，距离只有300米，可惜风浪太大，看不清敌舰首，以为敌舰失去机动能力，发射两枚鱼雷，未中，只好返航。

14日0时2分，152艇第三次占领敌舰左舷70至80度，距离只有200米，判断敌舰航速8海里（实际上是12海里），发射2枚鱼雷又没命中。

“永昌”号躲过攻击，开始“班师回朝”。“永泰”号抢先一步，转眼已驶进乌丘屿去了。

张逸民焦急万分，眼看就要空手而归，还损兵折将，那怎么向舰队、向陶司令交代！他抓起话筒，请求海上指挥部，叫护卫艇编队快给敌舰一个打击。但是呼叫多次，没有回答，落后的通讯工具几乎瘫痪了。

不能再等了！他和身边的大队政委贾毓文一商量：“不能眼看敌人逃掉，我们强攻吧！”

“好！强攻！”

“各艇注意，跟我上！”张逸民一声令下，4条快艇飞也似的朝敌舰猛扑，占领有利位置，正准备发射，敌舰又来了一个规避，改变了航向，也改变了瞬间的命运，摆脱了鱼雷艇的射击角。

张逸民想，不要点花招不行，于是命令一条艇佯攻，自己率两艇实攻。敌舰在规避另两艇时，张逸民的两条艇又找到有利位置。145艇艇长已冲到离敌舰只有 400 米的距离了，并处于最佳角度，谈艇长大喊一声：“预备——放！”

两条大鲨鱼似的鱼雷纵身一跳，跃入水中，向敌舰“永昌”号冲去。轰隆一声，敌舰尾部升起水柱火光，明显地往后坐了一下，慢了下来，不动了。145 艇指战员高呼：“打中了！打中了！”

张逸民发现敌舰没有沉，不时还有发炮。他马上命令第三突击组两艇再次攻击。刚要冲上去，我编队 588、589 两艘护卫艇也发起再次攻击，集中火力攻敌舰水线下，敌舰加速下沉。

张逸民怕被我艇误伤，见敌舰舰首翘起，尾部沉没，急速下沉，马上命令鱼雷艇队撤出战斗。

1 时 06 分，“永昌”号一个鲤鱼翻身，腾起一团波涛就从海面上消失了。

敌舰被击沉的消息传到附近渔村，民兵们拿起武器，老乡有的拿菜刀，有的抓把斧头，朝集合地点飞跑，他们要扬帆出海去捉俘虏。

参战艇队返回基地时，编队指挥员魏垣武已处于休克状态，体温急剧下降，血压量不出来，伤势很重，生命垂危。周恩来总理指示：要派最好的医生用最好的药，抢救魏垣武！陶勇亲自给基地打电话，待他病情稍微稳定，转到最好的医院。住院期间，魏垣武因失血过多，脉搏曾停止跳动几分钟，人们都以为不行了，可他又缓了过来。11 月下旬，陶勇和福州军区皮定均副司令员一起专程到医院看他，陶勇握住他的手一再说：“好好养伤，注意身体。”

魏垣武摇了摇头，因未能全歼敌人而一脸苦恼。

陶勇安慰他：“你们打得很好，全舰队都要向你们学习呢！”

1966 年春天，魏垣武基本痊愈，转到上海四一一医院继续休养。一天晚上，陶勇专门派车把他接到自己家，设家宴招待他。席间，陶勇对魏垣武说：“一年前在莆田吃晚饭时，我曾要你打个大胜仗，你果然打了个大胜仗，今儿晚上，我在这里给你摆庆功酒了！”

第十章　冷对奸雄

实事求是为人解冤

新中国刚成立不久，许多人的思维，依然是战争年代的模式，一切都是以阶级斗争为纲，所有的问题都想靠运动解决。陶勇刚调到舰队，就遇上了“三反”运动，不少单位抓了不少“老虎”，有的单位还以捉出的“老虎”多而自豪。陶勇知道后心中很不安，在多次会议上，他列举了一些事例，说明反贪污打“老虎”，一定要实事求是，不可捕风捉影，主观推测。他说：“见风就是雨，想当然办事，就往往会搞错。”

他举的例子中就有东海舰队后勤部副部长张渭清的事。在抗战期间，张渭清为苏中解放区和新四军一师的物资供应做出了很大的贡献。电影《51号兵站》中小老大的原型就是他。1952年他当科长时，在“三反”运动中被错误斗争，并坐了多年牢。陶勇一直关心着这件事。到北京海军大院开会，他专门找当时的海政主任段德彰谈这个问题，要求对张渭清的问题一风吹，彻底平反。当时段德彰根据一些书面的材料，不太同意陶勇的意见，后来事实证明，陶勇是对的。

1957年反右派斗争，有的单位竟按百分比摊派“右派”名额。陶勇极不赞成，指示立即纠正。他说：“有就有，没有就没有，不是每个单位都有‘右派’，没有就不要硬抓，不能因为人家说了几句过头话，提了点尖锐意见，就给人家带上‘右派’帽子。即使人家犯了一点错误，也不能一棍子打死嘛！”

有一天，陶勇在办公楼走廊里遇到五支队副支队长曾麦溪，见他一脸晦气，便问他有什么事。看他有话想说而又隐忍不言，就叫他上办公室，坐下后，陶勇含笑问道："老曾啊，有什么事，可谈谈嘛！"

曾麦溪被陶勇的坦诚所触动，原来那种抵触抗争的情绪突然消失，隐忍委屈的心情难以控制，猛然间流泪不止，欲言而词不达意。陶勇见他情绪激动，未加任何指责，而是耐心地等待了好久。待他情绪稍微平静之后，才说："今天，看来你是说不下去了。有什么问题，应本着有错误就承认检讨，对错误负责。没有的事，不要乱说。相信党组织最后会实事求是处理的。"而后，专门派车将其送回。

原来，反右运动中，曾麦溪在会上对本支队几个大队干部被划成右派提了不同意见，建议减轻给个出路，竟被说成是"右派辩护士""右派保护伞"而受到批判，再三解释，不但无济于事，反而更糟，因而内心十分痛苦。经陶勇开导，他心里舒畅了。这次与陶勇的不期而遇，让他终生难忘。他常常感慨万端：是陶司令，在冷若冰霜的日子里给他温暖；是陶司令，在横眉冷对的环境中给他微笑；是陶司令，在是非难辨的困惑中给他指路……

1958年"大跃进"时，海军党委在北京三座门（中央军委所在地）开全会，休会期间，与会人员到天津参观亩产数万斤稻的卫星田。当陶勇了解到这是把许多已穗灌浆的禾苗集中移植到卫星田里的情况后，气愤地骂了起来："这不是实事求是，是吹牛，是浮夸风，简直是自己骗自己！"

陶勇对毛泽东的崇敬自不必说，可他并不赞成林彪关于"毛主席的指示句句是真理"的说法。有人向他汇报工作时，在讲完成绩和缺点后总喜欢加上一句，"这是九个指头与一个指头的关系"，陶勇就不爱听这句话。他常常打断汇报者的话说："即使是一个指头的毛病，也得尖锐地提出来，限期改正，绝不能用九个指头来掩盖一个指头。"他对"大跃进"的浮夸风十分反感。有一次，原国民党起义海军、被陶勇调到办公室来的航海业务长戴熙愉到他的房间汇报工作时，陶勇突然问他："地瓜分三层栽，南瓜地里长玉米，你可相信？"当时，由于戴熙愉不明白他问话的用意，一时竟不知如何答对。等到"文化大革命"中陶勇受迫害之后，才明白他当时就反对那种浮夸风。

据戴熙愉的妻子讲，1955年，戴在肃反运动中被当做对象审查时，有一次她打电话要求去探望他，这个电话不知怎的转到了陶勇的办公室。她听到陶勇的声音在问："怎么，戴熙愉的事还没有完？"不久，组织上就给戴做出了"一般政历问题，继续留队使用"的结论。另外，陶勇对戴的入党及军衔、职务提升等问题，也很关心。他对这些旧海军出身的干部，很少用刻板的言辞来教训人，总是通过他的一言一行，把党的好作风传过去。

1964年下半年，全国开展声势浩大的"四清"运动。9月5日，正在上海出差的宁波海军四一二医院外科主任牟敦磊，突然被关押起来，要他交代隐瞒家庭出身等问题。牟敦磊一时傻了眼：家庭情况早在土改运动时就已如实向组织交代过了；况且他本人和其他兄妹三人都是从小就由继母带大，一直过着贫苦的生活，17岁时他就参加了八路军，哪有什么隐瞒家庭出身一说？他把这些情况如实地写出，可办案人员根本不相信，反而说他态度不老实。牟敦磊后来渐渐明白了，是有人诬告他。在他被关押三个月后，被宣判为"混入部队的阶级异己分子"，并做出了"开除党籍，剥夺少校军衔，解送回原籍劳动"的决定。

他被解送回家乡后，当地乡亲都感到奇怪，议论纷纷。回到本村的当天，就有乡邻问他："你在部队犯了什么重大错误？"他说："我没有犯任何错误，可能是被人诬告陷害了。"后来，在群众的帮助下，他逐渐搞清了被陷害的来龙去脉：原来是大队书记的侄子牟宗杰搞的鬼。

牟宗杰是牟敦磊的本村同学，是牟敦磊入伍后动员他参的军。牟宗杰因在肃反运动中犯了错误受到党纪处分，以后工作表现一直很消极。1957年8月，牟敦磊调到四一二医院，又与他同在一个单位工作。院领导知道牟敦磊是牟宗杰的同乡同学，就要他多从思想上帮助他。牟敦磊曾多次劝导他，有时也批评他，但牟宗杰始终没有转变。后来组织上决定上他转业，他就怀疑是牟敦磊讲了他的坏话，从此一直怀恨在心。"四清"运动一开始，他就写诬告信，并伙同其父串通其叔、本村大队支书，收买了两个"证人"，共同诬陷牟敦磊"隐瞒了地主家庭成分”。舰队后勤部接到诬告信后，派人去当地调查，调查人既没通过县委，也没通过公社，一头扎进大队，正好落入陷害者事先布下的圈套，结果他的中农成分被改为“地主”，从而铸成了冤案。

牟敦磊坚信自己的不白之冤一定会得到昭雪。他想申诉，可是向谁申诉呢？当他考虑在他接触过的领导干部中谁最可信赖时，陶勇的身影第一个浮现在他眼前。因为他多次陪陶勇到病房探望病人，陶司令既然对部属如此热情关怀，难道不能替自己申冤吗？

1965 年 7 月，陶勇接到牟敦磊的申诉信，仔细阅读了这封近万字的信后，在信上批示：由组织部、保卫部得力干部去山东协同地方党委做深入调查，不要村干部参与。据此批示，他们在日照县委派人参加下，向全镇 50 岁以上的人普遍做了调查，最后真相大白。

在陶勇的直接关心下，牟敦磊的冤案终于得到彻底平反，于 1966 年 2 月 7 日重新回到部队。平反后，陶勇在一次训练工作会议上专门说道：“牟敦磊是我们自己培养出来的一个掌握了专业技术的人才，他在东南沿海作战的救治工作中多次立功，是我们舰队医院参加全军后勤工作积极分子大会的唯一代表，对这样一个同志，在处理上应十分慎重。这是一个教训，应当引以为戒。”

而“文化大革命”中，这些都成了陶勇“包庇重用坏人”的罪状。

两个“不可改造的落后分子”

陶勇为人平反的事不少。他还为两个所谓“落后分子”专门做过调查，亲笔写了一篇调查报告：

7 月 23 日，我在温州水警区巡逻艇二十八大队了解工作时，大队干部讲到他们有两个“不可改造的落后分子”，一个是三中队 564 艇机电兵杨桃生，一个是码头帆缆兵（原 562 艇机电兵）陈德忠。据他们说，这两个战士无组织无纪律，极端民主化，谁也管不了，大队、中队干部谈话多少次也不解决问题。说杨桃生在水警区翟政委与他谈话后还说："还不是老一套，光讲马列主义不解决问题"（据杨桃生说翟政委没有找他谈过话）。陈德忠在海军张学思参谋长到沙埕时曾递条子要找张参谋长谈话。为弄清问题真相，我专门用了三个小时与他们进行了个别谈话，了解了情况，查明了原因，作了处理。

杨桃生和陈德忠被称为"不可改造的落后分子"，问题是这样产生的：

杨桃生主要是从他吃了半瓶炼乳开始的。今年舰队第二次出海在南麂山至大嵛山海区进行训练，风浪很大，杨桃生一人操纵两部主机，本应一小时即轮换，但因别人晕船不能工作，他一人操纵了两个多小时，因而误了吃饭，下更后他自己找了一个半冷馒头，因为没有开水，他找了一瓶炼乳，请示副艇长是否可以吃，副艇长说："你一个人吃了怎么办？"杨就去问其他的人吃不吃。别人晕船了都不想吃，结果他一人吃了半瓶。事后副艇长批评他："你吃了怎么报销？"他不满意地说："出海吃一元四毛五，我没超过标准。"从此以后他的情绪受到影响，工作不如以前积极了，只完成自己本职工作。副中队长发现后找他谈话，指出："副艇长在处理这个问题上有缺点，但你干劲不足不对。"他对这次谈话很满意，认为是公道话，情绪马上好转。但第二天艇长向全艇人员讲话时说："有的人利用出海不晕船，想捞一把。"他对艇长的讲话很不服气，甚表不满。艇上干部见他不服，第三天又召开艇务会批判他，并要他停止工作四天到大队部去写检讨报告。连续的批判、检讨，他的情绪更加低落，工作消极，并两次打报告要求调换工作。后来大队副政委（现下放任中队政指）王胜明找他谈话，因为方式不好，两人就顶了起来，王就批评他："你发展下去会成为流氓阿飞。"谈后不但未解决问题，相反使他更加不满，对立情绪更加发展。由于他平时有骄傲自满情绪，生活上比较散漫，加上他敢于向领导上提意见，得罪了某些干部，所以有些干部对他看不惯，也有故意责难的。如轮机长对他有一点缺点就批评，上课时放个屁也反映到大队去，而对他的优点却不表扬，上半年五好初评时群众提出杨桃生有许多优点，但结果既未奖励也未表扬。

陈德忠的问题是在训练团受到不正确的处分引起的。1959 年他在训练团学习时，一个星期天，他们有两个人穿短裤外出打猪草，返回时门岗不让进，经反复说明，门岗说你去背了猪草可以进，等到陈背了猪草回来时，门岗换了班，又不让进，陈德忠即与警卫班争吵起来，恰好被副团长看到，当即命令把陈关禁闭，并给予记过处分。来二十八大队后在 562 艇任机电兵，在培养三八作风运动中他提艇长陈庆兰的意见，说："艇长晚上看小说到下 1 点，早晨不起床，不好。"艇长当时未表示什么，但给他记了账。有一次 562 艇与"井冈山"舰靠在一起，陈德忠到"井冈山"舰甲板上与朋友说了几句话，班长就批评他："为什么不请假？"中队政指也批评他组织纪律性不强。他本人很不满，工作不积极干了，并要求调动工作。就是因为这些事情，陈德忠就成了"落后分子"，而且把他调到码头上改任帆缆兵。

很明显，这两个同志的问题，都是人为地造成的，是受了冤屈而对领导上不满，发展到工作消极，是思想问题，更不是什么不可改造。他俩人的出身都是很好的。陈德忠是上海人，入伍前是钳工，个性耿直。杨桃生是苏州人，家庭出身工人，父亲被日本鬼子用狗咬死的，大姐被地主出卖，现在哥哥是共产党员，本人个性爽直，身体好，不晕船，几次出海大风浪训练中表现突出。去年出海他操纵主机共达一百多小时，今年出海大风浪中一人操纵两部主机，还给晕船的同志洗脸。过去工作积极，而且会拉、会唱、会画、会编，是文娱活动的活跃分子，他俩一经受到不应有的批判和处分，干部群众也以冷眼看待，但我与他们谈话时，两人态度是好的，许多观点也是正确的，而且在某些问题上作了自我批评，没有提出什么退役或不干等不正确的要求，他们基本的是向领导上申诉，要求领导上给他们解除冤屈，我认为这完全是正当的。在谈话结束时，他们两人都表示了态度，今后一定努力搞好工作。我还同杨桃生商定要他每月给我写一次信，报告他的思想、工作、生活情况和反映领导作风的改进情况，他很高兴。

根据以上情况，我专门找了二十八大队在家的副大队长和副政委作了交代，要大队常委专门讨论一次，结合管理教育条例30条的学习，正确处理杨桃生和陈德忠的问题，564艇的有关干部在处理炼乳问题上必须向杨桃生当面作检讨，训练团给陈德忠的不正确处分宣布撤销，同时恢复陈德忠原来的工作。

杨桃生、陈德忠的问题，不仅二十八大队应引为教训，我认为对全舰队的基层干部也是有教育意义的，应该从中吸取教训，改善管教方法，提高领导水平。

有些什么教训呢？

一个战士的好与不好，要从本质上去衡量，不能凭一时的印象，更不能有私见和感情用事……对杨桃生问题的处理，有不少同志参与了，其中有的同志只偏听偏信，不明真情，乱加批评，加深了矛盾；对士兵的缺点，只能耐心说服，不能简单粗暴，更不准打击报复。

……干部对士兵的问题处理错了，应当承认错误，并重新处理。这样会更加提高干部的威信，密切官兵关系。

陶勇

1961年7月31日

在某些人看来，两个战士微不足道，即使有事，应该由下边的干部去管。而陶勇如此关心“小卒子”的痛痒，你能说他——陶勇是“高高在上”吗？如此细微地询问，并用唯物辩证法去解释，你能说他是“单纯军事观点”吗？

只是他太实打实，太坚持让事实说话，与空头政治者、阴谋政治者太格格不入了；太一往无前，太义无反顾，而孤独地走上了一条布满荆棘的顶风路。那年月，如此前行，等候的不是曙光，而是陷阱。

“我要在这里顶着”

1966年4月，东海舰队党委三届五次全会期间的一天下午，党委委员和工作人员到上海艺术剧院陪林彪看京剧《红灯记》，陶勇感到与他没有共同语言，没有去。一次陶勇有事去无锡，回上海时，原拟在苏州住一晚，后来听说江青在苏州，他即令汽车穿城而过，不在苏州停留，免得与她打交道。

1966年5月下旬，海军党委召开三届三中全会，陶勇先是抵制，没有参加会议。后来叶剑英做了重要指示，会议出现了转机。7月7日，叶剑英亲自打电话给上海的陶勇：“陶勇，该来开会啦，是时候啦，明天一定要到会。”第二天，一架专机将陶勇从上海接到北京，早在那里等候的轿车将他送到海军会址三座门，他进门的时候叶剑英正在发言。叶剑英见陶勇来了，笑呵呵地说：“说到曹操，曹操就到。你喘口气，准备发言。”陶勇毫不客气，指着某些人，亮开嗓门说道：“你们在海军里搞地下活动，伸手夺权，这是同毛泽东思想根本不相容的，也是党的纪律绝不允许的。这样搞下去，哪里还有党的团结，党的统一？”

他的直言让许多人觉得痛快，也有不少人为他捏了一把汗。谁不知道这些人的后台是林彪？林彪整起人来有什么好果子吃？

果然，处境狼狈的李作鹏求救于林彪，说那个“东霸天”陶勇无法无天……林彪急忙出面干预。8月25日，林彪下令停止会议。9月，林彪推翻了中央军委7月决定，李作鹏东山再起。

叶剑英托陈丕显转告陶勇：“海军的风要变。”

许世友专程到上海劝陶勇：“海军的事你不要管了，到南京去养病吧。”陶勇还兼着南京军区副司令员，那一段时间胃病越来越严重。

可陶勇哪儿也不去：“我要在这里顶着。”他深知海军形势陡变的内幕，清楚自己顶下去的后果，可他全然不顾，不但自己不走，还把许多正在被“打倒”的“走资派”弄到东海舰队保护起来。

1966年夏，在红色中国的大地上，爆发了一场史无前例的“大革命”，这场革命开始说是文化领域的，实际上无所不包。发动这场革命为的是什么？全党除了少数几个人外，大都不理解。随着红色旅程走过来的陶勇将军，同样对这场革命的目的和方法也不明了。

秋天，陶勇到北京开会。一天晚上，他又来到刚从东海舰队调到交通部的彭德清家里。虽然他刚调来，却很快受到冲击，正值处境艰难之际。陶勇说："会议已开完了，要回舰队去，特意来看看你。"

陶勇的来访，给了彭德清很大的安慰，他十分感动："陶司令，你到我家来，真使我说不出的高兴，但是，这帮造反派正在揪我这个'走资派'，你不怕受连累？"

陶勇哈哈大笑："怕什么，真金不怕火，你老彭我还不了解么，骨头烧成灰，我也认得出你这个共产党员！"

彭德清鼻子一酸，眼泪刷的流了下来。

造反的势头排山倒海，彭德清快被这浪头冲倒了。他想到外地去休养，躲一躲风头，考虑再三还是到上海。到了上海，刚住进舰队招待所，陶勇就来看他。彭德清也知道上海动乱的情况日益严重，唯恐增加部队的麻烦，便问陶勇："我这次来舰队休养，首长有困难吗？"

陶勇跟往常一样的豪爽："没有什么困难，放心吧，这里是你的老家。"

入冬，陶勇动了割除阑尾的手术。他在治疗期间，得悉上海市委书记陈丕显、市长曹荻秋等领导人及刚在上海动了肺癌手术的江苏省副省长惠浴宇，被造反派折磨得无法生活，危及生命。这些同志都是当年开辟和建设华中抗日根据地同他生死与共的老战友。他们能有什么问题？怎能坐视不救！

事实的确如此。1966 年底，惠浴宇动完手术不久，在上海余庆路市委招待所休养。交通大学的一个什么"反到底"红卫兵包围了市委，日夜鼓噪不休。惠浴宇病了几年，对这场飓风般的"革命"一无所知。医生嘱咐他绝对静养，可墙外飘进来的都是"油煎""绞死"之声，无片刻安静，根本无法静养。正在发愁，陶勇和梅嘉生副司令风尘仆仆地来了。一听外面的吵闹，陶勇就说："这怎么能休息好？到我们海军招待所去住，那儿安静，地方上的造反派还搞不到我们那里。"

惠浴宇一听正合心意，下午就迫不及待地向市委要了车，搬到东海舰队招待所去了。陶勇一看见他，叹道："你呀你呀，干吗这样急？我的车已经去接你了，一次拉不下，就跑两趟。本来是准备把你'偷'出来的，除了我的司机，谁也不知你的下落。"

惠浴宇没想那么多，迷迷惑惑地不知陶勇是什么意思。陶勇解释说："市委已经乱了，警卫处里有那条线上的人。"惠浴宇恍然大悟，怪自己没长心眼。陶勇不及多说，亲自把他安排在一个背静的小院里，又布置了严密的保卫措施，才匆匆离去。

晚上，陶勇设便宴招待惠浴宇和他的爱人顾静，只梅嘉生一人作陪。陶勇一向是喜欢热闹的，可如今搞得这般冷清，陶勇不说，惠浴宇也不便问。陶勇知道医生不准惠浴宇喝酒，便一面自斟自饮，一面将外面的形势告诉惠浴宇：多少工厂停产了，京沪大动脉中断了多长时间，曹荻秋被揪斗了。说到愤慨处，他拍案大骂："他妈的，这算什么'大革命'！根本就是一场'大反革命'！"

陶勇瞪着血红的眼睛，那股劲头真像战争年代把上衣一甩，闯入敌阵，挥起寒光闪闪的大刀劈头砍去！

那段时间，陶勇几乎成了"救火队"，华东局、上海市委的领导人，以及华东各地的战友们，都成了他的常客，他都竭力给予保护。一次晚饭后，他匆匆来看惠浴宇，说："来迟了，本来是要陪你吃晚饭的，去出席批斗陈丕显、曹荻秋的会，一直拖到现在。"

惠浴宇拿眼直看着陶勇，不知这种会他去干什么。

陶勇明白他的意思，说："造反派一个劲喊'打倒''打倒'，哪个真敢碰碰老陈老曹试试看！我早安排好了，只要一招手，警卫班冲上去，两个抱住一个，往窗外一塞，小车拉了就跑。老子不管他们有什么后台，老子耐住性子坐在台上，就是去保驾的！"

他内心十分清楚，他的处境是极端凶险的。1966年夏天，他在北京开会，一个老战友几次三番打电话要来看他，他都推辞了。最后不得不在电话里解释："他们正在设法整垮我，何必让他们多揪一个……"1967年1月，对党内斗争一向守口如瓶的陶勇，突然对他的爱子小勇说："我，可能要带你上风波亭了……"他已经意识到他需要用自己的生命去赢得这场战争，他已为此做好充分的思想准备。

在海军招待所休息了十几天，惠浴宇自觉身体恢复了不少，总想动一动。陶勇和他讲外面的情况，他也没在意。其实陶勇不但受到地方的压力，也受到内部的压力，但内部的压力他从不多说。一天，惠浴宇在小院子里散步，迎头遇上了舰队的一个熟人，他问："你怎么来了？"

因为是熟人，惠浴宇便开起玩笑："怎么，不欢迎啊？是陶司令请我来的……"

"你住哪里？"

惠浴宇顺手一指，那人嗯了一声，默然走开了。

惠浴宇回到房间后很纳闷：今天碰到的这位曾在南京任职多年，虽说不上有什么深交，每年总要见几次面吧，也算老熟人了，何以如何冷漠？正想着，有人送来一纸电报，说是政委叫送的。打开一看，赫然印着林彪的命令：军队不准成为地方"走资派"的庇护所！

原来如此！惠浴宇一下明白了陶勇的良苦用心。原来，不仅上海市委有"那条线上的人"，在陶勇身边也有。惠浴宇不愿给陶勇增加麻烦和风险，立即要车搬回到市委招待所去。下午，陶勇和梅嘉生又追来看他，陶勇说："上海是住不下去了，我已经安排了，请你到杭州海军疗养院去住。那儿安全，也安静……"

虽经陶勇和梅嘉生一再动员，惠浴宇还是婉言谢绝了。他打定主意，不能再成为老陶的"包袱"了。别看惠浴宇平时大大咧咧，心里明镜般清楚：自己只不过一介病夫，怎么样都无所谓，而老陶他们正站在第一线，在做殊死的搏斗，只要有老陶这样正直、刚强、大智大勇的好同志在，我们的党，我们的民族，我们的国家，总是有希望的。

又要离开了，不知明天又有什么变故。三人相对黯然，肚中自有千言万语，可都一句也不愿说了。

刚回到办公室，就接到一个老战友的电话，说陈丕显也被抓起来了。

"什么道理？"陶勇大声地问，仿佛对方就是抓人者。

"老陶啊，这个年头抓人还讲什么道理，走资派呗！"

"他的历史谁不了解，红军时期的红小鬼，他走的什么'资'啊！你说得对，没有什么道理可讲！"陶勇放下电话，又要总机接大场，那里有东海舰队航空兵的一个机场，陶勇要找那里的政治部主任龚云池。龚云池在1940年就在陶勇手下搞情报站工作，彼此很知心。一接通电话，陶勇就冲着话筒喊："小龚，他妈的，老陈也被抓起来了！我现在也就剩你这个地方安全点，你给我准备几个房间，我要把他弄出来，然后送到你那里去，你给我保护起来！"

耳机里传来龚云池不大但很坚定的声音："老首长你放心，我一定按你的命令办。不过你也得注意安全，我听说有人在背后整你呢！别叫人家打了黑枪！"

"去他个蛋！老子身上七个枪眼都没把我怎么的，还怕什么！"

他布置完毕，于12月29日赴杭州海军疗养院继续疗养。

1967年新年刚过，上海搞了个震惊全国的"一月夺权"。造反派夺权后，全市党政领导陷于瘫痪。武斗到处有，社会秩序无法维持，生产受到极大破坏。陶勇闻讯极为气愤。1月10日至13日，舰队司令部办公室多次传达舰队政委催促陶勇司令员回沪的电话。陶勇得悉那位政委慑于造反派的威胁，已将住在舰队的上海市委领导人等推出门，同时，舰队文工团、体工队、训练团、护士学校等单位的部分人员，受到社会上夺权的影响和军内造反派的煽动，不顾军委明令规定，执意要搞"四大"，非把部队搞乱不可。严峻的形势已经让陶勇无法在杭州疗养了，他放弃疗养计划，于14日赶回上海。

回到舰队，翌日一早，他召开舰队常委会议。他坚决反对乱军："地方乱了，部队不能乱！只要我陶勇在，拼命也要稳住部队。"对要求搞"四大"的单位群众，他主张军政首长要深入下去做教育引导工作，战备部队绝对不许搞"四大"。他认为，部队是可靠的，广大干部是可以信赖的。对那些政治幼稚、思想过激的年轻人，只要耐心进行说明疏导，转变他们的态度是可能的。会上决定从当日开始，常委分头深入到要求搞"四大"的单位进行针对性的思想教育。

从杭州回到上海的一周来，有三个问题始终萦绕在陶勇的脑海中：

造社会主义的反，夺共产党的权，这算是什么人？中央军委明令宣布战备部队不搞“四大”，东海舰队属战备部队，为什么又有人要煽动部队造反，顽固地要求搞“四大”呢？中央历次文件都肯定了“四清”运动，明确规定不准揪斗参加“四清”的干部，而某些人竟准许造反派到部队揪斗这些干部，这是为什么？这其中必有诈，是有权势的人在捣鬼。要揭露它，有机会一定要向中央揭露这个阴谋！

1月19日上午8时，陶勇在舰队政治部会议室同柳夷谈了一席感人肺腑的话：“柳夷同志，今天下午你得乘飞机去北京，由保卫员送你去，这是李作鹏亲自批的。你就受点委屈吧！无非是戴高帽子，挂黑牌游街。”

“陶司令你放心，我受党教育多年，服从命令还是懂得的。”

“海军三三会议后段，你我都去参加了，是海军党委定的，军委叶副主席指示的。会上对李作鹏、张秀川提了意见，作了斗争，说过他们‘搞地下活动，罢官夺权’。你说了，我也说了。这笔账李作鹏等不会放过，定要清算的。”

“我今天下午就坐火车走，我看保卫员就不要跟去了。”

“不行啊，你得乘飞机走，保卫员也必须跟着，这是李作鹏亲自定的，这个意思我想你明白。”

陶勇起身要走，最后说：“柳夷同志，你去吧，看来我也跑不了，说不定今天明天就会来揪我。没有什么了不起，无非是戴高帽子游街，这一切都吓不倒我，我已做了充分准备。”

两人默默握手，相约再见。

可惜他们没有再见。柳夷几经折磨，后来总算回到舰队，可与他相约再见的那个人：陶勇已在九泉之下。

1月20日，舰队工程部加工厂的造反派要求工程部领导和舰队首长接见，工程部领导有顾虑，心里有些紧张。陶勇对他们说：“用不着怕，我带你们一道去工厂，同群众见见面，看看他们提出什么问题。”上午8时，陶勇偕同梅嘉生，带着工程部长、政委，驱车来到工厂。工厂造反派见陶勇真的来了，看上去有点出乎他们意料，他们原先准备的各种方案一时竟理不出头绪，也没有敢提什么不合理的要求。陶勇向他们宣传：军工厂要在抓革命的同时，抓好军工生产，不能影响战备任务。中午，他与工厂工人一起在工人食堂吃饭。饭后，他要求工厂全体工人到饭堂集合，他对全体工人讲了话。

20日晚，陶勇对护士学校和训练团仍不放心，又与其他领导到护士学校谈到深夜，又到训练团接待造反派代表，一直谈到凌晨4点钟才回家。

这一天，陶勇还叫舰司办公室通知群工部徐青部长，定于21日下午汇报参加"四清"工作干部被揪斗的情况，研究保护他们的措施，并通过有关渠道向中央反映这一严重情况。遗憾的是，陶勇这个良好的愿望和果敢决策，就在这个时间被一只罪恶的毒手打碎了……

蹊跷离世

陶勇不是那种任高职既久，就变成完全以上级的思想为思想、不敢越雷池一步的那种人，他容忍不了说假话，阿谀奉承，见风转舵，党的会议上他拍过桌子，顶过李作鹏，会后向上级反映过情况，表明过自己的立场；而李作鹏一伙也就容不了他，非要铲除他而后快。

1967年2月21日早晨，朱岚怕孩子们吵醒刚刚入睡的陶勇，叫他们小声点。近几个月来，严峻的形势似乎让她预感到什么，只要有机会，她总是让孩子们和陶勇多待一会儿。但这时为了能让陶勇多休息一会儿，又不得不阻止他们的喧闹。8点多钟，孩子们正在吃饭，陶勇过来，同往常一样，面带笑容，呼着孩子们的绰号，开着玩笑。不知是谁说到看到周围和熟悉的许多伯伯叔叔相继被游斗，也很为父母担心。陶勇沉下脸，对孩子们说："戴高帽子游街有什么了不起，它和党的事业相比根本算不了什么，近来有许多事我也不太理解，可我相信党，相信群众，有了这两点，就什么都不怕了。"陶勇一字一顿地说着，每个字都说得很重。

陶勇回到舰队办公室。几天来，他感到精神上的疲劳超过肉体上的疲劳。他几次坐到桌前，打开笔记本，想把这几天来所产生的想法记下来，可是做不到。他感到很难把思想集中到一点，集中到他所认为最主要的一点上。桌上有秘书事先放好的文件、简报，他戴上眼镜——看东西离不开眼镜已经有一段时间了。宽镜架和眼镜片遮住了眼睛下半圆形的黑眼圈，这是长时间睡眠不足的痕迹。他手中那支红蓝铅笔不时迅速地在某个数字下画上一道。他的另一只手不时伸向总放在桌上的烟盒。陶勇眼睛不离文件上的字句，同时划着火柴，习惯地、贪婪地吸起烟来。

没有熄灭的烟蒂还在烟灰缸里冒烟，陶勇又去点下一支烟了。他始终保持自己几十年来养成的领导作风，不使自己局限在研究文件上。他在看简报时，经常抓起桌上的电话机，与舰队的领导或者部处领导联系一下，要求回答简报上没有说清的问题，或者不准确的数字。当对部处机关的回答不满意时，他会叫他们立即过来，核实清楚。他了解每件事的详情细节，了解得比任何人都清楚，既不相信口头的话，也不相信文件——这是他的座右铭。他给自己确定的工作方法是：使机关永远保持紧张状态。

简报处理完了，电报也看过了，他打电话给上海警备区司令员廖政国，说他要找中央文革副组长张春桥谈运动问题。但廖回答说他也不知道张春桥住在什么地方。

副司令周仁杰走进来，他是来请示下午开不开会，原定那天下午开常委会。

陶勇在办公室内一边踱步一边抽烟，脸上一副忧虑困惑的样子，他沉重地说："看来会是开不成了，老周，坐下来谈谈。"

陶勇叹了口气，仍在踱步，对周仁杰说："文化大革命真要这样搞下去吗？"

周仁杰同样是一脸困惑。对"文化大革命"既不理解又不敢怀疑，内心在想：谁能阻止这场灾难的蔓延呢？

上午10时左右，廖政国陪同《红旗》杂志和《解放军报》的两名记者来到陶勇办公室。廖将两位记者向陶勇介绍后，陶勇接着说："有些运动中的问题，想通过你们向党中央、中央军委、中央文革小组反映一下，希望中央根据存在的问题，做出进一步明确的规定，我们好掌握，使运动健康发展。”

两位记者请陶勇具体谈谈。

陶勇接着说：“第一，东海舰队是战备部队，中央明文规定不开展‘四大’，但有些单位不顾中央规定硬要开展‘四大’。举例来说吧，舰队的训练团按其性质来说不属于搞‘四大’的单位，可是，那里的一些学员和干部，受到海军各院校南下造反派的煽动，执意要搞‘四大’，虽然我们多次解释说服，他们依然顽固坚持。类似这种情况，中央需要作进一步的明确规定。第二，‘四清’运动的成果要巩固。近来在上海不少工厂、农村基层单位的造反组织，在某些人的允许下，不断到部队揪斗参加那里‘四清’工作队的队长、组长，甚至队员。这是侮辱革命军人的人格。参加‘四清’工作的干部，是执行舰队党委决定而去的，是上级决定的，他们没有责任。希望中央早作出不准揪斗的进一步规定。”

谈完这两点后，据当时记者的感觉，陶勇似乎还有话要说，但又没有启齿。记者的感觉是敏锐的。在陶勇的脑子里，还有一个为什么要造社会主义的反，夺共产党的权，以及中央有人在搞阳一套阴一套的大问题。陶勇话到嘴边又咽了回去。因为掂量了这个问题的分量，没有说出来吧。

记者看到他布满血丝的眼睛，也见他不时捶一捶头，知道陶司令的确是很累了。吃过午饭，记者就走了。陶勇又和他的老战友廖政国聊起上海的形势。

“你要多加小心。”廖政国提醒他。

“谁要给我戴高帽子，我的枪要走火！”他比画着，手张成手枪形。

他把廖政国送走后，又打电话叫司令部管训练的刘永久来一趟。接到电话，刘永久急忙带上笔记本，来到陶勇的办公室。陶勇叫他坐下后，声音低沉地问：“你中午怎么不回家吃饭？”

刘永久说：“中午一般不回去，在办公室休息一下。”

“训练团水兵训练开始没有？不经过专业训练不能分到舰上去，这一条不能马虎。训练团的教员都是哪来的？告诉政治部，一定要选好教员，才能训练好水兵。”

刘永久一一作了回答。陶勇又说：“咱们那个仪仗队怎么样？要保持下去。今后外事任务还会有的。仪仗队的有些骨干要保存在机关，不要都复员。”

刘永久把陶勇的话记在本子上。陶勇还在问：“最近部队怎么样？是不是稳定，事故多不多？”

刘永久说：“部队还可以，就是一般事故不少。”

“你们抓部队还是不错的。要切实管理好部队，再不能出大的事故了。”

刘永久还要汇报，此时，舰队刘政委和梅嘉生一同来到陶勇办公室，可能也是询问下午常委会的事，刘永久见首长们有事商量，就主动告退。陶勇缓缓站起来，依然是忧心忡忡的样子。就这几天的时间，刘永久突然感到司令员苍老了许多。过去，在烽火连天的战场，在千钧一发的危急关头，或是乘舰在汪洋大海上指挥作战训练，他总是指挥若定，从容不迫，时常听到他幽默的话语和爽朗的笑声。然而在这时他担心部队被搞乱，满怀焦虑和忧愤，再也笑不起来了。他一边和刘永久握手一边说：“你回去吧，把刚才讲的几件事研究一下。”

刘永久走后，陶勇和刘政委、梅嘉生研究起工作。吴淞码头还很乱，决定派舰队副司令饶守坤和参谋长谢正浩到吴淞码头工地，向施工队的群众做说服工作。下午的常委会不开了。

约 12 时 40 分，陶勇提着皮包到司令部办公室值班室，对正在值班的蒋圣功说：“客人走了，我到后面去休息一会儿。有什么事情到那里去找我。”

说完，他步出办公楼，慢步向招待所走去。

招待所离那幢军舰似的办公楼不远。后楼 105 房间是专为陶勇准备的。他午后经常到那里去休息，遇有战事他不回家，一般也住在这里。招待所里的工作人员他都很熟悉，经常和他们开开玩笑。服务员给他打开了房门，陶勇进去躺了一会儿，觉得头皮发痒，就想找理发员周妙基给他洗一洗。这是他的老习惯，一遇上头痒总要理理发，吹吹风，以此止痒。其实四天前他刚理过发。休息了一会儿，大约 2 点，他走出房间，在楼旁的花园散散步。看见有花匠在打扫花园，他就走过去，和他们说话，问问都种的什么花。这时，他看见招待所长在前面走过，就叫住他，让他找理发员。那天正是星期六，是舰队大院澡堂开放的时间，因为人多，去晚了得等座位，一些勤杂人员往往一到下午就赶去了。周妙基当时正在澡堂洗澡，听说首长要理发，冲了两把就出来穿好衣服，找到所长，一起来到招待所。走到后院花园时，哪里也找不见陶勇的踪影。

走到一口浇花井时，所长朝里望了一下，大惊失色："陶司令跳井啦！"

他一喊，在场的花匠和理发员急忙跑过来，朝井里看。这口浇花井直径很小，只能容一个人钻下去，水也不深，只见一个人低着头，一顶军帽漂在水面上。

老花匠俯下身子就够到了水里的人。他用力一拉，看清果真是陶勇。另外两个人上来帮忙，一齐使劲，把陶勇拉了上来。所长赶紧跑去打电话。

保健医生程心培闻讯，带着两名医生，立即奔向招待所，舰队门诊部离得招待所很近，几分钟就赶到了。陶勇的两位老秘书苏荣和沈旦华听到消息，也从办公楼一口气跑到现场。医生们把陶勇抬进 105 房间，做人工呼吸，进行抢救。

在给医院打电话的同时，两位秘书检查着首长的衣物。他们发觉，刚从司令员身上脱下的丝绵背心还没有完全湿透，项背处还是干的。从他的衣袋里找到一份上海市政府文件，边上湿了，里面也是干的，这都说明陶勇落井时间不长。

一直到救护车赶到，所有的抢救手段都没有发生作用，几分钟后，救护车开到海军四一一医院，抢救仍然无效。

就这样，一个身上被敌人子弹多次击伤都没有带走的顽强生命，在一瞬间却被一口深不没顶、宽不及肩的水井淹没了。

正是隆冬季节，那一天上海很冷，天很阴，好像要下雨，但又无雨，像一个欲哭无泪的老人。

更令人吃惊的是，陶勇尸骨未寒，东海舰队就有位政委出来宣布："陶勇一贯好胜。这几天，害怕自己卷到苏（振华）、罗（瑞卿）圈子里去，所以才走这条绝路。我看是畏罪自杀，抗拒运动，是叛徒行为。"

同时，由这位领导审定的《陶勇自杀的经过和初步分析》的急件发到北京，送到海军政委李作鹏的手上。很快，李作鹏以海军党委名义，向海军通报："叛徒陶勇，畏罪自杀！"

南京军区司令员许世友电令舰队政委和饶守坤赴无锡汇报陶勇和舰队的情况。当那个政委汇报陶勇是"畏罪自杀"时，许世友马上问饶守坤："老饶，你与陶勇同志共事多年，你说他有罪吗？"

饶守坤回答："他有什么罪！"

许世友眉头拧成一座小山，火冒三丈地拍着桌子，指着那个政委说："屁话！陶勇有什么罪？老子查清是谁杀了我的陶勇，我非枪崩了他不可！"

当饶守坤汇报到舰队目前的混乱状况，建议稳定部队时，许世友打断他的话说："不管文革命武革命，部队不能乱，你们回去就要抓这个问题。"

叶剑英听到陶勇去世的消息，不禁拍膝长叹："唉，又损失一员虎将！"他打电话给饶守坤，多次重复"陶勇的去世是我军的损失，是历史的悲剧"这句话，指示"你们舰队地处东海对敌斗争前沿，任何情况下，部队都要保持高度的警惕，千万不能松，陶勇同志不在啦，你们要抓好部队"。

朱岚以死抗争

还是 2 月 21 日，夜很深了，陶勇仍然没有回来，也没有电话。朱岚和孩子们心神不安地等候着。突然，客厅的门被打开，一伙暴徒蜂拥而入，有几个围住孩子们，喝令他们不准离开大厅。其中一个扯着嗓子说："陶勇自绝于党，今天下午已经自杀……"

这几句话如同晴天霹雳，一下子把孩子们都惊呆了。自杀？像父亲这样坚强、乐观、从不屈服的虎将会自杀？这怎么可能呢，绝对不可能！年幼些的孩子被这阵势和这消息吓傻了，大哭起来。已经长大成人的小勇则像发了疯似的一把推开看守的人，冲上楼去找母亲。当他上去时，母亲朱岚正向着看她的那帮人厉声呼喊："陶勇跟着毛主席出生入死打了一辈子仗，他绝不会自杀！是你们害死了陶勇，你们要交出杀人凶手！"

那一夜是如此寒冷，又如此凄惨。不仅孩子们，就是朱岚本人也从未经历过如此痛苦的煎熬。孩子们眼前总是出现种种幻觉，听见父亲的脚步声；他们盯着那扇半开半闭的大门，期待着像平时一样，父亲披着大衣推门进来，见有人总要问一句："还没睡？妈妈呢？"为了发泄心中的愤怒与悲痛，孩子们唱起了"抬头望见北斗星，心中想念毛泽东……"唱了一遍又一遍，歌声呜咽，泪流满面……

朱岚躺在床上，丝毫没有睡意。她的眼睛盯着天花板，床前的电灯也没有关上，她惧怕黑暗。她脑海里浮现的都是陶勇的形象：陶勇……陶勇……为什么今夜你离我这样远，以前即使出海也没有这样的感觉。到底在哪儿呢？她不知道。

朱岚做着种种努力，要克制自己不去想陶勇，可是一点儿用也没有。她觉得他离自己太近了。她无法抑制自己，非想他不可——回忆着往事……在江苏，江边，一脚雨水一脚泥，墙上那把四胡，柜子里那把荷兰短剑。甚至那个初次相会的夜晚：她抬起头来，正碰上陶勇注视着她的目光……

"自杀？"陶勇怎么会自杀？那样一个热爱生活的人怎么会自杀？她实在想象不出他会自杀。为了弄清陶勇的死因，她也要活下去！

天快亮时，她因为疲惫而合上眼，可是又猛然惊醒了。天已经大亮了，屋里已经照进阳光。一个孩子正俯在她身边摇着她。那是最小的女儿……小女儿脸色苍白，不住口地喊：妈妈，妈妈……

朱岚的动作还很敏捷，她拿起一件外衣往身上一披，跟在女儿后面走到楼下。看到孩子们互相依偎在一起，咬牙坚持着。她看着孩子们一张张苍白中泛着红晕的面孔，这些面孔表现出一种没有定型的、不固定的稚气，她的内心充满了痛苦。她紧走几步，不顾看守者的阻挠，给他们擦擦脸，拉他们起来吃饭。

连续三天，整座小楼被反复查抄洗劫，连天花板也不放过。1月24日晚上，一辆卡车拉来了满满一车暴徒，他们气势汹汹地破门而入，把睡梦中的孩子们一下子从床上拖下来，再次把他们押进客厅。客厅里乱哄哄地挤满了人，正中放着一张长茶几，孩子们被押到窗前站下不久，就看见两个彪形大汉把朱岚押进来。朱岚已经整整三天水米未进，极度的痛苦和悲伤使她神志恍惚。但是，孩子们永远不能忘记母亲的样子：那双慈爱的眼睛此刻犹如喷出两团燃烧的烈火，咄咄逼人。有个家伙命令朱岚跪下。朱岚不正眼看他，轻蔑地哼了一声："我没有罪，为什么要跪？！有罪的是你们——杀人的刽子手！"

几个家伙还没等朱岚说完，就上来扭住她的胳膊，把她强按在茶几上，嘴里骂骂咧咧。两个女儿急了，要上去拼命，小勇怕她们吃亏，使劲拉住妹妹，硬咬着牙在离母亲不到两米的地方看着。又有一个家伙对着朱岚吼叫："你是叛徒的老婆！"

朱岚头一梗："我是共产党员！"

另一个家伙过来逼迫："你说，打倒陶勇！"

母亲的眼睛里像电光一闪，使劲挣脱出胳膊，抬起虚弱的身子振臂高呼："共产党万岁！"

母亲嘶哑的声音在大厅里回荡。孩子们无论大的小的，都好像在瞬间长大了，一齐跟着母亲高呼："共产党万岁！"

暴徒们恼羞成怒，扑上去对着朱岚一顿拳打脚踢，朱岚立刻被打昏，从茶几上翻落在地。还没等她苏醒，有几个家伙又把她拖上茶几殴打审讯……

母亲被带走了。几个孩子被关押在一间低矮破旧的小屋里。暴徒们不许他们离开一步，连大小便都只能用屋角那个破木桶。每天晚上都有人来把房门上上大锁。咔嗒一声，切断了外面的世界……

陶勇的死，虽然李作鹏在不到四个小时就做出“叛徒”结论，并指使暴徒破坏了现场，甚至准备挟尸游街。但社会不服，人民群众和部队指战员纷纷要求查明真相。陶勇曾战斗过的南通地区人民来上海为陶勇申冤；与陶勇并肩战斗过的军人通过各种渠道上书中央，要求主持公道；去陶勇家乡收集黑材料的专案组成员被愤怒的群众轰走了；上海群众甚至自发组织了“抢尸”行动……

据一个凶手事后供认：“1967 年 1 月 22 日晚，对朱岚同志进行了第一次实质性的交锋，一线二线全体人员参加了审讯，对朱岚施行了体罚……竹板打断了几根。”

朱岚的胞兄龚乐天是老革命，为陶勇之死说了几句正直的话，也遭毒打，打断了几根肋骨，投进秘密监狱，一关就是好几年，一只眼睛被打瞎。

残酷的事实正在改变着朱岚的性格，温文尔雅的她像变了一个人。她在孤军奋战。她常对陪她的小女儿说：“我等着党和人民为你爸爸申冤的一天，只要有一口气，我就要斗下去！”她四处奔走，为陶勇申诉。可那时已无处告冤，公检法早被砸烂，“革命”或者说对错，所等待的只是毛泽东或者林彪的一句话。朱岚的每一次努力都以失败告终。于是她把陶勇死亡的许多疑点写成了厚厚的材料，向党中央、中央军委报告，可是材料总是落到林彪一伙的手里。一次次的斗争，招来的是更加残酷的迫害。许多同志劝她离开上海，许世友专门派人接她，都被她婉言谢绝。她只有一个信念：“我是共产党员，一生清白，我不怕死，陶勇是毛主席培养出来的工农干部，我一定要把他的问题搞清楚！”

1967 年 8 月，朱岚突然被造反派带走，秘密关押起来。他们夜以继日地轮番围殴，严刑拷打，逼迫朱岚承认是“日本特务”，交代陶勇的所谓罪行。她被打得遍体鳞伤，肋骨折断，在忍无可忍之下，只得以死抗争，跳楼身亡。

她的衣袋里早已放着两封信，一封是给中央军委的，一封是留给孩子们的：

亲爱的孩子们：一定要紧跟毛主席干一辈子革命。你们要相信妈妈绝不是反革命，特务，相信组织上一定会把问题搞清楚的。你们要互相爱护，互相帮助，共同前进……

没有谜底的结论

在朱岚被迫害致死之前，陈毅在一次国务院会议上，见到陶勇的老战友彭德清，专门问道："陶勇同志惨死后，他家属情况怎样？对他的惨死，你们一定要把它搞清楚，以慰忠魂！有事找找粟司令，他现在还行，尚能说句话……"

然而，还未等彭德清把事情搞清，自己就被造反派戴上了罗瑞卿、苏振华、陶勇死党以及叛徒特务的帽子，关进了牢房，一关就是三年多。在监狱里，彭德清时常忆起与陶勇相处的日日夜夜。日有所思，夜有所梦。一次梦中又与陶勇下起棋来，第一局陶勇赢，第二局他赢，第三局和棋。这是他俩下棋的老格局。1972 年的一个夜晚，那是他狱中的最后一个梦境：入睡不久，就听陶勇的警卫员来对他说有敌情，叫他和梅嘉生快到陶勇处，他一蹬脚起床，披上衣服急急奔去，出门时绊了一跤，顿时惊醒。醒后，久久不能入睡，一直回忆着那段梦……

1968 年，粟裕向周恩来汇报陶勇的冤情，周恩来痛惜地说："陶勇同志打日本帝国主义那么坚决，说他是'日本特务'，无论如何说不过去嘛！"

陈毅感慨万端地对张茜说："叶、王、陶，就是陶勇不在了，可痛可惜！陶勇不可能是自杀，他的死大有问题，总有一天我要面陈毛主席，把这个问题说清楚。"

此时的许世友一直处于激动而迷惘、紧张而忧虑之中。有一天，门卫来电话，保卫人员接过电话向许世友报告说："司令员，有人要见你……"

"不见！"许世友吼了一声，在屋里背着手踱步。

"是陶勇的四个孩子。"保卫干事小声补充道。

“嗯？”许世友一愣，迅速朝自己的孩子挥挥手，“你们去，把他们接进来。”

陶勇的这四个孩子最大的才高中毕业，没有工作，这才失魂落魄地到了许世友家。他们惶惶地穿过庭院，见到了许世友，立即放声大哭：“许伯伯，救救我们吧！”

许世友仍然倒背着手，对孩子们说：“什么叛徒、特务，都是胡说八道！你们爸爸我最了解，他是好样的！”他急踱一阵步，又叉开腿站在屋中央，吼声如雷：“不要怕，我这里是‘红色保险箱’！”

许世友把有关负责人叫来，对他说：“陶勇和我一块出来革命，外面说什么我不管，他落了难，他的孩子就是我孩子，我偏要管！”

负责人想了一下说：“是不是在地方上给他们找个工作……”

许世友摇了摇头：“放在地方上不行，会遭造反派迫害。要放红色保险箱，叫他们统统参军。”

负责人为难起来：“许司令啊，你可能不知道，今年不招兵啊。”

“我不管！”许世友又吼了一声，“他们不招，我的部队招。把那些落难干部的娃娃都给我招进来，锁进我的‘红色保险箱’！”

就这样，包括张小勇等四十多名落难干部子弟都穿上了军装，男的到句容坦克团，女的到南京军区后方医院。

“文化大革命”后期，从事外交工作的韩念龙陪西哈努克访问南京，同许世友谈起陶勇的问题，许愤愤地说：“陶勇是我的部下，我当师长时他是营长，放牛娃出身，很小参加红军，一直在革命队伍里长大。”紧接着又说：“陶勇的几个孩子，我都通通管起来了，把他们放在部队里当兵。”

1971 年林彪集团垮台以后，周恩来再次念及陶勇。他说：“张学思、陶勇同志都是精通海军业务，又能亲自出海的领导干部，但是都被林彪反党集团迫害死了，很可惜呀！”

遗憾的是，多少年过去了，陶勇致死的谜底，一直未能查个水落石出，给人留下了种种猜想。

后 记

十余年前，我写陶勇，与其子张小勇交谈甚欢。因他与我为高中同班，父又同在东海舰队；“文革”初我俩先后投军于南北，频有书信激励。后他有悼文——《怀念与思考——爸爸陶勇和妈妈朱岚的惨死说明了什么》，震响于世。可惜而今我再写陶勇时，他已去了另一世界，与其父母、也与我父母同卧于上海青浦墓地。每忆及此，备感伤怀。谨以此书，再念小勇。

尹家民

2014 年 12 月 6 日补记